HEIDE M. PFARR

Auslegungstheorie und Auslegungspraxis im Zivil- und Arbeitsrecht der DDR

Schriften zur Rechtstheorie

Heft 30

Auslegungstheorie und Auslegungspraxis im Zivil- und Arbeitsrecht der DDR

Von

Dr. Heide M. Pfarr

DUNCKER & HUMBLOT / BERLIN

Gedruckt 1972 bei Buchdruckerei Bruno Luck, Berlin 65
Printed in Germany
ISBN 3 428 02765 5

Für L. Graeser

Inhaltsverzeichnis

Einleitung 13

1. Kapitel

Theoretische Grundlegung 17

§ 1. Marxistisch-leninistische Rechtstheorie 17

I. Entstehung des Rechts 17

II. Versuche einer Rechtsdefinition 21

III. Funktion des Rechts 27

IV. Folgerungen für Legislative und Judikative 28

V. Demokratischer Zentralismus als Mittel zur Verwirklichung der Funktionen des Rechts 30

1. Begriff des demokratischen Zentralismus 30

2. Folgerungen für die Rechtsanwendung 33

VI. Prinzip der sozialistischen Gesetzlichkeit 34

VII. Sanktionierung und neuer Inhalt bürgerlicher Normen 35

§ 2. Rechtswissenschaftliche Auslegungstheorien und Auslegungsmethoden 38

I. Auslegungstheorie und Auslegungsmethoden der Zivilrechtslehrbücher und die Schönraths 39

II. Szabó's Auslegungstheorie 49

§ 3. Auslegungstheorie und Auslegungsmethoden der Praxis 58

I. Einfluß der Partei 60

II. Richterliche Korrektur 61

§ 4. Abgrenzung zu bürgerlichen Auslegungstheorien und Auslegungsmethoden 64

§ 5. Ergebnis 68

2. Kapitel

Praxis der Zivil- und Arbeitsgerichte 70

§ 6. Billigkeitsrechtsprechung 70

§ 7. Verfassungskonforme Auslegung 73

§ 8. Auslegungspraxis zu § 138 BGB als Beispiel für die Ausfüllung von Generalklauseln ... 77

I. Neugestaltung subjektiver Rechte in der DDR ... 77

II. Recht und Moral ... 79

III. Sozialistische Rechtspraxis ... 80

1. Rechtsprechung zu Verträgen aus der Zeit vor 1945 (Kriegslieferungsverträge) ... 81
2. Rechtsprechung zu Mantelsicherungsübereignungsverträgen ... 85

IV. Auslegungsspielraum ... 88

§ 9. Auslegungspraxis zur Sonderstellung des Volkseigentums ... 89

I. Ausschluß des gutgläubigen Erwerbs von Volkseigentum ... 89

1. Gesetzliche Grundlagen für den Ausschluß des gutgläubigen Erwerbs ... 90
2. Das Wesen des Volkseigentums als Grundlage für den Ausschluß des gutgläubigen Erwerbs ... 93
3. Methodische Analyse ... 95

II. Möglichkeit des gutgläubigen Erwerbs bei mangelnder Verfügungsbefugnis des Veräußerers ... 96

III. Ausschluß der Aufrechnungsmöglichkeit gegen eine volkseigene Forderung ... 97

1. Ausschluß wegen mangelnder Gleichartigkeit oder Planwidrigkeit ... 98
2. Ausschluß aufgrund § 394 BGB ... 99
3. Zulässigkeit oder Ausschluß aufgrund von Sonderbestimmungen ... 99
4. Ausschluß wegen Unantastbarkeit des Volkseigentums ... 100

IV. Sonstige Bevorzugung des Volkseigentums ... 101

1. Ausschluß unwillentlichen Rechtsverlustes ... 101
2. Ausschluß des Zurückbehaltungsrechts ... 102
3. Ausschluß des Einwands sittenwidrigen Handelns ... 102
4. Sonderstellung des Volkseigentums im Konkurs ... 104

V. Institutionelle Auslegung ... 105

§ 10. Auslegungspraxis zu zivilprozessualen Fragen ... 106

I. Funktion des Zivilprozesses in der DDR und Folgerungen für das Prozeßrecht ... 106

II. Das Grundprinzip der Ermittlung der objektiven Wahrheit ... 109

1. Inhalt des Prinzips der Erforschung der objektiven Wahrheit ... 111

a) Gerichtliche Praxis zur Einrede der Verjährung ... 111
b) Gerichtliche Praxis zur Beweiserhebung ... 112

2. Zurückdrängung der das Prinzip der formellen Wahrheit konkretisierenden Bestimmungen 113
a) Gerichtliche Praxis zur Fiktion des Zugestehens 113
b) Gerichtliche Praxis bei Geständnis 114
c) Gerichtliche Praxis bei Anerkenntnis 115
III. Auswirkungen auf das Rechtsmittelverfahren 116
IV. Kassation 117
V. Rolle des Staatsanwalts im Zivilverfahren 118
VI. Richterliche Normsetzung 119
§ 11. Auslegungspraxis zu arbeitsrechtlichen Fragen 120
I. Funktion des Arbeitsrechts und Charakter der Arbeitsververhältnisse in der BRD 121
II. Charakter der Arbeitsverhältnisse in der DDR 122
1. Beseitigung der Entfremdung und der Gewalt im Betrieb 123
2. Änderung der Eigentumsordnung 126
III. Funktion des Arbeitsrechts und der Arbeitsrechtsprechung in der DDR 130
IV. Inhalt des Arbeitsrechtsverhältnisses in der DDR 131
1. Gehorsamspflicht 132
2. Mitwirkungsrechte 133
3. Disziplinarmaßnahmen und materielle Verantwortlichkeit 133
V. Anwendbarkeit der Bestimmungen des BGB 134
VI. Auslegungen zu Fragen des Kündigungsrechts 135
1. Funktion des Kündigungsrechts 135
2. Die fristgemäße Kündigung 136
a) Kündigungsgründe der KVO 136
b) Kündigungsgründe des GBA 139
3. Die fristlose Entlassung 142
a) Charakter der fristlosen Entlassung und Rechtsfolgen 142
b) Entlassungsgründe 143
4. Zulässigkeit der Änderungskündigung 146
5. Formvorschriften für die Kündigung und die gewerkschaftliche Mitbestimmung 147
VII. Auslegung sozialistischer Gesetze 150

3. Kapitel

Ergebnis 151

Literaturverzeichnis 156

Abkürzungsverzeichnis

AG	Amtsgericht
AGO	Arbeitsgerichtsordnung
AÖR	Archiv für öffentliches Recht
AR	Arbeitsrecht
ARAR	Arbeit und Arbeitsrecht, früher Arbeit und Sozialfürsorge
AuS	Arbeit und Sozialfürsorge, fortgesetzt unter dem Titel Arbeit und Arbeitsrecht
BAG	Bundesarbeitsgericht
BAG-Ort	Bezirksarbeitsgericht
BG	Bezirksgericht
BGH	Bundesgerichtshof
BGHSt	Amtliche Sammlung der Entscheidungen des BGH in Strafsachen
BGHZ	Amtliche Sammlung der Entscheidungen des BGH in Zivilsachen
BGL	Betriebsgewerkschaftsleitung(en)
DDR	Deutsche Demokratische Republik
GBA	Gesetzbuch der Arbeit in der Fassung des Gesetzes zur Änderung und Ergänzung des GBA v. 17. 4. 1963 (GBl. I, S. 63) und des 2. Gesetzes zur Änderung und Ergänzung des GBA v. 23. 11. 1966 (GBl. I, S. 125)
GBl.	Gesetzblatt der DDR
GdA	Gesetz der Arbeit zur Förderung und Pflege der Arbeitskräfte, zur Steigerung der Arbeitsproduktivität, zur weiteren Verbesserung der materiellen und kulturellen Lage der Arbeiter und Angestellten v. 19. 4. 1950 (GBl. S. 349)
GVG	Gerichtsverfassungsgesetz der DDR v. 17. 4. 1963 (GBl. I, S. 45) i. d. f. des EG zum StGB und zur StPO der DDR v. 12. 1. 1968 (GBl. I, S. 97) und des Gesetzes über die gesellschaftlichen Gerichte v. 11. 6. 1968 (GBl. I, S. 229)
GWB	Gesellschaftswissenschaftliche Beiträge
JfO	Jahrbuch für Ostrecht
JR	Juristische Rundschau
JW	Juristische Wochenschrift
JZ	Juristenzeitung
KG-Ost	Kammergericht Berlin-Ost
KrG	Kreisgericht

KVO	Verordnung über Kündigungsrecht v. 7. 6. 1951 (GBl. S. 550)
LAG	Landesarbeitsgericht
LG	Landgericht
LPG	Landwirtschaftliche Produktionsgenossenschaft
MEW	Marx-Engels-Werke
NJ	Neue Justiz
NJW	Neue Juristische Wochenschrift
OG	Oberstes Gericht der DDR
OGAE	Amtliche Sammlung der Entscheidungen des OG in Arbeitssachen
OGE	Amtliche Sammlung der Entscheidungen des OG in Zivilsachen
OLG	Oberlandesgericht
RabelsZ	Zeitschrift für ausländisches und internationales Privatrecht, begr. von Rabel
RdA	Recht der Arbeit
RG	Reichsgericht
RGBl.	Reichsgesetzblatt
RGZ	Amtliche Sammlung der Entscheidungen des RG in Zivilsachen
ROW	Recht in Ost und West
RSFSR	Russische Sozialistische Föderative Sowjetrepublik
SED	Sozialistische Einheitspartei Deutschlands
SMAD	Sowjetische Militär-Administration
StAG	Stadtarbeitsgericht
StGB	Strafgesetzbuch v. 12. 1. 1968 (GBl. I, S. 1)
StuR	Staat und Recht
VG	Vertragsgericht
VGVO	Verordnung über die Bildung und Tätigkeit des Staatlichen Vertragsgerichts v. 6. 12. 1951 (GBl. S. 1143) in der Fassung der Verordnung v. 11. 6. 1953 (GBl. S. 854, 855)
Verfassung	Verfassung der DDR v. 7. 10. 1949 (GBl. S. 4) und v. 6. 4. 1968 (GBl. I, S. 199)
ZPO	Zivilprozeßordnung v. 30. 1. 1877 (RGBl. S. 8), in der Fassung v. 6. 11. 1933 (RGBl. I, S. 821)
ZVG	Zwangsversteigerungsgesetz
ZVOBl.	Zentrales Verordnungsblatt der sowjetischen Militär-Administration

Einleitung

Die Untersuchung ist darauf gerichtet, die Auslegungstheorie und Auslegungspraxis im Zivil- und Arbeitsrecht der DDR darzustellen und zu analysieren. Dabei konnten Auslegungsfragen zum Familien- und Eherecht ausgeklammert werden, weil insoweit ausreichende Studien bereits vorliegen[1]. Ziel dieser Arbeit ist es nicht, das Rechtssystem der Bundesrepublik dem der DDR deskriptiv rechtsvergleichend gegenüber zu stellen. Die Rechtsordnung der Bundesrepublik wird nur dann dargestellt, wenn dies für das Verständnis der in der DDR vertretenen Rechtstheorie notwendig ist.

Nicht nur der Gegenstand und das Ziel der Untersuchung lassen es angebracht erscheinen, den hier gewählten methodischen Weg aufzuzeigen; es gilt auch, auf die methodischen Unterschiede gegenüber der Mehrzahl der bereits vorliegenden Darstellungen hinzuweisen[2].

Die vorliegende Arbeit muß berücksichtigen, daß ihr eine neutrale Sprache der Wissenschaft nicht zur Verfügung steht, die dazu befähigt, Rechtsbegriffe unterschiedlicher Rechtssysteme in gleicher Weise zutreffend zu beschreiben. Jede Gesellschaftsordnung bedient sich ihrer eigenen Wissenschaftssprache. Wird die Wissenschaftssprache des einen Rechtssystems zur Beschreibung eines grundsätzlich anderen verwendet, so können dann, wenn die Rechtsordnungen von gegensätzlichen ideologischen Positionen ausgehen, dessen Teile nicht angemessen erfaßt werden. Daraus abgeleitete analytische Ergebnisse werden entsprechend verzerrt sein, da sie sich notwendig an der Rechtsordnung, der die Wissenschaftssprache entstammt, orientieren und diese als Maßstab zugrundelegen. Im folgenden wird daher die zu untersuchende Rechtstheorie und Rechtspraxis in der DDR weitestmöglich in der Sprache der sozialistischen Rechtsordnung dargestellt. Hierbei werden die Termini „bürgerlich“ und „sozialistisch“ als wissenschaftliche Begriffe zur Kennzeichnung bestimmter gesellschaftlicher Formationen verwendet, ohne daß damit eine Bewertung der betreffenden Gesellschaft getroffen werden soll[3].

---

[1] *Gehring*, Das Ehescheidungsrecht in Mitteldeutschland, Diss. Köln 1963; *Guth*, Eheschließung und Eheauflösung nach dem Recht der DDR, Diss. Tübingen 1966; *Pleyer* in Festschrift für Hirsch, S. 137 ff.

[2] Vgl. Zur Problematik der Methoden der Rechtsvergleichung *Loeber*, Rabels Z 26 (1961), 201; *Knapp*, Rabels Z 27 (1962—63),495; *Müller-Römer*, ROW 1969, S. 1; Materialien zum Bericht der Lage der Nation 1972, S. 17 ff.

[3] Hierbei ist zu bemerken, daß der Begriff „bürgerlich“ nicht der Termi-

Aufgabe dieser Arbeit kann es nicht sein, die rechtstheoretischen Grundlagen der zu untersuchenden Rechtspraxis in Frage zu stellen und an bürgerlichen Rechtsvorstellungen zu messen. Maßstäbe der Analyse und Kritik der Auslegungstheorie und -praxis können nur dem Rechtssystem entnommen werden, aus dem die Praxis sich herleitet. Dieser methodische Weg schließt die Verzerrungen aus, die sich daraus ergeben können, daß das sozialistische Recht in bürgerlicher Terminologie dargestellt und an Kriterien des bürgerlichen Rechts gemessen wird. Obwohl der hier gewählte methodische Weg dem Vorwurf der sozialistischen Rechtstheorie ausgesetzt ist, er hebe die Überlegenheit des sozialistischen Rechts nicht hervor[4], sowie dem Vorwurf der bürgerlichen Rechtstheorie, er widme sich entweder nicht ausreichend der Darstellung von Gemeinsamkeiten[5] oder der Kennzeichnung des „Unrechts als System", erscheint allein dieser Weg geeignet, Darstellung und Analyse von verzerrender Polemik freizuhalten.

Jede Betrachtung der Rechtsprechung der DDR muß zwangsläufig unter der begrenzten Zugänglichkeit der Quellen leiden. In der DDR werden Urteile nicht in dem Umfang veröffentlicht, wie er für die Bundesrepublik üblich ist. So stehen den heute vorliegenden 56 Bänden der amtlichen Sammlung des Bundesgerichtshofs in Zivilsachen für den entsprechenden Zeitraum nur 11 Bände der Entscheidungssammlung des Obersten Gerichts der DDR gegenüber; die verstreute Veröffentlichung einer Vielzahl von Urteilen auch unterer Gerichte in juristischen Zeitschriften ist schon deshalb ausgeschlossen, weil es derer nur wenige gibt. Soweit Urteile überhaupt veröffentlicht sind, fehlt es an einer systematischen Erfassung durch kommentierende Literatur, die weder von offizieller noch von privater Seite vorliegt[6]. Erst in allerjüngster Zeit scheint man die Abneigung, Kommentare mit Rechtsprechungsübersichten zu veröffentlichen, überwinden zu wollen[7].

Hinzu kommt, daß in der DDR die Auswahl der zur Publikation bestimmten Urteile weniger der Information dient als überwiegend der

---

nologie der Rechtsordnung der Bundesrepublik entspricht, in der „bürgerliches Recht" nur zur Bezeichnung eines Teilausschnitts des Rechts verwendet wird. Da es jedoch an systemimmanenten kurzen und präzisen Formulierungen mangelt, wird im folgenden der Begriff „bürgerlich" im Sinne der DDR-Ideologie als Bezeichnung des in der BRD geltenden Rechtssystems und der in der Rechtswissenschaft herrschenden Anschauungen, die weitgehend in der Zeit vor 1949 entwickelt wurden, verwendet, ohne daß die in der DDR damit verbundene Bewertung kritiklos übernommen werden soll.

[4] *Zivs*, StuR 1964, 1299, 1301, vgl. aber auch *Knapp*, Rabels Z 27 (1962—63), 495 ff.

[5] Vgl. *Loeber*, Rabels Z 26 (1961), S. 201 ff.

[6] *Kirchheimer*, Justiz, S. 398 f.

[7] So wird seit kurzem in der Neuen Justiz eine Rechtsprechungskartei geführt. *Leichtfuß*, StuR 1969, S. 106.

Anleitung der Rechtspflege. Die Auswahl ist insoweit nicht zufällig, sondern repräsentativ für die Erziehungsziele gegenüber den unteren Rechtspflegeorganen, damit aber nicht notwendig auch repräsentativ für die Rechtswirklichkeit der DDR.

Die beschränkte Zugänglichkeit der Quellen setzt der vorliegenden Untersuchung ihre Grenzen. Sie kann notwendig nur insoweit die Rechtswirklichkeit zutreffend beschreiben, als das zur Verfügung stehende Material für diese repräsentativ ist.

Eine Analyse der Rechtstheorie der DDR und der theoretischen Überlegungen zur Rechtsanwendung und Methodenlehre sieht sich mit der Schwierigkeit konfrontiert, daß es an umfassenden wissenschaftlichen Darstellungen, die, in der DDR erarbeitet, für die dort herrschenden Anschauungen authentisch Rechenschaft ablegen könnten, bisher fehlt. Soweit im wissenschaftlichen Schrifttum der DDR vereinzelte Äußerungen zur Rechtstheorie und Methodologie anzutreffen sind, beschränken sie sich im wesentlichen auf die Abgrenzung des sozialistischen Rechts vom kapitalistischen und verzichten weitgehend auf eine Darstellung der Grundlagen des sozialistischen Staates und seines Rechts. Lehrbücher der Staats- und Rechtstheorie sind zwar angekündigt, bisher aber nicht erschienen[8].

Ein kritischer und damit schöpferischer Meinungsstreit, wie er etwa in juristischen Zeitschriften geführt werden könnte und der über die Lösung von Rechtsfragen Aufschluß geben würde, bildet im Schrifttum der DDR die Ausnahme[9].

Eine Untersuchung über die Auslegungspraxis von Gerichten der DDR muß berücksichtigen, daß bei den unteren Gerichten der DDR die Rechtspflege zunächst über längere Zeit fast ausschließlich in den Händen von Richtern lag, die ohne juristische Ausbildung oder nach Besuch eines kurzen Volksrichterkursus eingesetzt wurden[10]. Insbesondere gegenüber Urteilen aus dieser Zeit erscheint eine wissenschaftliche, abstrakt-juristische Untersuchung der Auslegungstechnik wenig sinnvoll, da diesen Richtern eine bewußt methodologische Begründung ihrer Entscheidungen fernliegen mußte. Auch die Entscheidungen des OG lassen meist ausführliche Begründungen und Abwägungen der Entscheidungsgesichtspunkte vermissen. Selbst im Schrifttum der DDR wird beklagt[11], daß es der Rechtssprechung des OG an Kontinuität fehle und sie auch

---

[8] Mit Ausnahme des als Manuskript gedruckten Heftes des Instituts für Theorie des Staates und des Rechts der Karl-Marx-Universität Leipzig *(Haney - Wagner)*; *Arlt* kündigt die Erarbeitung von Lehrbüchern als Schwerpunktaufgabe bis 1975 an, StuR 1972, S. 181, 189.

[9] So auch *Arlt*, StuR 1972, S. 181, 190.

[10] *Kirchheimer*, AÖR 85, S. 11.

[11] *Nathan*, NJ 1956, S. 647, 648 f.; *Artzt*, NJ 1956, S. 710, 714.

widersprüchlich sei. Nur selten setzt sich das OG mit seiner eigenen früheren Rechtsprechung und mit im Schrifttum vertretenen Meinungen auseinander.

Angesichts der übereinstimmenden Entwicklungslinien und der gegenseitigen Beeinflussung innerhalb des sozialistischen Rechtskreises konnte bei der Darstellung der Rechtsentwicklung der DDR die sowjetische Entwicklung nicht unberücksichtigt bleiben. Obwohl die neuere Entwicklung in den sozialistischen Staaten auch in der DDR eine stärkere Transparenz der Diskussion von unterschiedlichen Lösungsversuchen bestimmter allgemeiner und spezieller Rechtsprobleme gebracht hat, ist ein außenstehender Beobachter von Entwicklungsergebnissen dennoch immer wieder überrascht, da sich die Auseinandersetzungen zunächst nicht in der Öffentlichkeit abspielen; tiefgreifende Auseinandersetzungen um Rechtsfragen sind folglich nicht immer dem juristischen Schrifttum zu entnehmen.

Es muß ausdrücklich betont werden, daß die hier gefundenen Ergebnisse ausschließlich für den Bereich des Zivil- und Arbeitsrechts Gültigkeit besitzen. Die oberflächliche Betrachtung der Rechtsprechung auf dem Gebiet des „öffentlichen" Rechts und des Strafrechts legt die Vermutung nahe, daß eine Untersuchung der Auslegungspraxis dort zu anderslautenden Ergebnissen kommen würde, mag auch in der neueren Entwicklung eine in dieselbe Richtung laufende Tendenz konstatierbar sein[12].

Die Analyse des Materials ließ es bedenklich erscheinen, voneinander abweichende Stellungsnahmen zu Fragen der Auslegungstheorie und -praxis ihrer Tendenz und ihrem Ergebnis nach drei Etappen[13] in der Entwicklung der sozialistischen Gesellschaft zuzuordnen, wie es in Arbeiten, die sich vornehmlich auf das Gebiet des Strafrechts und des „öffentlichen" Rechts oder auf die nur rechtswissenschaftliche Diskussion bezogen, geschehen ist[14]. Zweifellos hat auch die aktuelle politische Ausrichtung einen prägenden Einfluß auf die in der Auslegungstheorie und -praxis vertretenen Anschauungen gehabt; jedoch sind für das hier untersuchte Gebiet des Zivil- und Arbeitsrechts rigide Einschnitte in der Behandlung bestimmter Themenkreise nicht übergreifend konstatierbar. Vielmehr konnte eine stetig vertretene Linie festgestellt werden, deren allgemeine Anerkennung zwar schwankte, die aber zu keiner Zeit von einer abweichenden Aufassung völlig verdrängt wurde. Ist in Einzelfällen eine mit der jeweiligen politischen Linie zusammenhängende plötzliche Änderung der Stellungnahmen aufgetreten, wird das in der Arbeit besonders hervorgehoben werden.

---

[12] Vgl. dazu *Böckenförde*, S. 72 ff.
[13] Vgl. die Einteilung bei *Böckenförde*, aaO.
[14] Vgl. dazu *Markovits* und *Böckenförde*.

Erstes Kapitel

Theoretische Grundlegung

§ 1. Marxistisch-leninistische Rechtstheorie

Auslegungstheorie und -praxis in der DDR sind nur dann zu erschließen, wenn ihre Abhängigkeit von der in der DDR vertretenen Rechtstheorie aufgezeigt wird. Schon die Auseinandersetzung in der bürgerlichen Rechtswissenschaft über die Auslegungsmethoden zeigt, daß die Auslegung als wesentlicher Bestandteil des Rechtsfindungsvorganges ein Instrument darstellt, um die jeweiligen grundsätzlichen Anschauungen über Wesen und Funktionen des Rechts durchzusetzen. Zu dieser instrumentalen Anschauung über die Funktion der Auslegungsmethoden bekennt man sich offen im sozialistischen Rechtskreis, der das Recht eindeutig als ideologiegefüllten Begriff auffaßt[1].

Im ersten Teil der Arbeit muß deshalb zunächst auf die sozialistische Rechtstheorie eingegangen werden, jedoch nur insoweit, als der in der DDR gegenwärtig vertretene Marxismus-Leninismus die Grundlage für die Auslegungstheorie und Auslegungspraxis bildet. Nicht eine Vollständigkeit in der Darstellung der Lehre von Basis und Überbau ist beabsichtigt, sondern das Aufzeigen des Interpretationszusammenhanges, in dem in der DDR das Recht begriffen wird, welche Funktionen ihm innerhalb der Gesellschaft zugewiesen werden und welche Aspekte von einem so verstandenen Rechtsbegriff auf Auslegungstheorie und -praxis ausgehen. Die verschiedenen Schulen und Diskussionsströmungen des Marxismus-Leninismus können hingegen keine Berücksichtigung finden.

I. Entstehung des Rechts

Der historische Materialismus sieht im Recht ein historisches Produkt einer gegebenen Gesellschaftsformation. Dem Recht wird keine überzeitliche, gesellschaftsunabhängige Eigenständigkeit beigemessen; Staat und Recht werden durch die materiellen Lebensverhältnisse, die Produk-

---

[1] *Klenner*, in Festschrift, S. 100; Ideologie ist hier zu verstehen als System der gesellschaftlichen Anschauungen, die bestimmte Klasseninteressen zum Ausdruck bringen, vgl. Autorenkollektiv, Lehrbuch Marxistische Philosophie, S. 676.

tionsverhältnisse[2], hervorgebracht und sind als Teile des Überbaus, der aus der ökonomischen Basis hervorgeht und von ihr bedingt wird, von dieser abhängig[3].

Als Basis wird die ökonomische Struktur der Gesellschaft, die Gesamtheit der Produktions- und Klassenverhältnisse, die einer bestimmten Entwicklungsstufe der materiellen Produktivkräfte[4] entsprechen, bezeichnet. Der Überbau ist das System der dieser Basis entsprechenden politischen, juristischen und ideologischen Anschauungen und Institutionen der Gesellschaft. Bei der Betrachtung des Verhältnisses von Basis und Überbau darf nicht übersehen werden, daß der Marxismus von einer Totalität der gesellschaftlichen Verhältnisse ausgeht, in der alle Teile auf alle anderen einwirken. Die Begriffe Basis und Überbau stellen in ihrer Abstraktion theoretische Instrumente zur Erfassung grundlegender Beziehungen und Prozesse dar; die Einteilung in Basis und Überbau ist nicht schematisch als Isolierung der einzelnen Teile der Gesellschaft voneinander zu begreifen. Vielmehr muß das Verhältnis von Basis und Überbau als ein dialektisches Verhältnis gegenseitiger Abhängigkeit gesehen werden, wobei der Basis die letztlich bestimmende Funktion zukommt.

Die Änderung der Produktionsverhältnisse, der Basis, hervorgerufen von der Weiterentwicklung der Produktivkräfte, führt zur langsameren oder rascheren Umwälzung des gesamten Überbaus und damit auch zur Veränderung der Rechtsordnung.

Nach der marxistisch-leninistischen Staats- und Rechtslehre hat jedes Recht Klassencharakter, solange die Gesellschaft in Klassen gespalten ist. Es dient dazu, die Macht der herrschenden Klasse zu festigen. Herr-

---

[2] Produktionsverhältnisse = System gesellschaftlicher Verhältnisse, die die Menschen im Produktionsprozeß objektiv eingehen. Die Produktionsverhältnisse bilden in jeder Gesellschaftsordnung ein komplexes Ganzes, dessen Charakter und Bewegung durch seine grundlegenden Bestandteile und die wesentlichen Strukturbeziehungen zwischen diesen Bestandteilen gegeben ist. Sie umfassen die Beziehungen der Menschen im Produktionsprozeß, vor allem die Eigentumsverhältnisse. (*Klaus - Buhr*, rororo, Bd. 2, S. 878).

[3] Die Einordnung des Rechts in den Überbau ist im Hinblick auf eine zweideutige Stelle in *Marx'* Vorwort zur Kritik der Politischen Ökonomie (MEW Bd. 13, S. 9: „Auf einer gewissen Stufe ihrer Entwicklung geraten die materiellen Produktivkräfte der Gesellschaft in Widerspruch mit den vorhandenen Produktionsverhältnissen oder, was nur ein juristischer Ausdruck dafür ist, mit den Eigentumsverhältnissen, innerhalb deren sie sich bisher bewegt hatten") nicht immer selbstverständlich gewesen. So wurde in der Sowjetunion vor 1938 auch die Ansicht vertreten, das Recht gehöre zur Basis (vgl. dazu die Darstellung bei *Brunner*, Grundrechte, S. 46 ff.).

[4] Produktivkräfte = System der Wechselwirkung sachlich-gegenständlicher und menschlich-subjektiver Elemente. Die Produktivkräfte bringen das Verhältnis des Menschen zu den Gegenständen und Kräften der Natur und die Entwicklung der Produktivkräfte die Veränderung dieses Verhältnisses zum Ausruck. (*Klaus - Buhr*, rororo, Bd. 2, S. 879).

schende Klasse ist jeweils der Teil der Gesellschaft, der über die entscheidenden Produktionsmittel verfügt. Verändern sich im Verlauf des gesetzmäßig geschichtlichen Prozesses aufgrund der sich weiter entwickelnden Produktivkräfte die Produktionsverhältnisse, so gerät die Basis in ständig wachsenden Widerspruch zum Überbau. Die gesellschaftlichen Widersprüche werden solange in Auseinandersetzungen auf den verschiedensten Gebieten und mit unterschiedlichen Zielen, in Klassenkämpfen, ausgetragen, bis der revolutionäre Prozeß zur Sprengung der alten gesellschaftlichen Ordnung und zur Konstruktion einer neuen führt. Innerhalb dieses historischen, als gesetzmäßig angesehenen Prozesses wird der Unterdrückungscharakter des Rechts als Mittel zur Sicherung einer bestimmten historischen Klassenherrschaft immer deutlicher, bis mit Ablösung der alten Herrschaftsordnung auch deren Recht beseitigt wird.

Die marxistisch-leninistische Theorie geht davon aus, daß Kennzeichen der Gesellschaftsform des Sozialismus als der ersten Stufe der angestrebten kommunistischen Gesellschaft das Verschwinden der antagonistischen Klassengegensätze ist, die die revolutionär überwundene Gesellschaft durchzogen haben. Trotzdem bleiben auch im Sozialismus noch für längere Zeit unterschiedliche Klassen (Arbeiter, Genossenschaftsbauern, bürgerliche Restschichten, Kleinunternehmer, Handwerker, etc.) und besondere Schichten (Intelligenz) mit unterschiedlichen Interessenlagen erhalten. Grundsätzlich werden diese gesellschaftlichen Gruppierungen als in einem Bündnis zur Schaffung des Sozialismus und des Kommunismus stehend angesehen. In dieser Feststellung ist aber auch angelegt, daß es in einer sozialistischen Gesellschaft noch eine Reihe nichtantagonistischer sozialer Konflikte gibt. Es ist gerade Inhalt der sozialistischen Phase der Entwicklung der komunistischen Gesellschaft, diese Konflikte in einem bewußten, geplanten evolutionären Prozeß zu lösen und damit zugleich die diesen zugrundeliegenden Klassenunterschiede einzuebnen, um eine egalitäre Gesellschaftsordnung herbeizuführen.

Im Sozialismus soll aufgrund der Kenntnis der objektiven gesellschaftlichen Gesetze, die anders als die Naturgesetze nur über die subjektive Tätigkeit der gesellschaftlichen Individuen zustandekommen und sich nur vermittelst dieser Tätigkeit durchsetzen, und dem Wissen um ihre historisch bestimmte Wirkungsweise die Möglichkeit gegeben sein, bewußt die Wirtschaft und damit auch die entsprechenden Überbaumechanismen zu planen. Deshalb wird in der DDR auf die wachsende Bedeutung des Überbaus für die Festigung und Weiterentwicklung der Gesellschaft hingewiesen.

Aus der Auffassung von der aktiven Rolle des Überbaus ergibt sich, daß dem Recht, obwohl historisch-gesellschaftlich bedingt, keineswegs bloß eine passive Rolle bei der gesellschaftlichen Entwicklung zukommt. Zwischen dem Recht und anderen Elementen des Überbaus einerseits und der ökonomischen Basis andererseits besteht eine Wechselwirkung. Die Rechtsnormen werden zwar durch die „naturgesetzlich" ablaufende Entwicklung der Basis notwendig und gesetzmäßig hervorgebracht; jedoch können bei der bewußten Gestaltung der Gesellschaft im Sozialismus in der Gesetzgebung Faktoren Einfluß gewinnen, die nicht bloßes Derivat der ökonomischen Verhältnisse sind, deren Entwicklungsrichtung aber von der Basis bestimmt ist. Danach ist im Sozialismus das Recht mit einem funktionalen Element ausgestattet, das es dem Gesetzgeber und der Rechtswissenschaft ermöglicht, der ökonomisch-gesellschaftlichen Entwicklung vorzugreifen und sie zu fördern. Seine Bedeutung geht damit über die Aufgabe des Regulierens hinaus[5].

Das Recht wird durch die ökonomischen Verhältnisse nur mittelbar geschaffen; die unmittelbare Normsetzung beruht auf dem Willen der herrschenden Klasse. Diese bedient sich zur Sicherung und Durchsetzung ihrer Herrschaft eines Zwangsapparates, des Staates, so daß sich der Wille der herrschenden Klasse im Staatswillen äußert.

In der Übergangsphase zwischen Kapitalismus und Kommunismus, in der noch Klassen existieren, ist nach dem Selbstverständnis des Marxismus-Leninismus die Diktatur des Proletriats historisch notwendig. Innerhalb dieser Periode hat die Arbeiterklasse im Bündnis mit der Bauernschaft und anderen werktätigen und demokratischen Schichten die führende Stellung in der Gesellschaft und im Staat mit der Aufgabe der Herrschaft über die reaktionäre Bourgeoisie, die nichts unversucht läßt, die neuen gesellschaftlichen Verhältnisse zu beseitigen, der Leitung der werktätigen Massen und ihrer Organisierung für den Aufbau der sozialistischen Gesellschaft. Die Diktatur des Proletariats soll Demokratie für die Werktätigen und Instrument der Klassenherrschaft des Proletariats über die Bourgeoisie sein; Demokratie und Diktatur stellen daher nur zwei Seiten ein und derselben Sache dar. Der sozialistische Staat gilt als die organisierte Macht des werktätigen Volkes; er ist danach kein aus dem Volke herausgehobener und die Herrschaft einer ausbeutenden Minderheit sichernder Apparat und unterscheidet sich damit von anderen Staatstypen wesentlich[6]. Der Grundsatz der Gewaltenteilung wird abgelehnt; es herrscht das Prinzip der Einheit von Beschlußfassung und Ausführung.

---

[5] Die Lehre von der aktiven Rolle des Überbaus ist in ihren Ansätzen bereits von *Marx* (MEW, Bd. 37, S. 463 ff.) gesehen worden (vgl. *Klaus - Buhr*, rororo, Bd. 3, S. 1098, auch *Marcuse*, S. 123) und wurde von *Stalin* (Der Marxismus und die Frage der Sprachwissenschaft, S. 24 ff.) weiterentwickelt.

[6] *Klaus - Buhr*, 1971, Bd. 1, S. 224 ff., 250 ff.; Bd. 2, S. 1035 ff.

Nach dem Selbstverständnis des Marxismus-Leninismus, wie er gegenwärtig in der DDR vertreten wird, leitet die marxistisch-leninistische Partei, die SED, den Staat und formuliert verbindlich den Willen der herrschenden Klasse und ihrer Verbündeten; sie ist zur Führung des Volkes während des Übergangs vom Kapitalismus zum Kommunismus berufen, da sie der Arbeiterklasse die Erkenntnis der gesellschaftlichen Gesetze und ihrer Wirkungsweise vermittelt und sie politisch organisiert. Grundlage für die Gesetzgebung sind in der Regel Parteibeschlüsse, da davon ausgegangen wird, daß die Partei aufgrund einer wissenschaftlichen Analyse eines gegebenen Entwicklungsstandes der Gesellschaft und ihrer Prognosetätigkeit die Schritte zur Durchsetzung der objektiven Gesetze festlegen kann. Sie „kann in ihren Beschlüssen die objektiven Gesetze analysieren und aufdecken, weil sie den ganzen geschichtlichen Weg der Arbeiterklasse und ihrer Verbündeten überschaut und die Interessen der gesamten Arbeiterklasse vertritt, deren Interessen mit der gesetzmäßigen Entwicklung übereinstimmen, weil sie keine von der geschichtlichen Entwicklung abgetrennte Ziele kennt"[7]. Der Wille der herrschenden Klasse tritt daher nur vermittelt über den Staats- und Parteiwillen in Erscheinung.

Wenn sich also zwischen die Basis und den rechtlichen Überbau die unmittelbare Rechtsetzung durch den im Staat verkörperten Partei- und Klassenwillen schiebt, könnte bei der Frage nach dem Rechtsbegriff die ökonomisch-materielle Komponente beiseitegelassen und primär auf den Klassenwillen abgestellt werden.

Die Frage nach der Ableitung und der Funktion des Rechts hat in der sowjetischen Rechtslehre zu fortdauernden theoretischen Auseinandersetzungen Veranlassung gegeben. Diese Auseinandersetzung, die sich über mehrere Jahrzehnte hinzog, wurde vornehmlich geführt von den sowjetischen Juristen Reissner, Stučka, Paschukanis und Wyschinskij. Sie gipfelten in dem Streit um die Rechtsdefinition im Rahmen der allgemeinen Rechtslehre. Die Wege der sowjetischen Rechtslehre bei der Entwicklung des Rechtsbegriffs sind durch das Bemühen gekennzeichnet, eine enge Bindung des Wesens des Rechts an die Umgestaltung der Gesellschaftsordnung und an die Klassenpolitik herbeizuführen und dabei doktrinär theoretisierende oder unmaterialistische Definitionen des Rechtsbegriffs zu vermeiden.

II. Versuche einer Rechtsdefinition

Die von Reissner auf seiner pyschologischen Rechtstheorie basierende Lehre, wonach das „revolutionäre Rechtsbewußtsein" Träger der Nor-

---

[7] *Mollnau*, StuR 1971, S. 279.

men des Sozialismus ist[8], wurde als psychologisierend und unmarxistisch verworfen[9]. In der Praxis war dem Richter der Rückgriff auf das sozialistische Rechtsbewußtsein als Rechtsquelle für seine Entscheidungen nur in kurzen Phasen, insbesondere nach der Revolution erlaubt[10].

In der Sowjetunion wurde durch Dekret vom 30. 10. 1918[11] die Anwendung aller zaristischen Gesetze verboten. Neue Gesetze und Verordnungen durften nicht nach der Praxis vorrevolutionärer Gerichte ausgelegt werden[12].

Vielmehr bestimmte § 22 des im Jahre 1920 kodifizierten Prozeßrechts ausdrücklich, daß der Richter bei Lücken in der Gesetzgebung das soziale Rechtsempfinden als Richtschnur zu nehmen habe[13]. Demgegenüber wird heute übereinstimmend das Rechtsbewußtsein als unmittelbare Rechtsquelle abgelehnt, auch wenn es als sozialistisch anzuerkennen ist. Das Rechtsbewußtsein sei zwar Quelle der Gesetzgebung, dürfe aber niemals selbst eine gerichtliche Entscheidung tragen[14].

Anders als Reissner geht Stučka bei der Definition des Rechtsbewußtseins davon aus, daß das Recht lediglich die förmliche Vermittlung der den Rechtsinhalt bildenden Ökonomie darstellt und das Recht als ein System (Ordnung) von gesellschaftlichen Verhältnissen zu definieren sei, das den Interessen der herrschenden Klasse entspräche und von der organisierten Gewalt dieser Klasse geschützt werde[15]. Die gesellschaftlichen Verhältnisse würden im Sinne von Marx durch die Art und Weise der Produktion und des Warenaustausches bestimmt. Auch diese von Stučka entwickelte Rechtsdefinition wurde jedoch als „vulgär-materialistisch" verworfen.

In seiner Allgemeinen Rechtslehre hat sich Paschukanis um den Nachweis bemüht, daß die Rechtsnorm durch das empirische Verhältnis zwischen Warenbesitzern in Tausch- und Marktbeziehungen indiziert sei und demzufolge die Normen des Gesetzes lediglich als Abbilder dieser Beziehungen anzusehen seien. Das bedeute aber, daß alles Recht

---

[8] Zitiert nach *Pfaff*, S. 63 ff. und *Meder*, S. 9.

[9] *Meder*, S. 10; *Bilinsky*, JfO 1962, I, S. 73.

[10] *Karewa*, S. 30; *Pfaff*, S. 56; *Meder*, S. 24 f. Nach dem Dekret vom Gerichtswesen vom 24. 11. 1917 wurden das „revolutionäre Gewissen" und das „revolutionäre Rechtsbewußtsein" zur Rechtsquelle erhoben und dafür maßgebend, ob die zaristischen Gesetze im konkreten Fall weiter angewendet werden konnten. (Nr. 5 des Gesetzes, abgedruckt bei *Klibanski*, S. 131 f.).

[11] Zitiert bei *Freund*, S. 15 f.

[12] Vgl. Art. 5 der VO des Allrussischen Zentral-Exekutivkomitees über die Einführung des Bürgerlichen Gesetzbuches der RSFSR, zitiert bei *Freund*, S. 107.

[13] Ebensolche Praxis in der DDR; *Klenner*, Formen, S. 7 f.

[14] *Benjamin*, StuR 1955, S. 243; *Ostmann*, NJ 1954, S. 727.

[15] Die revolutionäre Rolle von Recht und Staat, S. 65 f.

bürgerliches Recht sei und deshalb in einem sozialistischen Staat, der im Laufe seiner Konsolidierung das Äquivalenzprinzip zwischen Arbeitsverausgabung und -vergütung beseitige, zum Absterben verurteilt sei. Eine solche sozialistische Rechtsformation könne es demnach nicht geben[16]. Diese Theorie wurde als Rechts-Nihilismus bezeichnet und als Symptom des bürgerlich-juristischen Individualismus kritisiert und abgelehnt[17].

Sämtliche sozialistischen Rechtstheoretiker stimmen darin überein, daß das Recht, und zwar auch das normierte Recht, im Sozialismus nicht entbehrlich ist[18]. Selbst Paschukanis vertritt in seiner nihilistischen Rechtstheorie die Ansicht, daß das Absterben des Staates nicht schon dann erfolgen könne, wenn die Gliederung der Gesellschaft in Klassen beseitigt sei, sondern erst dann, wenn die Form des Äquivalenz-Verhältnisses[19] endgültig überwunden sein werde — ein Zustand, der auch heute in sozialistischen Staaten noch nicht erreicht ist[20].

Für einen längeren Zeitraum beanspruchte der von Wyschinskij entwickelte Rechtsbegriff unangefochten Geltung. Wyschinskij hatte das Recht folgendermaßen definiert:

„Das Recht ist die Gesamtheit der den Willen der herrschenden Klasse ausdrückenden und von der Staatsmacht festgesetzten oder sanktionierten Verhaltensregeln (Normen), deren Einhaltung und Anwendung durch die staatliche Zwangsgewalt gewährleistet wird, um die gesellschaftlichen Kräfte zu festigen und zu entwickeln, die der Klasse vorteilhaft und angenehm sind, die die staatliche Leistung der Gesellschaft ausübt[21]."

Diese Definition hebt die unmittelbare Ableitung des Rechts vom Willen der herrschenden Klasse hervor. Dem Wortlaut der Definition ist allerdings nicht zu entnehmen, inwiefern sich das Recht im Sozialismus von dem im Kapitalismus abhebt. Die Besonderheit des sozalistischen Rechts besteht lediglich darin, daß sich der Zwangsapparat, mit dem das Recht durchgesetzt werden soll, in den Händen der proletarischen Klasse befindet[22].

---

[16] *Paschukanis*, S. 33 ff.

[17] Inzwischen sind Stučka und Paschukanis in dem Sinne rehabilitiert, daß Problemstellung und Zielsetzung ihrer Untersuchungen als richtig anerkannt werden; *Strogowitsch*, GWB 1966, S. 390; *Heuer*, S. 209; *Klenner*, in Festschrift, S. 98 f.

[18] *Lenin* und *Wyschinskij*, zitiert bei *Pfaff*, S. 53 und 55; *Stučka*, S. 148 ff.; *Tschchikwadse*, GWB 1968, S. 351; *Heuer*, S. 194.

[19] d. h. jeder erhält Werte entsprechend seiner Leistung, nicht, wie in der kommunistischen Gesellschaft, entsprechend seinen objektiven Bedürfnissen.

[20] *Paschukanis*, S. 35.

[21] Zitiert bei *Bilinsky*, JfO 1962, I, S. 84.

[22] *Haney*, S. 37 ff.; ders. StuR 1963, S. 123; *Polak*, Reden, S. 421 f.; *Heuer*, S. 192; ohne Verfasser, StuR 1962, S. 1627 f.

Der von Wyschinskij vertretene Rechtsbegriff ist undialektisch; er beruht auf der Trennung von Form und Inhalt des Rechts[23]. Danach ist zwar der Inhalt des Rechts als Element des Überbaus klassenbedingt, die Rechtsform aber, d. h. die sprachliche Hülle und das abstrakte System der Normen insofern klassenindifferent, als sie in kapitalistischen und sozialistischen Systemen die gleiche sein kann[24]. Wyschinskij vertritt also eine idealistische Position, wenn er davon ausgeht, daß die Rechtsform zeitlos ist und als eine Art verselbständigtes geistiges Prinzip konstant die Gesellschaftsformationen überdauert[25].

Darüberhinaus wird bei dieser Definition des Rechtsbegriffs für den mehrstufigen Akt der Entstehung des Rechts die unmittelbare Rechtsetzung durch den Staat einseitig betont. Da die Gesetze, von dem Willen der herrschenden Klasse durch den Staat hervorgebracht, dem objektiven Interesse der herrschenden Klasse entsprechen und damit objektiv richtig sind, ist allein das Gesetz Maßstab des Rechts. Durch die Gleichsetzung des Rechts mit der vom Staat erlassenen oder sanktionierten Norm wird die Rechtserkenntnis des Gesetzunterworfenen als reiner Gesetzespositivismus qualifiziert[26]. Wyschinskij selbst hat sich aber, wie die sozialistische Rechtslehre allgemein, scharf vom Gesetzespositivismus distanziert[27].

Die von Wyschinskij entwickelte Rechtsdefinition wird in neuerer Zeit von der sowjetischen Lehre ebenso wie in der Literatur der DDR übereinstimmend abgelehnt, ohne daß sie durch eine allgemein anerkannte neue Rechtsdefinition ersetzt werden konnte[28].

Die neueren Bemühungen um eine Definition des Rechtsbegriffs sind von dem Bestreben geprägt, die materielle Grundlage des Rechts wieder hervorzuheben und damit zu einem Maßstab des Rechts zu machen[29]. Ablehnung hat dabei die auch in der DDR vertretene Ansicht gefunden, daß die ökonomischen Gesetze unmittelbar und spontan die rechtliche Gestaltung beeinflussen[30]. An dieser Auffassung wird

---

[23] *Polak*, StuR 1961, S. 607, 625.

[24] Ähnlich *Benjamin*, die ausführt, daß es eine Reihe von Normen gäbe, die rein technische neutrale Rechtsnormen sind, NJ 1951, S. 150, 152.

[25] Vgl. dazu auch unten § 1 VII.

[26] *Ramm*, in: Lage des Rechts in Mitteldeutschland, S. 10, 12; *Brunner*, ROW 1966, S. 231; *Westen*, S. 245; *Böckenförde*, S. 27; *Gsovski*, S. 91; auch *Heuer*, S. 192 f.; einschränkend *Kirchheimer*, Justiz, S. 437, *Bilinsky*, aaO, S. 92.

[27] Zitiert bei *Bilinsky*, aaO, S. 92.

[28] *Polak*, StuR 1961, S. 607, 612; *Heuer*, S. 192; *Kerimow*, Gesetzgebungstechnik, S. 31; *Piontkowski*, S. 12 ff.

[29] *Klenner*, NJ 1953, S. 6; *Heuer - Schürmann*, NJ 1953, S. 305; *Heuer*, S. 193; *Haney - Wagner*, II, S. 7.

[30] Zitiert bei *Petzold*, StuR 1961, S. 669; *Mollnau*, StuR 1971, S. 276 ff.

bemängelt, daß sie das revolutionäre Wesen des Rechts und die Bedeutung des sozialistischen Staates unberücksichtigt lasse; erst der sozialistische Staat mache das Recht zu einem Hebel zur Durchsetzung der objektiven ökonomischen Gesetze[31].

Auf die Rechtfertigungsnotwendigkeit für Rechtsnormen wird nachdrücklich von Klenner hingewiesen[32]. Danach seien in der kognitiven Zwischenstufe die in der sozialen Realität sich entwickelnden objektiven Bedürfnisse und Interessen in der Weise in das Bewußtsein des Gesetzgebers zu heben, daß gesellschaftliche Zielstellungen und optimal geeignet erscheinende Mittel und Methoden der Zielrealisierung erarbeitet werden. Gerechtfertigt sind nach Klenners Thesen die Rechtsnormen, die zielentsprechend (aequifinal) sind, mit moralischen Werturteilen übereinstimmen, sich in das geltende Recht einfügen oder auch den gesellschaftlichen Entwicklungsgesetzmäßigkeiten optimal entsprechen[33].

Die neueren Rechtstheorien sind ferner bemüht, den in der Definition von Wyschinskij besonders betonten Zwangscharakter des sozialistischen Rechts abzuschwächen[34]. Nach diesen Anschauungen hat das Recht entsprechend der geschichtlichen Mission des sozialistischen Staates die Funktion, durch die Entwicklung der sozialistischen Produktionsverhältnisse die Produktivkräfte der Gesellschaft — Talente und Fähigkeiten der Menschen — und damit die fortschreitende Entwicklung der Gesellschaft mit dem Mittel der Überzeugung zu fördern. Damit entspricht dem Wesen des Rechts nicht der äußere Zwang, um die Gesetzmäßigkeit der gesellschaftlichen Entwicklung zu festigen[35].

In neuerer Zeit hat Alexandrow folgende Definition des Rechts vorgelegt, die in ihren Elementen auch von anderen Autoren vertreten wird[36]:

---

[31] *Haney,* S. 15; ders. StuR 1961, S. 132 f.; *Kleine,* NJ 1953, S. 322, 324; *Benjamin,* StuR 1955, S. 243; *Petzold,* StuR 1961, S. 669; *Posch,* StuR 1960, S. 1777; *Polak,* Dialektik, S. 259.

[32] *Klenner,* in: Le raisonnement juridique, S. 501 ff.

[33] *Klenner,* aaO, S. 503.

[34] In diesem Zusammenhang sind die Erläuterungen im Philosophischen Wörterbuch von *Klaus - Buhr* bemerkenswert: während in der Auflage von 1965 noch ausgeführt wird (S. 463) „Recht — Gesamtheit der Normen (Verhaltensregeln), die vom Staat festgesetzt oder bestätigt sind und deren Beachtung und Befolgung durch die Staatsgewalt erzwungen werden kann und erzwungen wird. Sie drücken jeweils den Willen der herrschenden Klasse aus.", heißt es in der 6. Auflage 1969 (Band 2, S. 914) „Recht — in einer Gesellschaft geltendes System staatlich garantierter Verhaltensregeln, deren Inhalt sich aus den materiellen Lebensbedingungen der herrschenden Klasse ableitet." Vgl. auch *Stiller,* NJ 1971, S. 253, 255 ff.

[35] *Polak,* Reden, S. 426.

[36] Ähnlich *Ulbricht,* Rolle, Rede in Dokumenten, S. 205.

Das sozialistische Recht ist eine Gesamtheit von Normen (Verhaltensregeln), welche

— den durch die Partei ausgerichteten Willen der Arbeiterklasse und der von dieser geleiteten Werktätigen ausdrücken, einen Willen, der letzten Endes durch die materiellen Existenzbedingungen bestimmt wird;

— in Wechselbeziehungen mit den objektiven historischen Gesetzmäßigkeiten die Entwicklung und Festigung der Ordnung bewirken, die den Aufbau des Sozialismus und Kommunismus ermöglicht;

— durch die kompetenten Staatsorgane aufgestellt oder sanktioniert werden;

— durch staatliche Zwangsmaßnahmen auf der Basis der Überzeugung der Mehrheit der Werktätigen und durch die Kraft ihrer gesellschaftlichen Meinung geschützt werden[37].

Die Entwicklung der marxistisch-leninistischen Rechtstheorie wie auch der Rechtsanwendung bewegt sich zwischen zwei Extremen: auf der einen Seite treten stark positivistische Tendenzen hervor, die schließlich als Gesetzesformalismus angeprangert wurden; auf der anderen Seite sind Tendenzen erkennbar, die zur zeitweiligen oder teilweisen unbedenklichen Nichtbeachtung aller Rechtsnormen führten, ein Verhalten, das als Rechtsnihilismus verurteilt wurde. Theorie und Praxis sind heute, wie in der Darstellung der Rechtsanwendung zu zeigen sein wird, bemüht, die beiden Positionen miteinander in Einklang zu bringen[38].

Danach hält man heute einerseits an der am Gesetzespositivismus orientierten Rechtsauffassung fest, nach der Recht ist, was von den dazu legitimierten Organen als Norm vorgeschrieben wird. Andererseits wird anerkannt, daß der Geltungsanspruch des Rechts auch darauf beruht, daß das Recht an den tatsächlichen Notwendigkeiten gemessen „richtig" ist. Dieser weitere Geltungsgrund wird in der bürgerlichen Literatur als Komponente eines materialistischen Naturrechts bezeichnet, das den Maßstab der „Gerechtigkeit" außerhalb des Gesetzes selbst sucht[39].

Für die folgende Untersuchung der Auslegungstheorie und Auslegungspraxis im Zivil- und Arbeitsrecht der DDR wird diese Problematik auf die Frage eingegrenzt, welche Rechtsdefinition den Theorien und Methoden zugrunde liegt. Aus einer Analyse der in Rechtsprechung und Lehre der DDR vertretenen Auffassungen zu der Frage der Unterordnung des Richters unter das Gesetz und der Problematik der richterlichen Rechtsfortbildung wird sich ergeben, ob Theorie und

[37] *N. G. Alexandrow,* in: Grundlagen der Staats- und Rechtstheorie, zitiert bei *Pfaff,* S. 205; in der DDR ähnlich: *Steiniger,* NJ 1951, S. 158; *Petzold,* StuR 1961, S. 658; *Haney,* StuR 1963, S. 132 f.; *Polak,* Reden, S. 404 ff.

[38] *Polak,* Reden, S. 426.

[39] *Ramm,* in: Lage des Rechts, S. 5; *Brunner,* ROW 1966, S. 229, 230 f.; *Pfaff,* S. 230; *Bilinsky,* JfO 1962, I, S. 92 ff.; *Kelsen,* Theory, S. 34 f.

Praxis der DDR zu einem Gesetzespositivismus im Sinne Wyschinskijs tendieren[40] oder zum Einschluß der neuerdings wieder hervorgehobenen „naturrechtlichen“ Elemente neigen, die den Richter eventuell zum Abweichen vom Gesetz berechtigen.

III. Funktion des Rechts

Aus der marxistisch-leninistischen Auffassung vom Wesen des Rechts folgen zwingend seine Funktionen. Als Mittel der staatlichen Führung kommen dem Recht drei Hauptfunktionen zu[41]. Solange die Gesellschaft noch in Klassen gespalten ist, hat das Recht Unterdrückungsfunktion gegenüber allen Feinden der herrschenden Klasse.

Das Recht hat zum zweiten eine wirtschaftlich-organisatorische Funktion. Die aktive Kraft des Rechts dient den wirtschaftspolitischen Zielen der staatlichen Führung und wirkt damit fördernd auf die Änderung und Festigung der ökonomischen Basis ein; das Recht muß in einer zentral geplanten Wirtschaft die adäquate Gestaltung der Produktionsverhältnisse ermöglichen und die Erfüllung der sie konkretisierenden und aktualisierenden Wirtschaftspläne sichern.

Die kulturell-erzieherische Funktion des Rechts endlich dient der verstärkten sozialistischen Bewußtseinsbildung der Bürger zur Erreichung des Zieles einer klassenlosen Gesellschaft[42].

Zur erzieherischen Rolle des sozialistischen Rechts wird folgende instruktive Auffassung vertreten:

„1. Erziehungsziel des Rechts in der sozialistischen Gesellschaft ist die Formung des bewußten, schöpferisch tätigen Menschen ...

2. Das sozialistische Recht hat nichts zu tun mit einer blinden Unterordnung, Manipulierung oder polizeistaatlichen Reglementierung der Gesellschaftsmitglieder.

3. Es gibt objektive gesellschaftliche Erfordernisse, bei denen die Gesellschaft nicht warten kann, bis der letzte Bürger überzeugt ist und sich danach verhält, sondern die eine rechtliche Regelung, Allgemeinverbindlichkeit und Durchsetzbarkeit verlangen. Die Erziehung zur Disziplin mittels des Rechts ist ihrem Wesen nach Einordnung in die sozialistische Gesellschaft und ihre Organisiertheit.

4. Angriffe auf die sozialistischen Grundlagen und Errungenschaften, auf die gesellschaftlichen Interessen und die Rechte und Interessen der Bürger müssen mit geeigneten Mitteln unterbunden werden. Die Rechtsverletzer müssen zur Normeinhaltung — soweit nötig auch mit staatlichem Zwang — erzogen werden.

---

[40] So *Meder*, S. 10; *Bilinsky*, aaO, S. 107 f.; *Pfaff*, S. 229 f.; *Preuß*, S. 39.

[41] Siehe § 2 GVG v. 17. 4. 1963 (GBl. I, 45); *Benjamin*, NJ 1960, S. 1, 4.

[42] Programm der SED v. VI. Parteitag 1963, Sonderbeilage zu Neues Deutschland v. 25. 1. 1963; vgl. auch *Pleyer*, Zentralplanwirtschaft, S. 83.

5. In der Führung der Menschen auf den Weg der Bewußtheit muß den objektiven Erfordernissen und dem erreichten Stand der Bewußtseinsentwicklung Rechnung getragen werden. Daraus ergeben sich differenzierte Anforderungen an das Handeln der Menschen, an den Prozeß der Rechtsentwicklung und Rechtsverwirklichung. Die Rechtszweige tragen auf unterschiedliche Weise — graduell unterschiedlich — zur Persönlichkeitsformung bei. Nur als System erzielt das Recht seinen höchsten Effekt. Vom Gesamtsystem des Rechts her finden die Rechtszweige ihre Erziehungsziele.

6. Der Inhalt der Verhaltenssteuerung durch das sozialistische Recht ist die Sicherung zentraler Führungsentscheidungen durch die Bewußtmachung der Interessenübereinstimmung, die Entwicklung der sozialistischen Persönlichkeit im Prozeß der Lösung der rechtlich gestellten und geregelten Aufgaben. Hierbei ist der einzelne aktives Subjekt, das sich mit den äußeren Einwirkungen auseinandersetzt[43]."

Erst neuerdings wird auch der Begriff der Rechtssicherheit, der 1968 in die Verfassung aufgenommen wurde (Art. 19 Abs. 1), als maßgeblicher Faktor zur Festigung des Vertrauens der Bürger in ihren Staat und seine Rechtsordnung und der Stärkung des sozialistischen Rechtsbewußtseins auf der politischen Bühne und im Schrifttum der DDR berücksichtigt[44].

IV. Folgerungen für Legislative und Judikative

Aus dem so erkannten Wesen des Rechts und seinen Funktionen folgt zwingend das Prinzip der Parteilichkeit des Rechts. In Ausgestaltung und Anwendung muß das sozialistische Recht jeweils Ausdruck, Bedingung und Hebel der bewußten Durchsetzung der Gesetzmäßigkeiten sein. Die Parteilichkeit des Rechts bringt die Übereinstimmung der in ihm enthaltenen Forderungen mit den Notwendigkeiten der geschichtlichen Entwicklung zum Ausdruck.

Nach der in der DDR vertretenen Auffassung ist der sozialistische Staat auf der Grundlage des wissenschaftlichen Marxismus-Leninismus in der Lage, die Parteilichkeit als bewußtes methodisches Prinzip anzuwenden, an dem sich die Rechtsetzung ausrichtet[45]. Der bewußten Parteilichkeit der Rechtsetzung hat die bewußte Parteilichkeit der Rechtsanwendung zu entsprechen, da sowohl die Ausarbeitung als auch die Anwendung der Rechtsnormen mit Hilfe einheitlicher wissenschaftlicher Methoden erfolgt[46]. Dabei bedeutet Parteilichkeit nicht, daß der

[43] *Stiller*, NJ 1971, S. 258.

[44] Vgl. dazu *Sorgenicht - Riemann*, Einheit 1971, S. 739, 746 = NJ 1971, S. 1; *Schuster*, NJ 1971, S. 106 f.; *Schindler - Pompoes*, NJ 1971, S. 345; *Ziegler*, NJ 1971, S. 601, 602; *Müller - Schulze*, NJ 1972, S. 1; *Kellner*, NJ 1972, S. 18; *Dähn - Gruel - Schaarschmidt*, StuR 1972, S. 204.

[45] *Haney-Wagner*, II, S. 240; *Ostmann*, NJ 1954, S. 727; *Petzold*, StuR 1961, S. 671; *Artzt*, NJ 1956, S. 583.

[46] *Arlt*, in: Le raisonnement juridique, S. 438.

Richter den Prozeßparteien des einzelnen Falles nicht objektiv und neutral gegenüberstehen soll[47]. Die Parteilichkeit besteht vielmehr darin, daß der Richter seiner Rolle als politischer Funktionär gerecht wird und das Gesetz entsprechend den gesellschaftlichen Notwendigkeiten anwendet, wie es den politischen Zielen der Partei- und Staatsführung und damit im marxistisch-leninistischen Verständnis den Interessen der Werktätigen entspricht[48].

Den Rechtsfindungsvorgang im Sinne einer parteilichen Rechtsanwendung hatte Nathan dadurch gekennzeichnet, daß der Richter zunächst die Auswirkungen der nach dem Gesetzeswortlaut denkbaren Entscheidungen auf die gesellschaftlichen und wirtschaftlichen Verhältnisse ermittele und auf ihre Übereinstimmung mit den Funktionen des Rechts prüfe. Die aus dieser Prüfung als politisch notwendig sich ergebende Entscheidung sei für den Richter das Primäre, das die Methode für die Anwendung des Rechts bestimme. Dabei wird, abgesehen von der im sozialistischen System gegebenen Durchsichtigkeit, eine Abweichung gegenüber dem bürgerlichen Rechtsfindungsvorgang geleugnet; habe doch jede richterliche Entscheidung notwendigerweise Klassencharakter und sei somit zwangsläufig parteilich[49].

Diese Beschreibung des Rechtsfindungsvorgangs wurde später als unwissenschaftlich und subjektivistisch kritisiert. Der Richter dürfe sich nicht von solchen Erwägungen leiten lassen, die nicht streng auf die Forderungen der sozialistischen Rechtsordnung und Gesetzlichkeit gegründet seien[50]. Die an Nathan geübte Kritik unterstellt ihm damit die Behauptung, der Richter solle in freier Rechtsschöpfung eine im Sinne der Entwicklung der gesellschaftlichen Bedingungen angemessene Entscheidung finden. Nathan hat aber lediglich zutreffend erkannt und beschrieben, daß die Anwendung fast aller Rechtsnormen die Antizipierung der möglichen angemessenen Lösungsergebnisse — die von der Norm gedeckt werden — voraussetzt[51]. Die Wahl zwischen den gesetzlich möglichen Entscheidungen nach Maßgabe der vorstellbaren gesellschaftlichen Auswirkungen dürfte auch Haney - Wagner nicht verdammenswert erscheinen[52].

---

[47] *Artzt*, aaO, S. 582; Görner, S. 18; *Sorgenicht - Riemann*, NJ 1971, S. 746; *Schindler - Pompoes*, NJ 1971, S. 345; Bericht des Zentralkomitees an den VIII. Parteitag der SED, S. 66.

[48] *Böckenförde*, S. 70; *Heinicke*, AR 1959, S. 101; *Benjamin*, NJ 1958, S. 368.

[49] *Nathan*, NJ 1951, S. 120.

[50] *Haney - Wagner*, II, S. 238.

[51] Vgl. dazu *Esser*, S. 131.

[52] Es erscheint nicht zufällig, daß Haney - Wagner außer der Kritik an Nathan Aussagen über Inhalt und Formen eines bewußt parteilichen Rechtsfindungsvorganges nicht treffen.

Da der Rechtsfindungsvorgang im wesentlichen eine politische Wertung zum Inhalt hat, kommt dem Rechtsbewußtsein des einzelnen Richters eine entscheidende Bedeutung zu[53]. Nach sozialistischer Auffassung ist das Rechtsbewußtsein ein System von Rechtsanschauungen, die zur Moral in enger Beziehung stehen. Rechtsanschauung ist die Vorstellung darüber, was gut, was schlecht, was gerecht ist. Die Rechtsanschauungen basieren nach sozialistischer Auffassung jedoch nicht auf einem unbestimmten Gefühl; die Grundlage der Rechtsanschauungen und damit die des Rechtsbewußtseins ist die Gesamtheit der jeweiligen ökonomischen Verhältnisse, die das Bewußtsein formen[54]. Die parteiliche Anwendung der Gesetze durch den Richter ist somit vom Stand seines Rechtsbewußtseins abhängig.

V. Demokratischer Zentralismus als Mittel zur Verwirklichung der Funktionen des Rechts

Die Rechtsanwendung ist jedoch nicht nur von dem Prinzip der Parteilichkeit, das schon aus dem Wesen des Rechts folgt, abhängig, sondern wird auch von dem Prinzip des demokratischen Zentralismus beeinflußt.

1. Begriff des demokratischen Zentralismus

Bei dem demokratischen Zentralismus handelt es sich um ein Organisationsprinzip, das von Lenin ursprünglich für eine illegale oder halblegale Partei im Klassenkampf entwickelt wurde und später von den sozialistischen Staaten zum Entwicklungs-, Struktur-, Organisations- und Leitungsprinzip von Staat und Gesellschaft erhoben wurde.

Der demokratische Zentralismus ist Ausdruck der marxistisch-leninistischen Auffassung, daß die gesellschaftliche Entwicklung vom Kapitalismus zum Sozialismus nur durch eine einheitliche Leitung gewährleistet ist, der die systematische Entwicklung der Produktivkräfte und damit die zentrale Planung anvertraut sein muß[55]. Einer planmäßig gelenkten Entwicklung der Gesellschaft bedarf es auch, um das sozialistische Bewußtsein und die sozialistische Disziplin zu heben und gegen das Weiterwirken kapitalistischer Denk- und Lebensgewohnheiten durchzusetzen[56].

---

[53] *Rohde*, NJ 1959, S. 373.

[54] *Benjamin*, StuR 1955, S. 240 f.; ausführlich dazu *Bley - Kopatz - Vietinghoff*, StuR 1971, S. 16 ff.

[55] *Petzold*, StuR 1961, S. 673.

[56] *Polak*, Dialektik, S. 184.

Der Begriff des demokratischen Zentralismus beinhaltet als demokratische Komponente die Wählbarkeit alle politischen Leitungsorgane und die maximale Entwicklung der Aktivität und Initiative des Volkes[57]. Der zentralistischen Komponente entspricht die von einem Zentrum ausgehende Leitung der gesamtstaatlichen Angelegenheiten und die strikte Unterordnung der unteren Organe unter die oberen. Dementsprechend heißt es in Art. 47 Abs. 2 der Verfassung der DDR[58]:

„Die Souveränität des werktätigen Volkes, verwirklicht auf der Grundlage des demokratischen Zentralismus, ist das tragende Prinzip des Staatsaufbaus."

Da es sich bei der Anwendung des sozialistischen Rechts durch die Gerichte um staatliche Führungstätigkeit handelt, muß das Prinzip des demokratischen Zentralismus auch in der Rechtsprechung zur Anwendung kommen[59]. Die demokratische Komponente des Prinzips ist dadurch verwirklicht, daß die Richter durch die Volksvertretungen der jeweiligen Ebene (§ 51 GVG), die Richter des Obersten Gerichts durch die Volkskammer gewählt werden, § 1 GVG. Der zentralistischen Komponente entspricht das Prinzip der Über- und Unterordnung der Gerichte. So übernimmt das Bezirksgericht die Verantwortung für die Rechtsprechung der Kreisgerichte seines Kreises, § 11 Abs. 4 GVG, das OG leitet die Rechtsprechung der Gerichte und sichert die einheitliche Rechtsanwendung durch alle Gerichte, Art. 93 der Verfassung, § 11 Abs. 2 GVG.

Unmittelbare Beziehungen im Sinne des demokratischen Zentralismus bestehen auch zwischen dem OG und der gesamtstaatlichen Leitung. Diese kann durch Hinweise und Empfehlungen wichtige Fragen der staatlichen Leitung dem OG übermitteln und damit auf die Rechtsprechung Einfluß nehmen[60]. Darüberhinaus können Staatsrat und Volkskammer verbindliche Auslegungsgrundsätze für die Verfassung und die Gesetze aufstellen, Art. 71 Abs. 3 der Verfassung. Das OG wiederum kann dem Staatsrat Vorschläge zur Abänderung, Aufhebung oder Neufassung gesetzlicher Bestimmungen unterbreiten, § 12 Abs. 3 GVG[61].

Die Möglichkeit der Aufstellung verbindlicher Auslegungsgrundsätze durch Staatsrat und Volkskammer wird damit begründet, daß dies im Interesse der einheitlichen Durchführung der Staatspolitik und der

---

[57] *Galette,* JfO 1960, I, S. 45.

[58] V. 8. April 1968.

[59] *Kietz - Mühlmann,* Erziehungsaufgaben, S. 13; *Toeplitz,* NJ 1969, S. 33 f.; *Haney,* S. 106 f.; *Erler,* NJ 1961, S. 105.

[60] *Toeplitz,* NJ 1963, S. 263.

[61] *Toeplitz,* aaO, S. 264.

strikten Wahrung der sozialistischen Gesetzlichkeit erforderlich sei. Angesichts der schnellen Entwicklung der sozialistischen Staats- und Gesellschaftsordnung könnten Verfassung und Gesetze nur Grundsatzcharakter tragen und nur die Grundsätze der Entwicklung für den jeweiligen Bereich aufstellen. Die verbindlichen Auslegungsregeln präzisierten für die bestimmte politisch-gesellschaftliche Situation Einzelfragen im Rahmen der Grundsätze und Ziele der Rechtsvorschrift, ohne ihre inhaltliche Substanz zu berühren oder abzuändern[62].

Um die Einheitlichkeit der Rechtsprechung zu gewährleisten, sind nicht nur die Weisungen an die unteren Gerichte im Rahmen von Revisions- und Kassationsverfahren verbindlich; die Entscheidungen der Senate des OG sind ganz allgemein als „Richtschnur" zu beachten[63]. Den Entscheidungen soll zwar keine allgemeine Verbindlichkeit zukommen, in der Praxis entfalten sie jedoch eine erhebliche Bindungswirkung, da eine Abweichung durch die unteren Gerichte nur ausnahmsweise als zulässig angesehen wird[64]. Eine solche Ausnahme ist nur dann gerechtfertigt, wenn die Abweichung auf einer besonders eingehenden Prüfung der in Betracht kommenden Rechtsfragen beruht, insbesondere wenn das Instanzgericht hierbei alle ihm zur Verfügung stehenden Erkenntnismöglichkeiten ausgeschöpft hat. Ein richterliches Nachprüfungsrecht darüber, ob die Richtlinien und Beschlüsse des OG auf der Grundlage des geltenden Rechts ergangen sind, ist ausgeschlossen[65].

Für das OG besteht keine Selbstbindung an seine eigenen Entscheidungen. Es kann von seiner eigenen Rechtsauffassung selbst dann abweichen, wenn es in demselben Rechtsstreit nach einer Rückverweisung im Rahmen der Kassation erneut angerufen wird. Eine Bindung an seine entgegenstehende frühere Entscheidung wird mit der Begründung verneint, daß die obersten Organe des Staates die Möglichkeit haben müßten, aufgrund besserer Erkenntnis ihre Ansichten und ihre Maßnahmen zu ändern[66]. Das Präsidium des OG muß jedoch entscheiden, wenn ein Senat des OG in einer grundsätzlichen Rechtsfrage von der Entscheidung eines anderen Senats oder des Präsidiums abweichen will, § 21 Abs. 2 GVG.

Das OG kann seine Leitungstätigkeit ferner durch den Erlaß von Richtlinien ausüben, die für alle Gerichte in der DDR verbindlich sind,

---

[62] Verfassungskommentar, Anm. 4 zu Art. 71.

[63] *Cohn*, NJ 1969, S. 168; *Rudelt - Kaiser - Spangenberg*, NJ 1966, S. 533 f.; *Reinwarth*, NJ 1966, S. 644.

[64] OG, Urt. v. 13. 11. 1960, OGE 8, 35 = NJ 1961, S. 104; *Toeplitz*, NJ 1961, S. 850 f.; *Fincke*, NJ 1969, S. 108; *Schumann*, StuR 1960, S. 1661 f.; *Erler*, NJ 1961, S. 105.

[65] Stellungnahme des Präsidiums des OG, NJ 1970, S. 131.

[66] OG, Urt. v. 15. 11. 1960, NJ 1961, S. 104.

§ 17 GVG. In den Richtlinien gibt das OG verbindliche Hinweise für die zukünftige Auslegung und Anwendung des geltenden Rechts, um eine einheitliche Rechtsprechung zu garantieren[67].

Über die Rechtsnatur der Richtlinien besteht Einigkeit nur insofern, als sie nicht als förmliche Gesetze anzusehen sind[68]. Während ein Teil des Schrifttums der DDR den normativen Charakter der Richtlinien und damit ihre Eigenschaft als Rechtsquelle bejaht[69], sehen andere sie als eine besondere gerichtsverfassungsrechtliche Form einer gerichtlichen (rechtsprechenden) Entscheidung an[70].

Die Beantwortung der Frage nach der Rechtsnatur der Richtlinien ist aber für die vorzunehmende Untersuchung der Auslegungstheorie und Auslegungspraxis ohne weitere Bedeutung[71]. Denn die Frage der Befugnis des OG über verbindliche Auslegungsregeln hinaus das Recht fortzubilden, ist unabhängig davon zu beantworten, ob die Richtlinien Akte der Rechtsprechung sind oder nachgeordnete staatliche Normen.

2. *Folgerungen für die Rechtsanwendung*

Aus dem Prinzip der Unterordnung der unteren Organe unter die oberen folgt für die Rechtsanwendung die Forderung nach der uneingeschränkten Unterordnung der Gerichte unter das von den dazu befugten zentralen staatlichen Organen erlassene Gesetz.

Dem entspricht die Vorstellung, daß die Ziele, die mit der Gesetzgebung verfolgt werden, und die Einheitlichkeit der Rechtsprechung nur dann zu erreichen sind, wenn die strikte Einhaltung der Gesetze gewährleistet ist[72].

Der demokratischen Komponente des demokratischen Zentralismus entspricht die Pflicht und Befugnis der Gerichte, die bei der Analyse

---

[67] OG, Urt. v. 3. 2. 1966, NJ 1966, S. 185 f.; Stellungnahme des OG, NJ 1970, S. 131. Das OG hat bisher 29 Richtlinien beschlossen, von denen 12 noch in Kraft sind.

[68] Anders als im sowjetischen Schrifttum, in dem die Frage ausführlich und kontrovers diskutiert und dann administrativ entschieden wurde (vgl. hierzu ausführlich *Levitsky*, Osteuroparecht, 1957, S. 92; *Lucas*, S. 181), gab es im Schrifttum der DDR hierzu mit Ausnahme der Frage einer Rückwirkung keine weitergehende wissenschaftliche Auseinandersetzung.

[69] *Latka*, NJ 1965, S. 327; *Langner*, NJ 1957, S. 624; in einer Stellungnahme hat das OG die Frage ausdrücklich offen gelassen, NJ 1970, S. 131. In *Dornberger*, Allg. Teil, S. 100, wird zwar die normative Rechtsnatur der Richtlinien erwähnt, dies jedoch später als Druckfehler zurückgenommen (*Mühlmann*, StuR 1956, S. 540, 543).

[70] *Lehmann*, S. 171; *Jacobi*, S. 212.

[71] Vgl. im übrigen dazu *Peschka*, S. 16.

[72] *Jahn - Petzold*, NJ 1961, S. 119; *Klenner*, Formen, S. 44.

der Rechtsprechung erkannten Mängel der Rechtsetzung den übergeordneten Organen mitzuteilen und dadurch eine Änderung der Gesetze anzuregen, § 12 GVG.

Für die Rechtsanwendung ergibt sich damit einerseits aus Wesen und Funktionen des Rechts das Prinzip der Parteilichkeit, andererseits folgt aus dem demokratischen Zentralismus als einem staatlichen Organisationsprinzip die strikte Bindung der Gerichte an das Gesetz und an die Leitentscheidungen der übergeordneten Organe.

VI. Prinzip der sozialistischen Gesetzlichkeit

Parteilichkeit und die strikte Einhaltung der Gesetze bilden den Begriff der sozialistischen Gesetzlichkeit[73]. Die sozialistische Gesetzlichkeit beinhaltet als Prinzip des staatlichen Handelns die Durchführung der Gesetze durch Staatsorgane und Bürger[74]. Sie bildet die Methode der staatlichen Führung der Gesellschaft durch die Arbeiterklasse und ist folglich der juristische Ausdruck der erkannten historischen Gesetzmäßigkeit im Sozialismus[75]. Parteilichkeit und strikte Bindung an das Gesetz sind keine alternativen Begriffe, sondern stehen im Verhältnis des Enthaltenseins. „Die sozialistische Gesetzlichkeit ist ein Ausdruck der Parteilichkeit, diese muß darin ebenso enthalten sein, wie die sozialistische Gerechtigkeit und Freiheit“[76]. Strikte Einhaltung der Gesetze muß immer zugleich auch richtige Anwendung der Gesetze im Interesse der Fortentwicklung der Gesellschaft sein[77].

In der Rechtswissenschaft wurde zunächst die These entwickelt, daß die sozialistische Gesetzlichkeit eine dialektische Einheit von strikter Einhaltung der Gesetze und Parteilichkeit darstelle[78]. Die Rechtsanwendung im Sinne der sozialistischen Gesetzlichkeit sollte demnach von dem Prinzip der unbedingten Anerkennung der Gesetze und ihrer Anwendung im Interesse der Werktätigen beherrscht sein. Bei dieser Auffassung wird jedoch von einem Gegensatz der Begriffe und damit von einem von der gesellschaftlichen Entwicklung abstrahierten Recht ausgegangen, dem die Parteilichkeit von außen beigefügt wurde[79].

Die Begriffsbestimmung der sozialistischen Gesetzlichkeit ist mit der Begründung kritisiert worden, daß die Unterordnung des Richters

---

[73] Bis 1958 wurde auch der Begriff „demokratische Gesetzlichkeit“ gebraucht; der Begriff ist wörtlich aus dem Russischen übersetzt.

[74] *Klenner*, aaO, S. 47.

[75] *Klenner*, aaO, S. 50.

[76] *Haney - Wagner*, II, S. 242.

[77] Vgl. *Stiller*, NJ 1962, S. 442, 443.

[78] *Benjamin*, NJ 1954, S. 223; 1960, S. 4; *Jahn - Petzold*, NJ 1961, S. 119.

[79] *Haney - Wagner*, II, S. 239 ff.; *Polak*, StuR 1961, S. 607, 609 f.

unter das Gesetz dann formalistisch sei, wenn hierdurch der gesellschaftliche Fortschritt gehindert würde[80]. Diese Kritik wurde von den Verfechtern der sozialistischen Gesetzlichkeit in der Weise abgewehrt, daß sie die Forderung nach der strikten Einhaltung der Gesetze gegenüber dem abzulehnenden Rechtsdogmatismus und Rechtsformalismus scharf abgrenzten[81]. So dürfe der Richter nicht lediglich am Buchstaben des Gesetzes kleben[82] und die Normen abstrakt und losgelöst von der gesellschaftlichen Wirklichkeit betrachten[83]. Die Forderung nach Einhaltung der sozialistischen Gesetzlichkeit dürfe nicht zu einem undialektischen, positivistischen Verhältnis zum Gesetz führen[84]. Der Richter müsse vielmehr die Norm unter klassenmäßiger Analyse der zu regelnden Verhältnisse untersuchen und den Blick nicht von den gesellschaftlichen Bedingungen lösen, damit die sozialistische Gesetzlichkeit nicht formal verstanden werde[85].

Das Bestehen von Forderungen, „die den gesellschaftlichen Interessen widersprechen, aber an sich rechtlich begründet sind“[86] wird als faktisch unmöglich geleugnet. Hinter einer solchen Formulierung könne sich vielmehr eine subjektivistische Verletzung der Gesetzlichkeit verbergen[87].

Im folgenden sollen die Wirkungen des Prinzips der sozialistischen Gesetzlichkeit auf die Auslegungstheorie und Auslegungspraxis untersucht werden, wie sie von Rechtsprechung und Lehre der DDR vertreten werden.

Dabei sollen vor allem die Auswirkungen der beiden Elemente der sozialistischen Gesetzlichkeit im Hinblick auf die Frage besondere Beachtung finden, wie die richterliche Befugnis zur Gesetzesablehnung und zur Rechtsfortbildung im Wege der Auslegung behandelt wird.

VII. Sanktionierung und neuer Inhalt bürgerlicher Normen

Einer besonderen Untersuchung bedarf die Frage, ob die Auslegungstheorie und -praxis bei der Anwendung der nicht vom sozialistischen Gesetzgeber erlassenen, sondern vom bürgerlichen Gesetzgeber stammenden Normen eine unterschiedliche Haltung einnehmen.

---

80 *Leymann - Petzold*, StuR 1959, S. 394 ff.; *Heinicke*, AR 1959, S. 101.

81 *Benjamin*, NJ 1958, S. 509.

82 *Benjamin*, Hauptaufgaben, Beilage zur NJ 1953, S. 14.

83 *Strohbach*, NJ 1958, S. 692; *Klenner*, aaO, S. 46.

84 *Benjamin*, NJ 1960, S. 4.

85 *Poppe - Schüsseler*, StuR 1963, S. 214; *Strohbach*, NJ 1958, S. 692; *Such*, NJ 1954, S. 435.

86 *Stiller*, NJ 1962, S. 442.

87 *Stiller*, aaO, S. 443; *Buchholz*, NJ 1961, S. 746 f.

Im Aufbau der neuen Gesellschaftsordnung sah sich die SBZ/DDR vor die Aufgabe gestellt, ein eigenes sozialistisches Recht zu schaffen. Diese Aufgabe wurde in Abhängigkeit von der jeweils erreichten Stufe im gesellschaftlichen Umwandlungsprozeß, unter Berücksichtigung der jeweiligen gesamtdeutschen Politik und in Anlehnung an die Rechtsentwicklung der UdSSR sukzessive gelöst. Jedoch sind auch heute noch Gesetze des bürgerlichen Gesetzgebers in Geltung, die noch nicht — wie etwa auf dem Gebiet des Zivilrechts — durch eine eigene Kodifikation abgelöst worden sind.

Vor dem 8. Mai 1945 erlassene Gesetze haben in der DDR grundsätzliche Geltung, soweit sie nicht der Verfassung entgegenstehen[88] oder typisch nationalsozialistischen Ursprungs sind. Ungeklärt ist allerdings, was der Geltungsgrund der Gesetze des bürgerlichen Gesetzgebers ist, ob die Bestimmungen von sich aus solange Geltung beanspruchen können, bis der sozialistische Gesetzgeber sie ausdrücklich aufhebt, oder ob durch den sogenannten Sanktionierungsvorgang die Geltung der mit dem Untergang des deutschen Reiches aufgehobenen Gesetze neu begründet wurde[89]. Für die erstgenannte Auffassung spricht die im Schrifttum verwendete Formulierung, die „vorgefundenen“[90] Gesetze hätten durch „Nichtaufhebung“[91] seitens des neuen Staates einen neuen Inhalt erhalten. Für die andere Ansicht spricht die Argumentation, die bürgerlichen Gesetze hätten durch den Sanktionierungsvorgang ihre Geltung unter neuen geschichtlichen Umständen erworben[92].

Ebenso ungeklärt ist, welches staatliche Organ die Sanktionierung bürgerlicher Gesetze vorgenommen hat, wenn die Geltung dieser Bestimmungen neu begründet wurde. Ein Teil der Literatur vertritt die Ansicht, daß die Sanktionierung alter Gesetze durch einen fiktiven staatlichen Normativakt erfolgte und somit der Sanktionierungsvorgang einen kurzfristigen Prozeß darstellte, der mit der Schaffung der neuen staatlichen Ordnung selbst abgeschlossen war[93]. Den Gerichten oblag dann die Aufgabe, in der darauffolgenden Zeit den neuen Cha-

[88] Art. 14 der Verfassung von 1949. In die Verfassung von 1968 ist die Bestimmung über die Geltung alter Gesetze nicht wieder aufgenommen worden.

[89] Art. 7, 30 und 144 der Verfassung von 1949, die bestimmen, daß entgegenstehende Bestimmungen aufgehoben sind, geben insofern keine Auskunft, als ihr Charakter lediglich billigend sein kann, *Ansorg* in Zivilrecht, S. 112.

[90] *Klenner*, Formen, S. 8.

[91] *Schöneburg*, NJ 1953, S. 292; *Dornberger*, Allg. Teil, S. 102.

[92] *Szabó*, S. 18.

[93] *Schöneburg*, aaO, S. 293; *Benjamin*, NJ 1952, S. 36; S. 152; *Szabó*, aaO, S. 17 f.

rakter der so sanktionierten Normen zu ermitteln[94]. Klenner[95] und Nathan[96] hingegen gehen davon aus, die bürgerlichen Normen seien in einem langen Prozeß durch die Gerichte als die dafür zuständigen Staatsorgane sanktioniert worden und diese seien daher zugleich an der Gesetzgebung und an der Gesetzanwendung beteiligt gewesen.

Einigkeit herrscht in Rechtsprechung und Lehre der DDR auch darüber, daß die übernommenen und sanktionierten Normen durch den Sanktionierungsvorgang einen neuen, dem Klassencharakter des Staates entsprechenden Inhalt erhalten haben.

Die Bestimmung dieses neuen Inhalts durch die Gerichte setzt zwangsläufig voraus, daß die übernommenen Normen von den Inhalten getrennt werden, die die bürgerliche Rechtsprechung und Lehre ihnen im Wege der Auslegung und Rechtsfortbildung gegeben haben. Demzufolge gelten die von der bürgerlichen Rechtsprechung und Lehre entwickelten Inhaltsbestimmungen nicht als sanktioniert, und den Gerichten ist es verwehrt, bei der Auslegung an das bürgerliche Gedankengut anzuknüpfen und sich in ihrer Argumentation etwa auf Entscheidungen des Reichsgerichts zu berufen[97].

Da die übernommenen Rechtsnormen bereits mit der Änderung der Staatsordnung automatisch einen neuen Inhalt erhalten haben, soll dieser neue Inhalt nicht erst durch Auslegung in den Gesetzestext hineininterpretiert werden; die Gerichte haben durch Analyse der gesellschaftlich-ökonomischen Ordnung zu ermitteln, worin dieser neue Inhalt der übernommenen Rechtsnormen besteht[98].

Die Folgerungen aus der These vom neuen Inhalt sanktionierter Rechtsnormen wurde erst verhältnismäßig spät, nämlich im Jahre 1958, das mit der Babelsberger Konferenz über Fragen der Staats- und Rechtswissenschaft eine Wende in der Zivilrechtswissenschaft brachte, überdacht und kritisiert[99]. Die unbegrenzte Weiterverwendung bürgerlicher Rechtsnormen bei geänderten gesellschaftlichen Bedingungen ist nur dann möglich, wenn die Form des bürgerlichen Gesetzes — die abstrakte Normativität — für die Form des Rechtes überhaupt gehalten wird, wenn also die Rechtsform als wertneutral über den Klassen stehend gilt[100]. Ausgehend von der Ansicht, daß der Inhalt die Form

---

94 *Preuß*, S. 15; *Steiniger*, NJ 1951, S. 158; *Benjamin*, NJ 1951, S. 150.

95 *Klenner*, aaO, S. 7 f.

96 In NJ 1960, S. 342 f.

97 BG Potsdam, Urt. v. 28. 11. 1952, NJ 1953, S. 342; *Benjamin*, NJ 1952, S. 36; *Posch*, NJ 1954, S. 12.

98 *Benjamin*, NJ 1951, S. 150; *Steiniger*, NJ 1951, S. 158.

99 Vgl. dazu die ausführliche Darstellung bei *Markovits*.

100 *Polak*, StuR 1961, S. 607, 622 f.

präge, wurde ein erheblicher Widerspruch zwischen Form und Inhalt für ausgeschlossen gehalten. Erst auf der Babelsberger Konferenz wurde das Verhältnis zwischen Inhalt und Form als dynamisch, als dialektisches Verhältnis erkannt. Demzufolge sei der Inhalt zwar gegenüber der Form bestimmend, jedoch besäße auch die Form einen relativ selbständigen Charakter und die Tendenz, zu erstarren und sich im Sinne eines bürokratischen Mechanismus zu verfeinern[101]. Form und Inhalt seien nicht zu trennen; auch die Rechtsformen der bürgerlichen Gesetze trügen in ihrer ganzen Struktur das vergangene materielle Sein in sich und seien daher ebenso wie der Inhalt der Rechtsnormen kapitalistisch[102]. Die Weitergeltung bürgerlicher Normen konserviere bürgerliche Rechtsvorstellungen und verdecke die Notwendigkeit, sozialistische, den geänderten gesellschaftlichen Bedingungen entsprechende Gesetze zu schaffen.

Diese Wandlung in der Auffassung des Verhältnisses von Form und Inhalt hat die Bemühungen um die Schaffung eines neuen Zivilrechts erheblich vorangetrieben. Da aber bis heute ein sozialistisches Zivilgesetzbuch in der DDR nicht geschaffen ist[103], wird schon aus pragmatischen Gründen in der juristischen Literatur die Zulässigkeit der Weiterverwendung bürgerlicher Gesetze wieder verstärkt auch unter Hinweis auf den Inhaltswandel und die Nützlichkeit der abstrakten Rechtsform vertreten[104].

§ 2. Rechtswissenschaftliche Auslegungstheorien und Auslegungsmethoden

Die Rechtswissenschaft der DDR sieht in der Rechtsverwirklichung ebenso wie in der Rechtsetzung einen schöpferischen Akt der Gestaltung der Gesellschaftsverhältnisse[1]. Sie erkennt zwar die Notwendigkeit, Methoden zu entwickeln, nach denen juristische Dezisionen sowohl für den Bereich der Normsetzung als auch für den der gerichtlichen Entscheidung den gesellschaftlichen Entwicklungsgesetzmäßigkeien entsprechend zu erarbeiten sind. Jedoch ist der Stand der Rechtswissenschaft in der DDR noch nicht so weit gediehen, daß Kriterien entwickelt sind, mit deren Hilfe Normen und Gerichtsurteile auf ihre Gesetzlichkeit im Sinne der strikten Einhaltung der Gesetze und ihre

---

[101] Protokoll der Babelsberger Konferenz, S. 8.

[102] *Haney - Wagner*, II, S. 36.

[103] *Markovits* führt das auf den hemmenden Einfluß der Entwicklung der Zivilrechtstheorie in der UdSSR zurück, S. 102 f. Für die die erste Hälfte des Jahres 1972 ist geplant, den Entwurf eines Zivilgesetzbuches der Öffentlichkeit zur Diskussion vorzulegen.

[104] Vgl. dazu *Markovits*, S. 149 ff.

[1] *Arlt*, in: Le raisonnement juridique, S. 436; *Klenner*, NJ 1972, S. 15, 16.

Fortschrittlichkeit im Sinne der Parteilichkeit überprüft werden können. Entsprechende methodische Überlegungen sind bisher nur vereinzelt anzutreffen.

Im folgenden soll zunächst dargestellt werden, welchen Einfluß die marxistisch-leninistische Lehre vom Wesen und der Funktion des Rechts und die Forderungen der sozialistischen Gesetzlichkeit auf den Auslegungsbegriff und die Auslegungsmethoden hat, die in der Rechtswissenschaft entwickelt worden sind.

I. Auslegungstheorie und Auslegungsmethoden der Zivilrechtslehrbücher und die Schönraths

In den Zivilrechtslehrbüchern der DDR fehlt es in den Kapiteln über Anwendung und Auslegung der Rechtsnormen an einer tiefergehenden Auseinandersetzung mit der Auslegungsproblematik. Man beschränkt sich auf den Hinweis, daß die Auslegung der Normen die Aufgabe habe, eine Anwendung zu garantieren, die den Interessen der Arbeiter und Bauern und ihrer Verbündeten entspricht. Dabei soll dem Richter nicht gestattet sein, im Wege der Auslegung ein Gesetz nicht anzuwenden oder ein Gesetz zu übergehen[2].

Als Auslegungsarten werden die gesetzliche, die gerichtliche und die wissenschaftliche Auslegung angeführt[3]. Zum Umfang der Auslegung werden genannt die einschränkende und ausdehnende Auslegung[4] und die Analogie[5].

Methoden der Auslegung sind diesen Lehrbüchern zufolge

— die grammatikalische,

— die logische,

— die systematische Auslegung und

— die historische Auslegung[6].

Danach ermittelt die historische Auslegung den Sinn einer Rechtsnorm durch die Betrachtung der historischen Umstände, unter denen sie entstanden ist. Durch den Vergleich der gesellschaftlichen Bedingungen zur Zeit der Entstehung mit denen zur Zeit der Anwendung der Norm wird festgestellt, ob die Norm noch im ursprünglichen Sinne anzuwenden ist oder nicht[7].

---

[2] *Dornberger*, Allg. Teil, S. 109; *Ansorg*, in: Zivilrecht, S. 119 f.

[3] *Dornberger*, aaO, S. 111; *Ansorg*, aaO, S. 121.

[4] *Dornberger*, aaO, S. 114; *Ansorg*, aaO, S. 126.

[5] *Dornberger*, aaO, S. 116; *Ansorg*, aaO, S. 127.

[6] *Dornberger*, aaO, S. 114; *Ansorg*, aaO, S. 122.

[7] *Dornberger*, aaO, S. 114; *Ansorg*, aaO, S. 125.

Ansorg[8] verweist zur Erläuterung dieser Auslegungsmethode auf einen Aufsatz Nathans zum Abzahlungsgesetz[9]. In diesem Aufsatz erstellt Nathan eine Analyse der historischen Situation, in der das Reichsgesetz betreffend die Abzahlungsgeschäfte vom 16. Mai 1894 erlassen wurde. Unter Heranziehung der stenographischen Berichte über die Verhandlungen des Reichstages versucht Nathan nachzuweisen, daß das Abzahlungsgesetz keineswegs geschaffen wurde, um die ärmeren Volksschichten vor schweren Mißbräuchen zu schützen, sondern von „der konservativen Rechten bis zum klerikalen Zentrum“[10] gefordert wurde, um die „solide kaufmännische Welt“ vor der „Schmutzkonkurrenz“ der „Abzahlungsbasare“[11] zu bewahren. Das Abzahlungsgesetz sei daher nichts als ein Produkt des „erbitterten, auf Leben und Tod geführten Konkurrenzkampf(es) zwischen den verschiedenen Schichten der Bourgeoisie und zwischen diesen und dem Kleinbürgertum“[12], der „letzten Endes auf dem Rücken der Arbeiterklasse ausgetragen“[13] wurde. Nathan stellt fest, daß das Abzahlungsgesetz, insbesondere § 5[14], nicht etwa unsoziale Ergebnisse verhindere, sondern daß die Normen dieses Gesetzes die Erreichung der dem Teilzahlungshandel im Rahmen der sozialistischen Entwicklung gestellten Aufgaben hemmten[15]. Hieraus sei zu folgern, daß das Abzahlungsgesetz nicht mehr anwendbar sei[16].

Allerdings bezeichnet Nathan die Frage der Anwendbarkeit oder Nichtanwendbarkeit des Abzahlungsgesetzes nicht als ein Problem der Auslegung und der Auslegungsmethode, wie es in dem ihn zitierenden Lehrbuch geschieht, sondern er leitet die Berechtigung des Gerichtes zur Nichtanwendung daraus ab, daß das Abzahlungsgesetz nicht sanktioniert worden sei. Durch diese Einordnung der Problematik verwischt Nathan den Unterschied zwischen Sanktionierung eines Rechtssatzes, dem durch Staatsakt Gültigkeit verliehen wird, und Auslegung einer — grundsätzlich geltenden — Norm, die die Nichtanwendbarkeit der Bestimmung zum Ergebnis haben kann. Denn selbst wenn man der von

---

[8] aaO, S. 125.

[9] In NJ 1960, S. 335.

[10] *Nathan*, aaO, S. 341.

[11] Nathan zitiert hier *Crisolli*, Abzahlungsgeschäfte, 4. Aufl., 1931, dessen Darstellung der Entstehung dieses Gesetzes allerdings andere Wertungen zugrunde liegen.

[12] *Nathan*, aaO, S. 340.

[13] *Nathan*, aaO, S. 341.

[14] Hierbei ist darauf hinzuweisen, daß Nathan mit seiner Ablehnung nicht die Bestimmungen des AbzG meint, die in das BGB aufgenommen wurden, vgl. *Nathan*, aaO, S. 342.

[15] *Nathan*, aaO, S. 338.

[16] *Nathan*, aaO, S. 341 f.

Klenner und Nathan vertretenen, im übrigen Schrifttum abgelehnten[17] Auffassung folgt, die Sanktionierung werde durch die Gerichte vorgenommen, so muß doch spätestens dann, wenn das Oberste Gericht eine bürgerliche Norm ohne Bedenken angewendet hat, die Sanktionierung und damit Geltung der Bestimmung endgültig begründet sein. Die Beseitigung einer sanktionierten, also geltenden Rechtsnorm kann ebenso wie bei Normen des sozialistischen Gesetzgebers allein durch einen Akt der Gesetzgebung erfolgen[18]. Dadurch, daß Nathan in seinem Aufsatz die Sanktionierung des Abzahlungsgesetzes zu einer Zeit bezweifelt, als das OG diese Normen bereits angewendet[19] und damit — je nach der hierzu vertretenen Auffassung — die Sanktionierung anerkannt oder durch Anwendung die Sanktionierung vorgenommen hat, vermeidet er eine Auseinandersetzung über die Zulässigkeit der historischen Auslegungsmethode. Die Problematik, ob die Gerichte berechtigt sind, durch Auslegung die Nichtanwendbarkeit einer Norm festzustellen, wird umgangen und die Nichtanwendung eines Gesetzes als die Entscheidung einer Frage hingestellt, die unbestritten der Entscheidungsgewalt der Gerichte übertragen ist.

In der Rechtswissenschaft der DDR hat sich bisher nur Schönrath in ihrer unveröffentlichten[20] Dissertation aus dem Jahre 1957 ausführlich mit Auslegungsmethoden auseinandergesetzt; mit ihrer Arbeit ist sie um den Nachweis bemüht, daß sich eine selbständige sozialistische Auslegungsmethode entwickeln lasse.

Nach Schönrath ist Auslegung der Prozeß, der darauf gerichtet ist, den zum Gesetz erhobenen Willen der Werktätigen der DDR, den Schönrath mit dem Willen des Staates gleichsetzt, zu ermitteln[21]. Jeder Ausdruck des Willens, also auch des Staatswillens, sei durch die Unvollkommneheit der Ausdrucksmittel behindert; fehlt es also an dem Mittel, den Willen exakt auszudrücken, so muß dieser Ermittlungsprozeß jeder Rechtsverwirklichung vorausgehen, folglich muß jede Rechtsnorm ausgelegt werden[22].

---

[17] Vgl. oben § 1 VII.

[18] So sind auch *Kleine*, NJ 1953, S. 9, 10 und *Lernell*, NJ 1960, S. 483 und der bei Lernell zitierte *Wyschinskij* (S. 485) zu verstehen. Das Zivilrecht wird unter Einschluß der sanktionierten Normen als einheitlich angesehen und ist daher auch einheitlich zu behandeln, vgl. Autorenkollektiv, Zivilrecht, S. 12 und 103.

[19] In dem von *Nathan* kritisierten Urteil vom 25. August 1959.

[20] Bei dem herrschenden Mangel an Reflexion über Fragen der Auslegung erregt die Nichtveröffentlichung der immer noch nicht veralteten Arbeit von Schönrath Erstaunen.

[21] *Schönrath*, S. 5.

[22] Ebenda, S. 5 f., S. 13.

Schönrath stimmt mit den Zivilrechtslehrbüchern der DDR insoweit überein, als sie die grammatische (sprachliche), die logische, die systematische und die historische Methode als Auslegungsmethoden aufführt. Die sprachliche Auslegung habe die Aufgabe, als erster Schritt bei der Ermittlung des Inhalts der Rechtsform die exakte sprachliche Aufnahme des Textes in der Weise zu eröffnen, daß der Auslegende sich die möglichen Bedeutungen der vom Gesetzgeber verwendeten Begriffe vergegenwärtigt[23]. Die logische Methode habe die Klärung zu ermöglichen, inwieweit der Umfang des Ausdrucks, den der Wille des Gesetzgebers in der Norm gefunden hat, über den Wortlaut hinausgeht. Diese Aufgabenstellung folge aus dem Umstand, daß Sprache und elementare Logik die Mittel des Gesetzgebers sind, seinen Willen zum Ausdruck zu bringen[24]. Die systematische Auslegungsmethode fördere das Verständnis des Inhalts einer Rechtsnorm aus ihrer Stellung im einheitlichen sozialistischen Rechtssystem, aus ihrer Wechselbeziehung als Teil eines Ganzen zu anderen Teilen dieses Ganzen[25].

Die angeführten Methoden, mit denen vom Ausdruck des gesetzgeberischen Willens auf seinen Inhalt geschlossen wird, lassen aber bei der Möglichkeit mehrer Wortdeutungen oder bei einer nicht präzise treffenden Normformulierung einen eindeutigen Schluß auf den Inhalt der Rechtsnorm nicht immer zu. Die Aufgabe aber, „die einzig richtige Bedeutung herauszufinden, da in jedem Fall nur eine richtig sein kann, weil es nur eine Wahrheit gibt“, weist Schönrath der historischen Auslegungsmethode zu[26]. Als eines der Mittel, deren sich die historische Methode bedient, erwähnt Schönrath den Schluß von den Willensäußerungen der an der Willensbildung beteiligten Personen auf den Inhalt der Rechtsnorm. Die vom Auslegenden heranzuziehenden Willensäußerungen sind nach Schönrath enthalten

„in Richtlinien, Erklärungen, Programmen, Entwürfen der Sozialistischen Einheitspartei, in denen die Partei der Arbeiterklasse, geleitet von der Lehre des dialektischen Materialismus, die Aufgaben unserer Arbeiter- und Bauernmacht festlegt und somit in diesen Dokumenten die Richtung oder bereits konkrete Vorschläge für die gesetzgebende Tätigkeit unseres Staates gibt;

in Verlautbarungen der Regierung und in Materialien der anderen demokratischen Parteien und Massenorganisationen, die zur Vorbereitung dieser Rechtnorm erschienen sind;

in Sitzungsberichten der gesetzgebenden Organe von den Beratungen über die Normentwürfe (z. B. Sitzungsberichte der Volks- und Länderkammer, Bekanntmachungen des Ministerrates);

---

[23] Ebenda, S. 48, 71.

[24] Hierher gehören Analogie, der Schluß argumentum a maiore ad minus und das argumentum e contrario; ebenda, S. 79.

[25] Ebenda, S. 101.

[26] Ebenda, S. 112.

in ehemaligen Rechtsnormen, die durch die neu gesetzten Rechtsnormen geändert oder aufgehoben wurden;

in Präambeln, die, entsprechend ihrem Wesen als Vorspruch, Hinweise über die Motive und den Zweck der nachfolgenden Rechtsnormen geben, ...[27]."

Das wichtigere Mittel der historischen Auslegung soll nach Schönrath der Schluß sein, der aus einer Betrachtung der Aufgaben, die der Staat zu erfüllen hat, d. h. aus der Erkenntnis des objektiven politischen Willens des Staates auf den gesetzgeberischen Willen des Staates und damit auf den Inhalt der Norm gezogen wird[28]. Der zur Rechtsnorm erhobene Staatswille ist ihrer Auffassung nach objektiv bedingt, weil er, wie aus dem Wesen des Rechts folge, auf die Durchführung der jeweiligen Aufgaben des Staates gerichtet sei, die sich aus den materiellen gesellschaftlichen Verhältnissen, also letztlich aus den Produktionsverhältnissen ergäben.

Die Einsicht, daß bei der Ermittlung des Inhalts einer Rechtsnorm diese materielle Bedingtheit zugrundegelegt und dem zur Rechtsnorm erhobenen Willen eine materielle Ursache zuerkannt wird, bestimme nach Schönrath das Wesen der marxistischen Auslegungstheorie und unterscheide sie von allen bürgerlichen Theorien. Diejenigen bürgerlichen Auslegungsmethoden, die bei der Auslegung von der rechtspolitischen Zwecksetzung des Gesetzes ausgehen, seien, auf einer idealistischen Konzeption beruhend, daran gehindert, die materielle Ursache zu erkennen und damit der Wirklichkeit zu entsprechen; dadurch könnten diese Methoden nicht zu eindeutigen Ergebnissen führen, würden notwendig verschiedene Auslegungen der Norm zulassen und so den imperialistischen Gerichten eine willkürliche Handhabung des Gesetzes ermöglichen[29].

Für die von Schönrath entwickelte historische Auslegungsmethode ist wesentlich, daß sie den zum Gesetz erhobenen Staatswillen nicht als starr und gleichbleibend ansieht, sondern darauf abstellt, daß sich mit den Veränderungen der objektiven Gesetzmäßigkeiten die Aufgaben des Staates und somit auch der Staatswille wandle, um den jeweiligen Anforderungen für den Aufbau des Staates entsprechen zu können. Aufgabe des Auslegenden sei es demnach, den gegenwärtigen in der Rechtsnorm zum Ausdruck kommenden Staatswillen zu ermitteln[30].

Zu der Frage, wie der Auslegende zu verfahren hat, wenn der gesetzgeberische Wille zum Zeitpunkt des Erlasses der Norm und der zur Zeit der Anwendung maßgebende Wille auseinanderklaffen, beide

---

[27] Ebenda, S. 114 f.

[28] Ebenda, S. 113.

[29] Ebenda, S. 125.

[30] Ebenda, S. 127.

aber durch den Gesetzeswortlaut gedeckt sind, nimmt Schönrath nicht ausdrücklich Stellung. Aus ihrer Einstellung zur Funktion der Auslegung ergibt sich jedoch, daß sie für die Auslegung der Norm auf den gesetzgeberischen Willen zum Zeitpunkt der Anwendung abstellen will.

Schönrath erkennt an, daß es zwischen dem mit Hilfe der historischen Methode ermittelten Staatswillen und dem Ausdruck, den er in der Norm gefunden hat, zu Widersprüchen kommen kann[31], die ihre Ursachen in der nicht ausreichenden Erkenntnis der objektiven gesellschaftlichen Erscheinungen, in der Änderung der Aufgabenstellung des Staates oder auch nur in schlechter Gesetzestechnik haben. Zur Lösung dieser Widersprüche ist für Schönrath maßgebend, daß nur ein in bestimmter juristischer Form zum Ausdruck gebrachter Staatswille Gesetz sei, so daß auch nur dem in dieser Form geäußerten Willen Gesetzeskraft zukomme; soweit der ermittelte objektive Staatswille über die Gesetzesform hinausgehe, sei ihm normative Kraft nicht zuzubilligen[32]. Würde in Fällen der Diskrepanz zwischen Staatswillen und Gesetzesausdruck der Widerspruch mit Hilfe der Auslegung beseitigt, so würde neues Recht geschaffen und die Auslegung von einem Mittel zur Verwirklichung der sozialistischen Gesetzlichkeit zum Instrument ihrer Durchbrechung und damit ihrer Beseitigung verfälscht[33]. Der Widerspruch dürfe nur in der Weise beseitigt werden, daß die gesetzgebenden Organe diese Normen ändern oder aufheben und durch neue ersetzen[34].

Durch ihre Stellungnahme zur Lösung der Widersprüche gibt Schönrath zu, daß sie den angeblich einheitlich nebeneinander anzuwendenden Auslegungsmethoden eine bestimmte Rangfolge zuweist. Wenn bei der Erforschung des gesetzgeberischen Willens mit Hilfe der historischen Methode die Ergebnisse in der sprachlichen Form des Gesetzes zum Ausdruck gekommen, mindestens angedeutet sein müssen, so folgt hieraus, daß der sprachlichen Auslegung gegenüber der historischen Auslegungsmethode eine vorrangige Stellung eingeräumt wird.

Durch das Aufzeigen der Grenzen der historischen Auslegung im Hinblick auf ihre Rechtsfolgen weicht Schönrath von den Auffassungen zur historischen Methode ab, wie sie von den Autoren der Zivilrechtslehrbücher vertreten werden. Während Dornberger bei Änderung der gesellschaftlichen und ökonomischen Bedingungen, die so schwerwiegend ist, daß die Anwendung einer Norm den Funktionen des Rechts

---

[31] Ebenda, S. 140.
[32] Ebenda, S. 142.
[33] Ebenda, S. 143.
[34] Ebenda, S. 142.

nicht entsprechen würde, die Norm ohne Begrenzung ausdehnend oder einschränkend ausgelegt wissen will[35], kommt Ansorg zu dem Schluß, daß die Norm dann überhaupt nicht mehr angewandt werden dürfe[36], ein Ergebnis, das nach Auffassung Schönraths der sozialistischen Gesetzlichkeit aber nicht entsprechen würde.

Zu einem der Auffassung Schönraths entsprechenden Ergebnis, nämlich der Verpflichtung des Richters zur strikten Einhaltung der Gesetze kommen aber Haney-Wagner, obwohl auch sie das Auftreten von Widersprüchen bei einem Auseinanderfallen von Gesetzeswortlaut und gesellschaftlicher Entwicklung nicht ausschließen können. Sie stützen sich dabei auf den Begriff der Zweckmäßigkeit, der nach ihrer Auffassung ebenso wie Gesetzlichkeit, Parteilichkeit und Wissenschaftlichkeit in dem Begriff der sozialistischen Gesetzlichkeit enthalten sei[37]. Zweckmäßig sei ein gewähltes Mittel dann, wenn es geeignet ist, den gesetzten Zweck zu erreichen. Zweckmäßigkeit bestehe in der Übereinstimmung von Mittel und Zweck. Da das sozialistische Recht sowohl die zu erreichenden Zwecke wie auch die zur Verwirklichung dieser Zwecke anzuwendenden Mittel objektiv bestimme, sei die Auffassung, der Zweck heilige die Mittel, unzulässiger Subjektivismus, der sich im Ergebnis gegen den Zweck selbst richte. Deshalb sei es grundsätzlich falsch, die Nichteinhaltung eines Gesetzes im Einzelfall damit zu begründen, daß sie zwar ungesetzlich, aber dennoch zulässig, weil zweckmäßig sei[38].

Soweit der Inhalt einer Rechtsnorm über den Wortlaut der Norm hinaus durch Analogieschluß oder durch den Schluß a maiore ad minus ausgedehnt wird, hat Schönrath, obwohl sie das Problematische dieser Methoden erkennt[39], keine Bedenken, diese als logische Operationen im Rahmen der logischen Auslegungsmethode zuzulassen und sie in die von ihr gezogenen Grenzen der Auslegung einzuordnen[40].

In Übereinstimmung mit der bürgerlichen Rechtslehre[41] versteht Schönrath das argumentum a maiore ad minus bei der Auslegung einer Norm dahin, daß man von dem im Wortlaut sich ausdrückenden gesetzgeberischen Willen, der in einem bestimmten Gebot, Verbot oder in einer bestimmten Gewährung besteht, darauf schließen kann, daß der Gesetzgeber in dieser Norm auch ein weniger umfassendes Gebot

---

[35] Allg. Teil, S. 114.

[36] In Zivilrecht, S. 125.

[37] *Haney-Wagner*, II, S. 243 ff.

[38] *Haney-Wagner*, II, S. 244 f.

[39] Ebenda, S. 87.

[40] Vgl. ebenda, S. 80 ff., 83 ff.

[41] Vgl. *Larenz*, S. 367 f.

oder Verbot oder eine weniger umfassende Gewährung mit zum Ausdruck bringen wollte[42]. Schönrath erkennt zutreffend, daß die Frage, welches Verbot, Gebot oder welche Gewährung als umfassender anzusehen ist, nicht mit Hilfe der Logik beantwortet werden kann. Sie weist deshalb die Lösung dieser Frage der historischen Auslegung zu[43]. Für den Analogieschluß hat die historische Methode die Kriterien bereitzustellen, nach denen die Übereinstimmung von Merkmalen eines geregelten Tatbestandes mit einem ungeregelten zu untersuchen ist[44].

Während der Kreis der Tatbestände, die zu den Normtatbeständen im Verhältnis der Unterordnung stehen und daher einen Schluß a maiore ad minus zulassen, nach Schönraths Ansicht in der Regel ohne besondere Erschwernisse zu erkennen ist, hält sie die Bestimmung des Kreises von Tatbeständen, die dem Normtatbestand oder den Normtatbeständen in bestimmter Weise ähnlich sind und damit einen Analogieschluß zulassen, für ungleich schwieriger[45]. Im Hinblick auf diese Schwierigkeit räumt sie ein, daß die Erweiterung des Normeninhalts über den Wortlaut hinaus im Wege des Analogieschlusses in erheblichem Umfang die Gefahr der rechtlichen Unsicherheit birgt und damit nicht unbeschränkt zulässig kein könne[46]. Den von ihr selbst geäußerten Bedenken gegen den Analogieschluß begegnet Schönrath mit der Behauptung, daß seine Bedeutung angesichts der sich kontinuierlich verbessernden Kenntnis der gesellschaftlichen Verhältnisse und der präziseren Gesetzgebungstechnik ständig zurückgehe[47].

Da Schönrath die Erforschung des in Gesetzesform geäußerten Staatswillens für ein erkenntnistheoretisches Problem hält, geht sie folgerichtig von den Methoden des dialektischen Materialismus aus, denen für die Erkenntnis aller Erscheinungen in Natur und Gesellschaft allgemeine Gültigkeit beigemessen wird. Während sich die Autoren der Zivilrechtslehrbücher bei der Abgrenzung der von ihnen dargestellten Auslegungsmethoden gegenüber denen der bürgerlichen Rechtswissenschaft mit dem summarischen Hinweis begnügen, daß der dialektische Materialismus die Grundlage für die Erforschung des in der Rechtsform geäußerten Willens sei[48], bemüht sich Schönrath, das Verhältnis der Methode des dialektischen Materialismus zu den speziellen Auslegungsmethoden aufzuweisen und diese in ihrer Aufgabenstellung und in ihrem Leistungsvermögen abzugrenzen. Danach stehen die einzelnen

[42] Ebenda, S. 80 f.
[43] Ebenda, S. 81.
[44] Ebenda, S. 84.
[45] Ebenda, S. 87.
[46] Ebenda, S. 85.
[47] Ebenda, S. 88.
[48] *Dornberger*, Allg. Teil, S. 112.

Auslegungsmethoden zur Methode des dialektischen Materialismus im Verhältnis des Speziellen zum Allgemeinen; denn die einzelnen Gruppen von Erscheinungen weisen jeweils ganz spezifische Merkmale und Gesetzmäßigkeiten auf, so daß es über die allgemeinen erkenntnistheoretischen Prinzipien des dialektischen Materialismus hinaus noch spezielle, nur für den betreffenden Kreis von Erscheinungen gültige Methoden gibt[49].

Bei der Beantwortung der sich aufdrängenden Frage nach der konkreten Bedeutung der dialektisch-materialistischen Methode für den Auslegungsprozeß begnügt sich Schönrath allerdings mit einem knappen Hinweis: Die exakte Beherrschung der dialektisch-materialistischen Methode „läßt den Auslegenden erkennen, daß der Inhalt der Rechtsnorm eine politische Willensäußerung in juristischer Form ist. Sie gibt ihm den Hinweis, daß er die Methoden, mit deren Hilfe er den Inhalt der Rechtsnorm richtig verstehen kann, aus den Besonderheiten der Rechtsnorm ableiten muß und daß diese spezifischen Auslegungsmethoden ihm nur dann dazu verhelfen, den Sinn des Gesetzes zu verstehen, wenn er sie nicht isoliert voneinander, sondern gemeinsam anwendet“[50].

Im Gegensatz zu den vergangenen Jahren, in denen die Rechtswissenschaft der DDR zu Fragen der Auslegung einhellig geschwiegen hat, wird in jüngster Zeit der Erarbeitung von Methoden für die Rechtsetzung wie für die Rechtsanwendung mehr Aufmerksamkeit gewidmet. So sind auf der Weltkonferenz der Internationalen Vereinigung für Rechts- und Sozialphilosophie im Jahre 1971 in Brüssel mit dem Thema „Die juristische Argumentation“ aus den sozialistischen Ländern einige Stellungnahmen zur Frage der juristischen Methode abgegeben worden[51]. Trotz der Kürze der Beiträge, der teilweisen Beschränkung auf Thesen und der auffallenden Verschwommenheit verdienen die Äußerungen nicht nur wegen ihres Seltenheitswertes Beachtung, sondern auch deshalb, weil sie den Anfang einer verstärkten Diskussion von Methodenfragen in den sozialistischen Ländern bilden können[52].

In den Beiträgen wird betont, daß die herrschende Klasse nicht nur ein eigenes Recht entwickelt, sondern auch eine diesem Rechtstyp entsprechende Methode der Rechtsanwendung und der juristischen Argu-

[49] Ebenda, S. 33 f.

[50] Ebenda, S. 92.

[51] Die Diskussionsmaterialien sind abgedruckt in Actes du congrès mondial de philosophie du droit et de philosophie sociale, Le raisonnement juridique, Logique et analyse 53—55, Brüssel 1971.

[52] Der Text des von den sowjetischen Rechtswissenschaftlern *Kerimow* und *Tumanow* gehaltenen Hauptreferates über die dialektische Logik ist abgedruckt im Beiheft 1972 zum Archiv für Rechts- und Sozialphilosophie (Franz Steiner Verlag GmbH Wiesbaden).

mentationsweise. Ein spezielles juristisches Denken, das sich auf die Analyse der Begriffe und Strukturen des Rechts beschränkt und methodologische Überlegungen als isolierte Techniken des juristischen Denkens auffaßt, sei deshalb unwissenschaftlich[53]. Die Methode der Rechtsanwendung ist im sozialistischen Recht notwendig die Methode der marxistisch-leninistischen Dialektik als allgemeine Methode der wissenschaftlichen Erkenntnis[54]. Das Verhältnis zwischen der allgemeinen Methode des dialektischen Materialismus und den einzelnen Methoden der juristischen Wissenschaft wird als dialektische Beziehung gesehen, in der die speziellen Theorien und Methodologien durch den dialektischen Materialismus weder ersetzt noch befehligt werden, sondern eine Verbindung im Sinne der Interdependenz und permanenten Zusammenarbeit hergestellt wird[55]. Nur mit Hilfe der Gesetze und Kategorien der marxistisch-leninistischen Dialektik sei es möglich, in das Wesen der Rechtserscheinungen einzudringen und den Entwicklungsprozeß des Rechts und die Bedingungen seiner Entwicklung auszuarbeiten; die Gesetzmäßigkeit der Entwicklung der Rechtserscheinungen könne erkannt, der Mechanismus der rechtlichen Regelung der Verhältnisse entsprechend bestimmt und eine Theorie der wissenschaftlichen Voraussicht geschaffen werden[56].

Die Methode des dialektischen Materialismus soll es ermöglichen, daß von der Rechtswissenschaft zahlreiche Teilmethoden der Erforschung von Rechtsproblemen entwickelt werden können. Ohne nähere Erläuterung werden als solche Teilmethoden die historische, die vergleichende, die konkret-soziologische, die logische und die Systemmethode genannt, die im Prozeß der Anwendung nicht selten in komplexen Verbindungen auftreten sollen. Darüberhinaus soll die Rechtswissenschaft mit den gesamten methodologischen Erkenntnissen der Gesellschaftswissenschaft der Gegenwart operieren[57].

Im Zusammenhang mit den neu in Erscheinung getretenen Interesse an Methodenfragen, ist aus jüngster Zeit ein Aufsatz von Klenner zu erwähnen, der sich mit der Topik als Methode des juristischen Denkens befaßt[58].

---

[53] *Mollnau*, in: Le raisonnement juridique, S. 539 ff.; *Kerimow* und *Tumanow;* ebenso *Stiller*, StuR 1972, S. 121, 122.

[54] *Haney - Wagner*, II, S. 257; *Ceterchi*, in: Le raisonnement juridique, S. 447, 457.

[55] *Ceterchi*, aaO, S. 447.

[56] *Kerimow* und *Tumanow*.

[57] *Kerimow* und *Tumanow*. Als Methoden zum exakten Nachweis der Zusammenhänge werden technische Verfahren wie das Interview, die Fragebogenmethode und statistische Verfahren aufgeführt.

[58] *Klenner*, NJ 1972, S. 15 ff.

Klenner hält bereits den Ansatz des topischen Denkens für verfehlt. Die Heranziehung von Argumenten zur Lösung von Rechtsproblemen, die auf allgemeine Zustimmung rechnen dürfen (juristische topoi) ziele auf einen Verbaldemokratismus, in dem Täuschung und Selbsttäuschung ineinander übergingen; denn noch immer habe sich die herrschende Meinung als die Meinung der Herrschenden erwiesen. Zu einer Subjektivierung großen Stils müsse in Ländern mit nachgewiesener Massenmanipulation die Maxime führen, daß auch in der Wissenschaft das vernünftig sei, was genügend Anhänger findet. Statt den Wahrheitsinteressen zu helfen, liefen die Topiker Gefahr, Rhetoriker zu bedienen und die Kunst zu legitimieren, Recht zu behalten, ohne Recht zu haben[59].

Aus marxistischer Sicht richtet sich der grundlegende Vorwurf gegen das „Dogma der Unerkennbarkeit oder gar Nichtexistenz gesellschaftlicher Gesetzmäßigkeiten“[60], von dem die Topik ausgeht und das sie als Agnostizismus kennzeichnet.

Allein die Erkenntnis, daß die Rechtsnormen auf den reflektierten oder unreflektierten materiellen Lebensbedürfnissen herrschender Gesellschaftsklassen beruhen, ermöglicht nach Klenner[61] überhaupt erst eine dem juristischen Wissenschaftsobjekt adaequate Wissenschaftsmethodik. „Nur ein kausalgenetisches, Ursachen und Wirkungen einbeziehendes Herangehen an die juristischen Phänomene eröffnet eine wissenschaftlich vertretbare Zielstellung für eine mehr als Stückwerk liefernde juristische Argumentation“[62].

II. Szabó's Auslegungstheorie

Eine umfassende, veröffentlichte[63] theoretische Untersuchung zur Frage der Auslegung nach der sozialistischen Rechtstheorie ist bisher offenbar nur von dem ungarischen Rechtstheoretiker Imre Szabó angestellt und im Jahre 1962 der Deutschen Akademie der Wissenschaften in Ostberlin vorgetragen worden[64]. Die dort entwickelten Grundsätze zur Auslegung haben auch in der Sowjetunion positive Aufnahme gefunden[65].

---

[59] *Klenner*, aaO, S. 17.

[60] *Klenner*, aaO, S. 18.

[61] *Klenner*, in: Le raisonnement juridique, S. 502.

[62] *Klenner*, aaO.

[63] Die nur maschinenschriftlich vorliegende Dissertation von Schönrath ist zwar in den Details der Untersuchung genauer, läßt aber die Breite des Ansatzes von Szabó vermissen.

[64] Am 24. 5. 1962, 1963 erschienen im Akademie-Verlag unter dem Titel: Die theoretischen Fragen der Auslegung der Rechtsnormen.

[65] Vgl. *Pfaff*, S. 226.

Szabó geht von einer Analyse der im bürgerlichen Recht entwickelten Auslegungstheorien aus. Er kommt dabei zu dem Ergebnis, daß keine der bürgerlichen Auslegungstheorien die Auslegung so auffaßt, daß sie auf die Erschließung des wirklichen Inhalts der Rechtsnormen gerichtet ist. Die Auslegung im kapitalistischen System stelle keine Interpretation dar, sondern sei im Kern darauf gerichtet, das geltende Recht an die sich ändernden Bedürfnisse der Praxis anzupassen[66].

Diese Ausrichtung erklärt Szabó damit, daß das kodifizierte Recht, das mehr oder weniger in der vorimperialistischen Periode oder an der Schwelle des Imperialismus entstand, im späteren Verlauf nicht oder wenigstens nicht in allem den Forderungen des Imperialismus entsprochen habe. Der Wille und das Interesse der kapitalistischen Klasse sei weder in den alten noch in den neueren Gesetzbüchern offen zum Ausdruck gekommen. Mit der Verschärfung der Gegensätze in der kapitalistischen Ordnung sei die Kluft zwischen den praktischen Ansprüchen der Rechtsanwendung und den Bestimmungen der Gesetzbücher immer tiefer geworden. Demzufolge sei der Rechtsanwendung die Aufgabe zugefallen, die alten Normen den neuen Forderungen anzupassen. Daher sei die Auslegung der Bestimmungen dazu benutzt worden, die Grenzen der Rechtsanwendung zu überschreiten und in die Rechtsetzung überzugehen[67].

Gegenüber der Auslegung nach dem bürgerlichen System ist nach Szabó der Auslegung nach der marxistisch-leninistischer Rechtstheorie eine wesentlich andere Aufgabe zuzuweisen. Die sozialistische Rechtsentwicklung habe der ständigen Festigung und Stärkung der sozialistischen Gesetzlichkeit zu dienen. Hieraus ergebe sich, daß die Auslegungstheorie Möglichkeiten, mit deren Hilfe die Rechtsanwendung in die Rechtsetzung übergehen könne, ausschalten müsse. Ein solcher Übergang sei unter sozialistischen Verhältnissen wegen der zwischen den staatlichen Organen entwickelten Arbeitsteilung sowie wegen des gesellschaftlich-politischen Unterschiedes zwischen den Aufgaben der rechtsetzenden und der rechtsanwendenden Organe unzulässig. Der Weg, der zu einer eventuellen Übergehung oder Deformierung des sich in den sozialistischen Rechtsnormen ausdrückenden Klassenwillens und Staatswillens durch Auslegung führen könnte, müsse mit Hilfe der Theorie abgeriegelt werden. Nur so könne die Lösung der Auslegungsproblematik ihre Garantiefunktion im Sinne der Festigung der sozialistischen Gesetzlichkeit erfüllen[68].

---

[66] Ebenso *Dornberger*, Allg. Teil, S. 109 ff.

[67] S. 4 f.

[68] S. 3 f.

Wie bereits dargelegt, setzt sich der Begriff der sozialistischen Gesetzlichkeit aus der Parteilichkeit und der strikten Einhaltung der Gesetze zusammen. Diesen Elementen der sozialistischen Gesetzlichkeit kann eine Auslegungstheorie aber nur dann gerecht werden, wenn sie ein Höchstmaß an zentralistischer Disziplin bei ausreichender Möglichkeit der Flexibilität gewährleistet.

Unter Beachtung dieser Maßstäbe umreißt Szabó den Begriff der Auslegung. „Nach der marxistisch-leninistischen Staats- und Rechtstheorie", so führt er aus, „bildet die Auslegung der Rechtsnormen eine auf die Erkennung des geltenden Rechts gerichtete Tätigkeit, deren Zielsetzung darin besteht, im Wege der Interpretation das Wesen der Rechtsnorm, also jenes verpflichtende Verhalten zu erschließen, das vom Recht in den einzelnen Rechtsnormen vorgeschrieben wird"[69]. Insoweit unterscheidet sich die Definition Szabó's nicht von den Definitionen, die den bürgerlichen Auslegungstheorien vorangestellt zu werden pflegen[70].

Den tiefgreifenden Unterschied zu den bürgerlichen Auslegungstheorien sieht Szabó darin, daß im Laufe des Auslegungsvorganges nur der Wille der herrschenden Klasse, der als Wille des Staates in der Rechtsnorm zum Ausdruck komme, festzustellen sei. Das im Wege der Auslegung zu ermittelnde Wesen, der Inhalt der Rechtsnorm werde letztlich durch den von den Produktionsverhältnissen determinierten Willen der herrschenden Klasse bestimmt, und dieser komme in der Rechtsnorm als Wille des Staates zum Ausdruck[71].

Daß der von Szabó skizzierte Unterschied zu den bürgerlichen Auslegungstheorien grundlegend ist, wird nur dann verständlich, wenn man folgendes in Betracht zieht: Szabó geht auf die von der marxistisch-leninistischen Rechtstheorie aufgestellte Behauptung, daß jedes Recht ein Klassenrecht sei, nicht näher ein. So ist das bürgerliche Recht im kapitalistischen Rechtssystem dem Willen der zu dieser Zeit herrschenden Klasse entsprungen. Für die bürgerliche Justiz bestand daher zunächst keine Notwendigkeit, durch Mißbrauch der Rechtsanwendung zur Rechtsetzung ein vordem indifferentes Recht in ein der herrschenden kapitalistischen Klasse genehmes Recht umzuwandeln. Aufgabe der bürgerlichen Justiz war es zunächst, im Sinne einer Klassenjustiz dieses von vornherein zugunsten der herrschenden kapitalistischen Klasse gesetzte Recht im Interesse dieser Klasse auszulegen und sodann den sich ändernden Bedürfnissen dieser Klasse anzupassen. Diese Anpassung durch Auslegung ermöglicht es, dem Gesetz seine Funktion als

---

[69] S. 6.

[70] Vgl. *Larenz*, S. 292; *Engisch*, S. 88 ff.

[71] S. 6.

Klassenrecht zu erhalten, ohne daß der Gesetzgeber eingeschaltet werden müßte. Ohne das jeweilige Einschalten des Gesetzgebers konnte diese Klassenjustiz die Verschleierungsfunktion des bürgerlichen Rechts, das formale Gleichheit bei tatsächlicher Ungleichheit postuliert, erhalten und für den vorgeblich erstrebten Interessenausgleich die Auffassung vom statischen Wesen des Rechts und der Gerechtigkeit konservieren.

Demgegenüber ist das marxistisch-leninistische Rechtssystem durch die Auffassung vom dynamischen Wesen des Rechts gekennzeichnet und damit durch eine bewußt geförderte schnelle Änderung und Anpassung der Gesetzgebung an wechselnde gesellschaftliche Erfordernisse. Da nach sozialistischer Auffassung das Recht in einem sozialistischen Staat dadurch, daß es dem Willen der weitaus überwiegenden Mehrheit, der Klasse der Arbeitenden, entspringt, seine Verschleierungsfunktion verloren hat, bedarf es nicht mehr der versteckten Rechtsetzung durch ein rechtsanwendendes Organ[72]. Der im Gesetz ausgeformte Wille der herrschenden Klasse kann sich vielmehr nur bis in die untersten Instanzen der Jurisdiktion hinein durchsetzen, wenn ein eigenmächtiger, subjektivistischen Anschauungen entsprungener Mißbrauch der Rechtsanwendung zur Rechtssetzung unterbunden wird. Dann aber ist das rechtsanwendende Organ bei der Auslegung der Rechtsnorm darauf beschränkt, die Auslegung in dem Sinne vorzunehmen, daß der in der Norm zum Ausdruck gebrachte Wille der herrschenden Klasse erkannt und die damit erstrebten gesamtgesellschaftlichen Ziele erreicht werden; der Rechtsanwendende ist hingegen nicht befugt, bei Veränderung der Verhältnisse die Rechtsnorm durch Auslegung dem vermeintlichen Willen der herrschenden Klasse anzupassen[73].

Die Auslegung als eine lediglich erkennende Tätigkeit aufzufassen, so folgert Szabó, sei praktisch nur unter sozialistischen Verhältnissen möglich und könne nur in der Tätigkeit sozialistischer Staats- und Gesellschaftsorgane zur Geltung kommen[74]. Bei der Auslegung muß folglich die Erkenntnis des Willens herangezogen werden, der die herrschende Klasse und damit die von ihnen betrauten staatlichen Organe zur Aufstellung der Rechtsnorm veranlaßte. Dieser Wille werde aber zu eng aufgefaßt, führt Szabó aus, wenn man nur die unmittelbaren Umstände, die zur Aufstellung der Rechtsnorm geführt haben, und die unmittelbaren Ziele der Rechtsnorm in Betracht zöge. Der einer Erschließung harrende Inhalt einer Rechtsnorm zeige sich umfassender

[72] S. 12.

[73] S. 8 f.

[74] S. 6.

als die occasio legis oder die ratio legis. Die Auslegung müsse vielmehr die Richtung jenes Einflusses erschließen, den der Gesetzgeber auf die gegebenen gesellschaftlichen Verhältnisse ausüben will[75].

Szabó übersieht nicht die Bedenken, die sich daraus ergeben, daß es dem Gesetzgeber nicht möglich ist, alle denkbaren unter eine Rechtsnorm subsumierbaren Sachverhalte zu überblicken. Er löst dieses Problem der ausdehnenden oder einschränkenden Auslegung durch eine Konstruktion, die seiner Ansicht nach ausschließt, daß in die Norm formend und berichtigend eingegriffen wird.

Szabó führt dazu aus, daß eine Auslegung stets dann nur deklarativ bleibe, wenn sie bei der Feststellung des objektiven Inhalts der Norm dieser nichts hinzufüge und von ihr nichts hinwegnehme. Es sei aber möglich, daß der Auslegende auf Grund des Ergebnisses des Auslegungsprozesses feststelle, daß die Rechtsnorm irgendeinen Sachverhalt tatsächlich betrifft oder nicht betrifft, d. h. es stellt sich heraus, daß sich die Rechtsnorm auf eine Angelegenheit überhaupt nicht bezieht. Dieses Ergebnis, behauptet Szabó, sei grundsätzlich eine durch den Auslegenden auf objektiver Grundlage getroffene Feststellung darüber, wie weit sich die Rechtsnorm erstrecke. Es habe nur den Anschein, daß die Rechtsnorm ausgedehnt oder eingeschränkt werde; tatsächlich werde nur festgestellt, ob sie sich auf irgendwelche Beziehungen oder einen Personenkreis erstreckt oder nicht[76].

Dieses Auslegungsproblem hält Szabó nicht für eine Frage der Auseinandersetzung mit der Sprache des Gesetzgebers. Ziel dieses Auslegungsprozesses sei es nicht, festzustellen, ob die sprachliche Ausdrucksweise richtig, der Inhalt der Rechtsnorm ausgedehnter oder eingeschränkter aufzufassen sei, als der Text es aufweise. Die von ihm aufgestellte Auslegungstheorie beruhe nicht auf der Gegenüberstellung von Text und Inhalt der Rechtsnorm; die marxistische Theorie gehe nämlich nicht von dem Gegensatz zwischen Sprache und Gedanken aus, sondern davon, daß die Sprache und der Gedanke einander im wesentlichen entsprächen. Zwar sei es denkbar, daß der Text in Ausnahmefällen den Willen des Gesetzgebers nicht entsprechend wiedergibt, im allgemeinen aber führe die Auslegung auch bei der Feststellung, daß der Text richtig ist, zu der Erkenntnis, daß der Inhalt der Rechtsnormen mannigfaltiger sei, als zunächst angenommen wurde[77].

Szabó nennt diese Auslegungsmethode, die eine Norm nicht einschränke oder ausdehne, sondern durch vertiefte Analyse die positiven

---

[75] S. 7.
[76] S. 8.
[77] S. 14 f.

wie negativen Elemente der Rechtsnorm deklarativ feststelle, die logische Auslegung[78].

Mit dieser logischen Auslegungsmethode allein bietet Szabó jedoch keine Lösung für die Frage, ob eine Rechtsnorm auf einen Sachverhalt angewendet werden kann, der erst nach Erlaß der Norm entstanden ist und deshalb vom Gesetzgeber im Zeitpunkt der Normsetzung nicht als regelungsbedürftig erkannt werden konnte. Nach Szabó hat die Auslegung bei der Frage der sekundären Lücke die Aufgabe, festzustellen, ob der Wille des Gesetzgebers allgemein genug war, um das ganze geregelte gesellschaftliche Verhältnis mit den eventuell neu aufgetauchten Elementen umfassen zu können. Dies wäre dann zu verneinen, wenn das neue Element zu beträchtlich und von zu großer Bedeutung sei, als daß der gesetzgeberische Wille es hätte umfassen können[79]. Szabó läßt jedoch die Frage offen, wie der Auslegende zu verfahren hat, wenn er hinsichtlich der Geltung der Rechtsnorm für die neue Situation zu einem negativen Ergebnis kommt, d. h., ob und wie Rechtslücken ausgefüllt, Rechtsanalogien gezogen werden können[80]. Diese zur Frage der sekundären Lücke entworfene unvollständige Auslegungstheorie wird als geschichtliche Auslegung bezeichnet[81].

Die von Szabó entwickelte Auslegungstheorie, die bei der Feststellung des Inhalts einer Rechtsnorm auf die Erkenntnis des Willens des von der herrschenden Klasse beauftragten Gesetzgebers abstellt, erinnert an die im westlichen Rechtssystem vertretene subjektiv-historische Auslegungstheorie.

Diesen Eindruck unterstützt auch die von Szabó geführte Attacke gegen die sogenannte objektiv-teleologische Auslegungstheorie der bürgerlichen Rechtslehre. Die Auffassung, daß sich die Rechtsnorm vom Willen des Gesetzgebers loslöse und eine von ihm unabhängige Entwicklung durchmache, führe zu einer Auslegung, die offensichtlich willkürlich sei. Der Maßstab der Zweckmäßigkeit für eine ausdehnende oder einschränkende Anwendung der Rechtsnorm stelle die Auslegung auf eine subjektivistische Grundlage. Szabó wehrt sich deshalb gegen eine Gleichsetzung der marxistisch-leninistischen Auslegungstheorie mit der im bürgerlichen Recht entwickelten objektiv-teleologischen Theorie, obwohl auch diese von der dynamischen Entwicklung des Rechts ausgeht[82].

---

78 S. 9.

79 S. 8 f.

80 S. 19.

81 S. 9.

82 S. 9.

Der sich zunächst aufdrängende Eindruck, Szabó vertrete nicht mehr als eine subjektiv-historische Auslegungstheorie ist jedoch unzutreffend. Der tiefgreifende Unterschied zu dieser bürgerlichen Theorie besteht vor allem in der grundsätzlich verschiedenen Auffassung vom Wesen des Rechts und der Natur des Gesetzgebers und des Gesetzgebungsvorgangs.

Der bürgerliche Gesetzgeber ist in seinem Selbstverständnis ein voluntaristischer Gesetzgeber insofern, als die von ihm zur Norm erhobene Entscheidung innerhalb eines bestimmten Rahmens so oder anders ausfallen kann. Nach seiner eigenen Anschauung wählt der bürgerliche Gesetzgeber aus einer Fülle denkbarer möglicher Regelungen einer Rechtsfrage die aus, die ihm am zweckmäßigsten erscheint, ohne daß er für sich in Anspruch nimmt, daß nur diese eine die richtige sei. Nach dem Verständnis des Marxismus-Leninismus handelt der bürgerliche Gesetzgeber voluntaristisch, da er in Unkenntnis der Gesetze der Geschichte und wegen seines Unvermögens, ihnen Rechnung zu tragen, mit seiner Gesetzgebung blind gegenüber den gesellschaftlichen Gesetzen — und in einem späteren Stadium im Widerspruch zu ihnen — seine Interessen zu erhalten und zu sichern versucht.

Anders vollzieht sich nach der marxistisch-leninistischen Rechttheorie der Gesetzgebungsvorgang in sozialistischen Staaten. Hiernach werden Rechtsnormen durch die gesetzmäßig und, da die Gesetze mit Hilfe des dialektischen und historischen Materialismus erkannt sind, planmäßig sich vollziehende gesellschaftliche Entwicklung hervorgebracht. Die unmittelbare Normsetzung durch die herrschende Klasse und ihren Machtapparat ist demnach durch die Entwicklung der Produktionsverhältnisse determiniert. Die Richtigkeit oder Unrichtigkeit der Gesetzgebung hängt also von der — nach der marxistisch-leninistischen Rechtstheorie möglichen — richtigen Erkenntnis dieser Entwicklung ab sowie von der zutreffenden Umsetzung des Erkannten in Sprache.

Die Bindung des Auslegenden an den Willen eines sozialistischen Gesetzgebers ist daher nicht wie im bürgerlichen System die Bindung an eine voluntaristische, mehr oder weniger zufällig zustandegekommene Entscheidung. Der Wille des sozialistischen Gesetzgebers ist nicht nur ein Wille im psychologischen Sinne, sondern, da durch die soziale Wirklichkeit determiniert, vor allem ein sozialer Wille[83].

Für eine sozialistische Auslegungstheorie ist folglich eine Konstruktion entbehrlich, die die Lösung des Gesetzes vom Willen seines Gesetzgebers vorgibt, um sich den Anforderungen der Verhältnisse zweckmäßig anpassen zu können. Die sozialistische Rechtsnorm entspricht

[83] So auch *Joffe - Sargorodskij*, zitiert bei *Bilinsky*, JfO, 1962, I, S. 102 und *Schönrath*, S. 39 und 124 f.

unmittelbar den wirtschaftlichen und gesellschaftlichen Zielsetzungen und ist deshalb ebenso wie die gesellschaftlichen Verhältnisse in ihrer Entwicklung objektiv determiniert. Ihre geschichtlich verlaufende Entwicklung ist für den Auslegenden gleichfalls objektiv erkennbar und solange in die Entwicklung fördernde und schützende Entscheidungen umzusetzen, bis durch die voraneilende gesellschaftliche Entwicklung der sprachliche Rahmen der Norm gesprengt wird und der Gesetzgeber, und im Zuge der Arbeitsteilung allein dieser, aufgerufen ist, erneut die Normsetzung zu übernehmen.

Obschon die von Szabó entworfene Auslegungstheorie für den Vorgang der Auslegung auf den Willen der gesetzgebenden Klasse abstellt, ist sie nicht eine im Sinne der bürgerlichen Rechtslehre subjektiv-historische Theorie. Sie ist nicht subjektiv, da nach marxistischer Rechtstheorie der Wille der herrschenden Klasse nicht als ein subjektiver gesehen wird[84]; sie ist geschichtlich nur in dem Sinne, daß sich das Ergebnis der Rechtsnormauslegung logisch und geschichtlich entwickelt, und diese Entwicklung ebenso wie die der gesellschaftlichen Verhältnisse objektiv determiniert ist[85].

Auch Szabó muß berücksichtigen, daß es Menschen sind, die das Recht anwenden und auslegen und aus dem Prozeß der Rechtsanwendung und Rechtsauslegung nicht auszuschalten sind. Szabó ist sich bewußt, daß dem gesellschaftlichen Bewußtsein und dem Rechtsbewußtsein des Rechtsanwenders bei der Auslegung des Rechts eine bedeutsame Rolle zukommt. Eine sozialistische Auslegungstheorie ist daher auf das sozialistische Rechtsbewußtsein desjenigen angewiesen, der das Recht anwendet und auslegt[86].

Zur Methode der Auslegung vertritt Szabó die Auffassung, daß die Auslegung von Rechtsnormen ein Erkenntnisprozeß sei und demzufolge ihre Methode grundsätzlich keine andere sein könne als die des dialektischen Materialismus[87]. Er räumt dabei ein, daß die einzelnen Elemente dieser Auslegungsmethode, d. h. die grammatische, logische, systematische und geschichtliche Auslegung[88], zumindest äußerlich den traditionellen Methoden der Auslegung entsprechen[89]. Dadurch aber, daß sie Teile einer einheitlichen dialektisch-materialistischen Methode werden,

---

[84] *Alexandrow* und *Bratus* bei *Bilinsky*, JfO, I, 1962, S. 97; *Schulz*, NJ 1970,

[85] *Szabó*, S. 9 f.

[86] *Szabó*, S. 11; ebenso *Schönrath*, S. 15.

[87] Ebenso *Dornberger*, Allg. Teil, S. 108; *Strogowitsch*, GWB 1966, S. 385 f.

[88] Diese führt auch *Dornberger* an, Allg. Teil, S. 112; ebenso *Ansorg*, in: Zivilrecht, S. 122 und ausführlich *Schönrath*.

[89] Vgl. *Larenz*, S. 301 ff.

unterschieden sie sich wesentlich von den traditionellen Auslegungsmethoden[90].

Szabó unterscheidet beim Auslegungsakt zwei miteinander zusammenhängende Etappen des Erkenntnisprozesses. Die erste und niedrigere Etappe ist die Analyse der sprachlichen und logischen Zusammenhänge. Hierbei soll die Untersuchung der sprachlich-grammatischen Form nicht bei einer lediglich äußerlichen Analyse der inhaltslos aufgefaßten Rechtsnorm stehen bleiben; die logische Auslegung soll eine tiefgehende Analyse auf der Grundlage aller Gesetze der Logik umfassen[91]. In der zweiten und höheren Etappe des Auslegungsaktes wird die Norm in ihrem Zusammenhang mit der Gesamtheit des Rechtssystems auf ihre Beziehung zu anderen gesellschaftlichen Entscheidungen untersucht und schließlich der entsprechende rechtsetzende Wille und die geschichtlich-politische Seite der Norm analysiert[92]. Das Durchschreiten dieser zweiten Auslegungsetappe ermöglicht die Feststellung darüber, ob sich im Vergleich mit dem, was in der ersten Etappe festgestellt wurde, die Rechtsnorm auf einen größeren oder kleineren Kreis von Verhältnissen, auf einen größeren oder kleineren Personenkreis bezieht[93].

Szabó geht auch auf die Frage der Auslegung der in einem sozialistischen Staat noch geltenden Normen des bürgerlichen Gesetzgebers ein. Seine Ansicht, auch auf diese vom bürgerlichen Gesetzgeber erlassenen Normen die von ihm entwickelte Auslegungsmethode anzuwenden, begründet er damit, daß diese Gesetze auf Grund der Sanktionierung durch den sozialistischen Gesetzgeber ihre Geltung unter neuen geschichtlichen Umständen wiedererlangt hätten und ihnen daher ein neuer Klassenwille Gültigkeit verleihe. Sie beanspruchten nunmehr eine von dem belastenden Material der bürgerlichen Interpretation befreite, neue Auslegung[94]. Bei der Auslegung dieser alten Rechtsnormen sei jedoch eine vertiefte Analyse notwendig. Der Auslegende könne in der Regel den neuen Klassenwillen nicht aus den unmittelbaren Erklärungen über die neuartige Anwendung der alten Rechtsnorm schöpfen. Folglich müsse er von den neuen, allgemeinen Rechtsprinzipien des sozialistischen Staates, von seinen wirtschaftlichen und politischen Zielsetzungen ausgehen und die alte Norm in diesem Sinne auslegen und anwenden[95].

---

90 *Szabó*, S. 13; *Strogowitsch*, GWB 1966, S. 386.

91 S. 13 f.

92 S. 14.

93 S. 15 f.

94 S. 17.

95 S. 18 f.

Die Untersuchung der rechtswissenschaftlichen Auslegungstheorien hat einen Mangel an theoretischer Reflexion im Schrifttum der DDR erkennen lassen. Die Zivilrechtslehrbücher vermeiden bei der Behandlung der Aufgaben der Auslegung und der Auslegungsmethoden die Auseinandersetzung mit der sich aufdrängenden rechtstheoretischen Problematik, sie verzichten darüber hinaus sogar auf deren Darstellung[96].

Szabó hingegen erkennt zwar die Schwierigkeiten, die dem Rechtsanwendenden daraus erwachsen, daß der ihm zur Verfügung gestellte Gesetzesapparat — sei es von Anfang an, sei es durch die Änderung der tatsächlichen Verhältnisse — unvollkommen ist. Auf der Basis dieser Erkenntnis versucht Szabó eine Auslegungstheorie zu entwickeln, die die Möglichkeit eines Übergangs von der Rechtsanwendung in die Rechtsetzung ausschließt und dem Richter eine lediglich erkennende Tätigkeit zuweist. Szabó läßt aber die Frage offen, ob und wie bei der Feststellung einer sekundären Lücke diese ausgefüllt und Rechtsanalogien gezogen werden können. Gerade das Feststellen und Ausfüllen von Lücken zwingt das Gericht aber zu einer rechtschöpfenden Tätigkeit. Dadurch, das Szabó die Frage der Lückenausfüllung unbeantwortet läßt, vermeidet er eine Auseinandersetzung über die richterliche Tätigkeit, der in besonderem Maße eine normsetzende Bedeutung zukommt. Die Feststellung einer solchen normsetzenden Tätigkeit würde mit seiner Ansicht über die lediglich rechtsanwendende Funktion des Richters nicht in Einklang stehen. Aufgabe einer sozialistischen Auslegungstheorie wäre es hier nicht, den Übergang von der Rechtsanwendung in unzulässige Rechtsetzung zu verhindern, sondern Kriterien dafür aufzustellen, wie die richterliche Rechtschöpfung bei der Ausfüllung von Lücken von subjektivistischen Einflüssen freigehalten werden kann.

§ 3. Auslegungstheorie und Auslegungsmethoden der Praxis

Nach der Darstellung der rechtswissenschaftlichen Auslegungstheorien soll im folgenden die Praxis auf Äußerungen zu methodologischen Fragen untersucht werden. Solche Stellungnahmen sind meist nur einem obiter dictum zu entnehmen; zusätzlich konnten in die Untersuchung Äußerungen des Schrifttums einbezogen werden, soweit diese nach Gegenstand und Verfasser praxisbezogen sind.

Von der Rechtsprechung und der Lehre der DDR wird bei der Anwendung alter, sanktionierter Gesetze die subjektiv-historische Auslegungsmethode einhellig abgelehnt.

---

[96] Das Lehrbuch von *Dornberger* ist zudem weitgehend wörtlich mit dem sowjetischen Zivilrechtslehrbuch von *Genkin - Bratus - Lunz - Nowizki* identisch.

Das OG hat zwar in einem vereinzelt gebliebenen Urteil zur Unterstützung der von ihm vertretenen Auffassung die Materialien des BGB herangezogen[1], grundsätzlich aber halten es Rechtsprechung und Lehre für unzulässig, für die Erkenntnis des Gesetzessinnes den Willen und die Motive des — damals bürgerlichen — Gesetzgebers zu erforschen[2]. Die Auslegung alter Gesetze hat auch dann in Übereinstimmung mit der Weltanschauung und Rechtsauffassung der sozialistischen Gesellschaft zu erfolgen, wenn eine Ermittlung der gesetzgeberischen Motive zu einem anderen Auslegungsergebnis führen würde[3].

Die Gerichte sind vielmehr gehalten, sanktionierte bürgerliche wie auch sozialistische Gesetze konkret-gesellschaftlich auslegen[4]. Sie haben dafür zunächst mit Hilfe der grammatikalischen und logischen sowie der systematischen Auslegungsmethode den objektiven Sinn einer Rechtsnorm zu ermitteln. Die Normen dürfen nicht abstrakt und losgelöst von der gesellschaftlichen Wirklichkeit betrachtet werden; das Prinzip der Parteilichkeit als Element der sozialistischen Gesetzlichkeit verbietet, das Gesetz in undialektischer und positivistischer Weise anzuwenden[5].

Die Rechtsanwendung umfaßt demnach einen Erkenntnisprozeß, der darauf gerichtet ist, die anzuwendende Rechtsnorm in ihrem Zusammenhang mit dem sozialistischen Rechtssystem und ihre gesellschaftliche Determiniertheit zu analysieren und damit ihren Inhalt fortschreitend zu erschließen[6]. Da die gesellschaftliche Realität sich ständig ändert, gesetzliche Bestimmungen aber regelmäßig längere Zeit gelten, muß auch die Rechtsnorm einer gesetzmäßigen Veränderung unterliegen. Während die gesetzlichen Formulierungen zunächst unverändert bleiben, ändert sich der Inhalt der Norm insoweit, als er den veränderten gesellschaftlichen Erfordernissen angepaßt bleiben muß. Demzufolge erfahren die in einer Norm begründeten Rechte und Pflichten einen den Verhältnissen entsprechenden gewandelten Inhalt[7]. Zwar sollen die Gerichte bei der Ermittlung dieses Inhaltswandels nicht die Rolle des Gesetzgebers übernehmen, wohl aber das Recht schöpferisch weiterentwickeln: dadurch sei gewährleistet, daß die Rechtsanwendung der prinzipiellen Orientierung des Gesetzgebers folgt[8].

---

[1] OGE 1, 19, 21.

[2] *Ostmann*, NJ 1954, S. 726; *Schreier - Krüger*, NJ 1960, S. 227.

[3] OGE 5, 198, 203; *Nathan*, NJ 1951, S. 119; *Posch*, NJ 1954, S. 12.

[4] OGE 1, 173, 175.

[5] *Benjamin*, NJ 1954, S. 223; 1958, S. 509; 1960, S. 4; *Artzt*, NJ 1956, S. 581; *Strohbach*, NJ 1958, S. 689, 691.

[6] *Fincke*, NJ 1968, S. 490.

[7] *Kietz - Mühlmann*, Erziehungsaufgaben, S. 14 f.; *Poppe - Schüsseler*, StuR 1963, S. 113 f.

[8] *Püschel*, NJ 1969, S. 45; mißverstehend *Hirsch*, JZ 1962, S. 152, und *Mampel*, Ordnung, S. 33 f.

Als Hilfsmittel für die Ermittlung des sich wandelnden Inhalts einer Rechtsnorm stellt der sozialistische Gesetzgeber seinen Gesetzen mitunter seitenlange Präambeln voran[9]. In ihnen wird regelmäßig zunächst der erreichte Entwicklungsstand des Sozialismus und die konkrete gesellschaftliche Lage dargestellt. Das gesellschaftliche Bedürfnis für die getroffene Regelung und die mit ihr erstrebten Ziele werden aufgezeigt. Dadurch verfolgen die Präambeln auch das Ziel, die gesetzliche Regelung den Rechtsunterworfenen verständlich zu machen und damit den Zwangscharakter des Gesetzes zugunsten einer Überzeugung der Rechtsunterworfenen zurückzudrängen[10].

I. Einfluß der Partei

Eine konkret-gesellschaftliche und damit dem Prinzip der Parteilichkeit unterstehende Auslegung bedingt, daß die Gerichte die Normen nicht ohne klassenmäßige Analyse der zu beurteilenden Verhältnisse auslegen und anwenden dürfen. Die Verwirklichung des Prinzips der Parteilichkeit setzt voraus, daß der Richter die Entwicklung der gesellschaftlichen Verhältnisse zutreffend einschätzt und dadurch in die Lage versetzt wird, die gesellschaftlich notwendige Inhaltsbestimmung vorzunehmen[11]. Bei dieser Stufe der Rechtsanwendung findet die starke Einflußnahme der Partei ihren Ansatz. Dabei wird davon ausgegangen, daß die klassenmäßige Analyse der gesellschaftlichen Verhältnisse nur durch die Partei als Vorhut und Willensträgerin der herrschenden Klasse verbindlich erstellt werden kann. Das sozialistische Recht nimmt über die Beschlüsse der Partei der Arbeiterklasse die Gesetzmäßigkeit der gesellschaftlichen Entwicklung in sich auf. Die Durchsetzung der Prinzipien der sozialistischen Gesetzlichkeit ist von der Durchsetzung der führenden Rolle der Partei beim Aufbau der sozialistischen Gesellschaft nicht zu trennen[12].

Die Auswertung der Parteibeschlüsse der SED ermöglichen es dem Richter in besonderem Maße, das Gesetz entsprechend den gesellschaftlichen Entwicklungstendenzen zu begreifen und in die Praxis eingehen zu lassen; die Parteibeschlüsse wirken demnach prägend auf die parteiliche Anwendung des Rechts[13]. Jedoch soll es nicht zulässig sein, die

---

[9] *Poppe - Schüsseler,* StuR 1963, S. 214; *Böckenförde,* S. 41 f. Die Präambel als solche hat wohl selbst keinen normativen Charakter. Nur teilweise besteht die Praxis, in den Präambeln neben der Begründung bestimmte Rechtsgrundsätze aufzunehmen (z. B. in der Form von Definitionen).

[10] *Karewa,* S. 83.

[11] OGE 5, 88, 90; *Fincke,* NJ 1968, S. 490.

[12] *Jahn - Petzold,* NJ 1961, S. 118; *Rosenthal,* Recht als Hebel, S. 85.

[13] *Strohbach,* NJ 1958, S. 692; *Petzold,* StuR 1961, S. 658, 663 f.; *Poppe - Schüsseler,* StuR 1963, S. 114; *Brunner,* ROW 1966, S. 229, 235 f.; *Rosenthal,* in: Recht, S. 81, 85; *Pfaff,* S. 56 f.

Gesetze in den Parteibeschlüssen aufzulösen, die Beschlüsse der SED also mit den Gesetzen gleichzusetzen[14].

II. Richterliche Korrektur

In Rechtsprechung und Lehre der DDR wird die Frage erörtert, ob die Gerichte mit Rücksicht auf den Wandel der gesellschaftlichen Verhältnisse befugt sind, übernommene bürgerliche oder auch sozialistische Gesetze entgegen ihrem Wortlaut einschränkend oder ausdehnend anzuwenden oder ihre Anwendung überhaupt abzulehnen.

Anlaß für eine solche Erörterung besteht, weil Widersprüche zwischen Recht und gesellschaftlicher Wirklichkeit nicht nur, wie zunächst angenommen wurde, dem bürgerlichen Recht eigen sind, sondern auch im sozialistischen Recht auftreten können. Diese Widersprüche sind nicht nur durch sprachliche Mängel oder fehlerhafte Gesetzestechnik begründet. Widersprüche treten etwa auch dann auf, wenn Gesetze, die in einer bestimmten gesellschaftlichen Situation erlassen wurden und den Bedingungen dieser Situation Rechnung trugen, bei völlig veränderten gesellschaftlichen Verhältnissen ihre formale Gültigkeit behalten. Widersprüche liegen auch dann vor, wenn ein gültiges Gesetz in bestimmten einzelnen Abschnitten nicht den gesellschaftlichen Bedingungen und Bedürfnissen sowie dem Rechtsbewußtsein der Rechtsunterworfenen entspricht[15].

Dafür, wie diese Widersprüche im Recht zu behandeln sind, bieten sich folgende Möglichkeiten: Im Interesse des Fortschritts kann von der Anwendung dieser widersprüchlichen Normen abgesehen oder diese unabhängig von ihrem Wortlaut einschränkend oder ausdehnend ausgelegt werden[16]; die andere Möglichkeit besteht darin, daß der Mißstand den gesetzgebenden Organen lediglich signalisiert wird und bis zum Eingreifen dieser Organe die Normen als fortgeltend behandelt und daher weiter angewandt werden[17].

Als methodischer Weg, einer durch die Entwicklung der gesellschaftlichen Verhältnissen mit diesen in Widerspruch geratenen Norm die Weitergeltung zu versagen, kommt die historische Auslegung in Betracht. Für die Ablehnung der Geltung einer von Anfang an verfehlten Norm kann die richterliche Korrektur angewandt werden; durch ökonomische und gesellschaftspolitische Analysen und Erwägungen des

---

[14] *Petzold*, StuR 1961, S. 660.

[15] *Strogowitsch*, GWB 1966, S. 391; *Kerimow*, Gesetzgebungstechnik, S. 20; ders., Freiheit, S. 142 f.

[16] So *Leymann - Petzold*, StuR 1959, S. 691 ff.; *Heinicke*, AR 1959, S. 101; *Kerimow*, Gesetzgebungstechnik, S. 81.

[17] Vgl. *Mampel*, JfO 1960, I, S. 103 f.

Gerichts wäre der Nachweis zu erbringen, daß und inwieweit die Norm verfehlt und deshalb als nicht geltend zu behandeln ist.

So hat das OG in einem Kassationsurteil aus dem Jahre 1957 in Anwendung der historischen Auslegungsmethode sanktionierte Bestimmungen des Zwangsversteigerungsgesetzes entgegen ihrem Inhalt ausdehnend ausgelegt[18]. Zu seinem Auslegungsergebnis kam das Gericht, indem es prüfte, ob und inwieweit die unzweifelhaft sanktionierten allgemeinen Bestimmungen des Zwangsversteigerungsgesetzes noch den sozialistischen Rechtsanschauungen gerecht werden könnten, bzw. ob und welche der Gesellschaftsordnung entsprechende, mit der Wahrung der sozialistischen Gesetzlichkeit zu vereinbarende Auslegung der Gesetzesbestimmungen erforderlich sei. Als Ergebnis dieser Prüfung stellte das OG fest, daß bestimmte Normen[19] dieses Gesetzes rein kapitalistischen Charakter trügen und deshalb nur so angewendet werden dürften, wie dies zur Wahrung der in den Gesetzen der DDR zum Ausdruck gelangenden wirtschaftspolitischen Grundsätze notwendig sei[20].

Die Stellung des OG zur richterlichen Gesetzeskorrektur ist jedoch nicht einheitlich. So hat es in einem Urteil aus dem Jahre 1953[21] die Möglichkeit verneint, unter Berufung auf Erkenntnisse und Erwägungen der politischen Ökonomie oder der sonstigen Gesellschaftslehre bürgerliche, aber sanktionierte Gesetze, die der Verfassung nicht widersprechen, entgegen ihrem Wortlaut auszulegen oder überhaupt nicht anzuwenden. Wenn eine solche Norm nicht oder nicht mehr im Einklang mit den ökonomischen Verhältnissen stehe, sei es Sache des Gesetzgebers, diesen Einklang wieder herzustellen. Dem Richter sei es versagt, irgendwelche aus dem Gesetz nicht ersichtlichen Erwägungen heranzuziehen, um die Anwendbarkeit der Bestimungen eines sanktionierten Gesetzes zu verneinen[22].

Die Zulässigkeit der historischen Methode wird in einem neueren Urteil des OG[23] mit der Begründung verneint, daß zwar bei der Rechtsanwendung und Rechtsauslegung der gesellschaftlichen Entwicklung

---

[18] OGE 5, 99.

[19] Es handelt sich um die §§ 67 ff. ZVG.

[20] OGE 5, 99, 104 f.

[21] OGE 2, 215 = NJ 1953, S. 654. Die näheren Umstände des Falles sind unten in § 5 näher geschildert.

[22] So auch *Kleine*, NJ 1953, S. 321, 324.

[23] Urt. v. 23. 6. 1967, NJ 1967, S. 583. Es handelte sich hierbei um folgenden Sachverhalt: Das Kreis- und Bezirksgericht hatten die Verordnung über die Pflichten und Rechte der Mitarbeiter der staatlichen Verwaltungsorgane ausdehnend ausgelegt und damit die Möglichkeit eines Disziplinarverfahrens entsprechend dieser VO auf einen dem in der VO ausdrücklich genannten Personenkreis nicht angehörigen Werktätigen mit dem Hinweis auf die seit Erlaß der VO eingetretenen gesellschaftlichen Veränderungen bejaht.

Rechnung getragen werden müsse, jedoch die Grenze da gezogen sei, wo ein Gesetz entgegen seinem eindeutigen Inhalt angewendet wird. Wenn es notwendig sein sollte, einen verbindlichen Grundsatz auszusprechen, wie er mit einer unzulässigen Auslegung erstrebt wird, um die Übereinstimmung des Rechts mit dem erreichten Stand der gesellschaftlichen Entwicklung herzustellen, so sei dies eine Aufgabe der Gesetzgebung, nicht hingegen der Rechtsprechung[24].

Eine Kontrolle darüber, ob ein vom Staat erlassenes Gesetz richtig und vollständig ist, soll nicht dem Richter zustehen, sondern nur den von der Verfassung hierzu bestimmten Organen. Deshalb sei, wie das OG in einem anderen Urteil ausführt[25], das Gericht nicht befugt, eine durch den Gesetzgeber getroffene Regelung im Wege der Lückenausfüllung auf ein anderes, nicht geregeltes, aber gleichartiges Verhältnis anzuwenden. Dies soll auch dann als „Bevormundung des Gesetzgebers" nicht zulässig sein, wenn das Gericht den ökonomischen und gesellschaftlichen Sinn und Zweck der Regelung zutreffend erkannt hat.

Die Ansicht des OG, daß die historische Methode oder das Heranziehen ökonomischer oder gesellschaftspolitischer Erwägungen mit dem Ziel der Nichtanwendung geltender Normen nicht zulässig ist, hat im Schrifttum der DDR Zustimmung gefunden[26]. Zur Unterstützung dieser Ansicht wird hervorgehoben, daß auch in Anbetracht der Entwicklung, die eine Norm ihrem Inhalt nach durchmachen könne, die sozialistische Gesetzlichkeit es gebiete, daß dieser Entwicklung nur im Rahmen der Gesetze Rechnung getragen werden dürfe[27]. Der durch ihren Wortlaut bestimmte äußere Rahmen der Norm dürfe nicht gesprengt werden, da sonst die Gerichte die Tätigkeit des Gesetzgebers an sich ziehen und folglich dem demokratischen Zentralismus entgegenhandeln würden. Daran müsse selbst dann festgehalten werden, wenn durch die strikte Anwendung einer der gesellschaftlichen Entwicklung nicht adaequaten Bestimmung ein spezielles gesellschaftliches Interesse gefährdet würde[28].

---

[24] OG NJ 1967, S. 584; ebenso OGE 8, 170, 177; *Ansorg*, in: Zivilrecht, S. 125; *Benjamin*, NJ 1960, S. 1, 5; *Szabó*, S. 6, 11.

[25] OGE 5, 88, 90.

[26] Tiefgehenden Einfluß auf die Rechtspraxis bezweifeln *Kirchheimer*, AöR 85, S. 47; *Rosenthal*, Justiz, S. 18.

[27] *Ostmann*, NJ 1954, S. 725 f.; *Benjamin*, NJ 1960, S. 4; *Toeplitz*, NJ 1963, S. 264; *Poppe - Schüsseler*, StuR 1963, S. 113 f.; *Erler*, NJ 1961, S. 105; *Strogowitsch*, *GWB* 1966, S. 394; *Fincke*, NJ 1968, S. 490; *Püschel*, NJ 1969, S. 45; *Lehmann - Weber*, NJ 1969, S. 611; *Kietz - Mühlmann*, Erziehungsaufgaben, S. 14, 38; *Görner*, S. 28; *Dornberger*, Allg. Teil, S. 103; *Nathan*, in: ZPO, I, S. 18; *Arlt - Lungwitz - Weichelt*, StuR 1971, S. 387; mißverstehend *Rosenthal*, Recht, S. 83; *Böckenförde*, S. 40.

[28] *Artzt*, NJ 1956, S. 582, 584; *Benjamin*, StuR 1955, S. 243; *Erler*, NJ 1961, S. 105 f.

Den Ansprüchen der sozialistischen Gesetzlichkeit soll das OG auch dadurch entsprechen, daß es von seinem Recht, Richtlinien zu erlassen, nur vorsichtigen Gebrauch macht. So soll das OG in verschiedenen Fällen, in denen der Erlaß einer Richtlinie empfohlen wurde, dies mit Rücksicht darauf abgelehnt haben, daß es sich dabei nicht um eine Auslegung sondern um eine Ergänzung der Gesetze gehandelt hätte, durch deren Erlaß die Kompetenz des Gesetzgebers verletzt worden wäre[29].

§ 4. Abgrenzung zu bürgerlichen Auslegungstheorien und Auslegungsmethoden

Der Darstellung der Auslegungstheorie ist die Frage anzuschließen, ob und inwieweit diese Theorie als einer der in der bürgerlichen Rechtswissenschaft entwickelten Auslegungstheorien entsprechend anzusehen ist.

---

[29] *Ziegler*, NJ 1956, S. 716; *Langer*, NJ 1957, S. 624 f.; vgl. auch *Schumann*, NJ 1952, S. 445 f.; ohne Verfasser, NJ 1953, S. 665; die Diskussion hierüber ist noch nicht abgeschlossen, siehe Stellungnahme des Präsidiums des OG, NJ 1970, S. 131.

Bisher sind jedenfalls durch die Richtlinien des OG zu Fragen aus dem Gebiet des Zivil- und Arbeitsrechts stets nur — auch nach bürgerlichem Verständnis — methodisch zulässige Auslegungsregeln aufgestellt und nicht neues Recht geschaffen worden (a. A. *Müller-Römer*, ROW 1968, S. 155).

Bei der Betrachtung der Richtlinienpraxis des OG fällt auf, daß der Schwerpunkt der Richtlinien auf Rechtsgebieten liegt, in denen auch wichtige Kodifikationen erfolgt sind (Strafrecht, Arbeitsrecht und Familienrecht) und daß Richtlinien nicht als Mittel zur Veränderung älterer sanktionierter Gesetze benutzt wurden.

Die Richtlinien zum Zivil- und Arbeitsrecht sind folgende:

— Richtlinie Nr. 2 des Plenums des OG über die Bemessung der Frist zur Einlegung und Begründung der Berufung im arbeitsgerichtlichen Verfahren gem. § 66 AGG vom 20. Mai 1953, ZBl. 259, aufgehoben.

— Richtlinie Nr. 5 zu § 9 der VO über Kündigungsrecht — Unzulässigkeit der Umwandlung einer fristlosen Entlassung in eine fristgemäße Kündigung — vom 31. Januar 1955, NJ 1955, S. 120, aufgehoben.

— Richtlinie Nr. 7 über Nichtigkeit mündlicher, nicht mit Gründen versehener oder der Zustimmung der Gewerkschaft entbehrender Kündigungen vom 20. November 1956, NJ 1956, S. 732, aufgehoben.

— Richtlinie Nr. 8 über die Kostenerstattung im Güteverfahren (§ 495 a ZPO) vom 10. Juli 1957, NJ 1957, S. 481, geltend.

— Richtlinie Nr. 14 zur Anwendung der §§ 112 ff. GBA vom 19. September 1962, NJ 1962, S. 607, aufgehoben.

— Richtlinie Nr. 16 zu Fragen der malermäßigen Instandsetzung von Mietwohnungen vom 21. November 1962, NJ 1962, S. 745, geltend.

— Richtlinie Nr. 19 zur Anwendung des § 44 AGO — Verfahren über Vollstreckbarkeitserklärungen von Beschlüssen der Konfliktkommissionen vom 15. September 1965, NJ 1965, S. 634, geltend.

— Richtlinie Nr. 21 zur Anwendung des § 38 GBA — Verfahren bei Streitfällen über die Anfertigung und den Inhalt von Abschlußbeurteilungen der Werktätigen vom 28. September 1966, GBl. II, S. 707, geltend.

— Richtlinie Nr. 29 zur Anwendung der §§ 112 ff. GBA vom 25. März 1970, NJ 1970, Beilage 2 (Heft 9), geltend.

Daß die von Szabó entwickelte, auf den Willen des Gesetzgebers abstellende Theorie nicht mit der bürgerlichen subjektiv-historischen Auslegungstheorie gleichzusetzen ist, wurde bereits dargelegt[1]. Auch Schönrath, die in Anwendung der historischen Methode auf die Erkenntnis des gesetzgeberischen Willens abstellt, vertritt nicht eine subjektiv historische Auslegungstheorie im Sinne der bürgerlichen Rechtswissenschaft; sie geht ebenso wie Szabó von einem nicht-subjektivistischen, objektiv bedingten Willen aus. Darüberhinaus hält sie nicht den historischen, einmalig in der Normierung zum Ausdruck gekommenen Willen für maßgebend, sondern den sich wandelnden, sich jeweils neu manifestierenden Willen, der bei der Anwendung der Rechtsnorm aus den Äußerungen der dazu für befugt gehaltenen Organe und Organisationen abzulesen ist.

Auch die in der Praxis der DDR entwickelte Auslegungstheorie stellt weder bei der Auslegung bürgerlicher sanktionierter Gesetze auf den Willen des bürgerlichen Gesetzgebers ab, noch bei der Auslegung sozialistischer Gesetze auf den Willen des historischen sozialistischen Gesetzgebers. Die naheliegende Folgerung, daß die von den Gerichten der DDR angewandte Auslegungstheorie folglich eher mit der objektiv-teleologischen Auslegungstheorie der bürgerlichen Rechtswissenschaft vergleichbar ist, würde außer acht lassen, daß es in der DDR an einer wesentlichen Grundvoraussetzung für beide Auslegungstheorien fehlt.

Die in der bürgerlichen Rechtswissenschaft geführte Auseinandersetzung darüber, ob für die Bestimmung des Inhalts einer Norm der historische Wille des Gesetzgebers maßgebend ist oder ob der Sinn einer Norm durch immanente Gesetzesdeutung ermittelt werden muß, geht von einer einheitlichen Voraussetzung aus: Der bürgerliche Gesetzgeber nimmt nach Erlaß des Gesetzes auf die Anwendung der Normen keinen Einfluß. Nach dem Gewaltenteilungsprinzip sind Anwendung und damit Auslegung des Gesetzes der Dritten Gewalt überlassen. Zwar könnte der Gesetzgeber deren Anwendungs- und Auslegungskriterien im Sinne einer Methodenbestimmung festlegen, der Einfluß auf die Auslegung einzelner Normen aber ist dem Gesetzgeber nicht möglich[2]. Im bürgerlichen Rechtssystem ist demnach der Erlaß eines Gesetzes ein einmaliger und damit historischer Akt. Nur von diesem Ausgangspunkt her kann es zu einer Auseinandersetzung darüber kommen, ob die Bindung des Richters an das Gesetz, soll sie einen verfassungspolitischen Sinn haben, auch die Bindung an den im Gesetz ausgedrückten Willen des historischen Gesetzgebers bedeuten muß,

---

[1] Vgl. oben § 2 II (S. 96).

[2] Hiervon ist die Legaldefinition zu unterscheiden, die die Begriffswahl des Gesetzgebers interpretiert.

oder ob sich das Gesetz vom Willen seines Schöpfers löst und folglich nur objektiv-teleologisch gedeutet werden kann.

An einem solchen Ausgangspunkt, von dem in der bürgerlichen Rechtstheorie sowohl die subjektiv-historische als auch die objektiv-teleologische Auslegungsmethode ausgehen, fehlt es in den sozialistischen Rechtsordnungen. Die marxistisch-leninistische Staats- und Rechtstheorie geht nicht vom Gewaltenteilungsprinzip aus; die Aufgaben der einheitlichen staatlichen Leitung sind lediglich im Sinne einer Arbeitsteilung gesetzgebenden, exekutiven und rechtsprechenden Organen zugewiesen[3].

Im Rahmen dieses Prinzips der Arbeitsteilung ist es nach der Verfassung der DDR[4] den gesetzgebenden Organen gestattet, für die Gerichte verbindliche Auslegungsregeln aufzustellen[5]. Nach der marxistisch-leninistischen Auffassung vom dynamischen Wesen des Rechts ist der Gesetzgeber ferner nicht nur bei tiefgreifenden Veränderungen, sondern permanent aufgerufen, gesetzgeberisch tätig zu werden. Schon hiernach wird einerseits erkennbar, daß eine strikte Trennung des Gesetzgebers von dem von ihm erlassenen Gesetz zu irgendeiner Zeit nicht eintritt, andererseits, daß eine strikte Trennung zwischen legislativen und rechtsprechenden Organen nicht gewollt ist.

Die enge Verbindung zwischen Gesetzgeber und Gesetz wird von der Auslegungstheorie der DDR auch bei der Inhaltsbestimmung der Rechtsnormen berücksichtigt. Nach der sozialistischen Auslegungstheorie tritt ein Inhaltswandel der Rechtsnormen nicht dadurch ein, daß, wie es die bürgerliche objektiv-teleologische Theorie annimmt, sich das Gesetz von seinem Urheber löst und eine eigene Entwicklung durchmacht; der Inhalt der Rechtsnormen entwickelt sich vielmehr analog der objektiven, gesetzmäßig verlaufenden gesellschaftlichen Entwicklung. Die Staatsorgane, die auf diese gesellschaftliche Entwicklung fördernd und leitend Einfluß nehmen, bestehen in einem sozialistischen Staat aus Funktionären der Partei, die als Vorhut der Arbeiterklasse zur Einsicht in die gesetzmäßig verlaufende Entwicklung berufen ist[6]. Für die Erkenntnis des Inhalts einer Rechtsnorm ist der Richter aber, wie bereits dargestellt[7], auf die in den Beschlüssen der Partei getroffenen Analysen angewiesen[8]. Zieht man zusätzlich in Betracht, daß die Partei in den gesetzgebenden Organen jederzeit ihren Willen durch-

---

[3] *Homann*, NJ 1969, S. 449, 453.

[4] So insbesondere Art. 71 Abs. 3 der Verfassung von 1968, siehe aber auch Art. 49 Abs. 1 und 3, 61 Abs. 1, 93 Abs. 3.

[5] Vgl. oben § 1 V 1.

[6] Vgl. Art. 1 der Verfassung der DDR.

[7] Vgl. oben § 3 I.

[8] *Sorgenicht*, NJ 1969, S. 291.

setzen kann, wird auch an dieser Erscheinung deutlich, daß die Voraussetzungen für eine Trennung des Gesetzes vom Gesetzgeber nicht vorliegen.

Die durch die Gerichte der DDR getroffenen Auslegungen sind folglich zwar insofern teleologisch, als sie die gesellschaftlich geforderten Ergebnisse anzustreben haben. Da aber die Gerichte bei ihrer Auslegung die Maßstäbe von anderen leitenden Partei- und Staatsorganen beziehen, fehlt es an der Voraussetzung einer nur dem Richter übertragenen immanenten Gesetzesdeutung und damit an der Voraussetzung der objektiv-teleologischen Auslegungstheorie.

Aus der dargestellten Auslegungstheorie ist jedoch nicht zu folgern, daß es sich bei den sozialistischen Gerichten um Organe handelt, die ausschließlich durch Weisungen der Partei- und Staatsorgane geleitet werden und lediglich „Befehlsempfänger der Partei" sind[9]. Die auch in der DDR verfassungsrechtlich garantierte richterliche Unabhängigkeit[10] unterscheidet sich in ihrem Charakter zwar grundlegend von der richterlichen Unabhängigkeit, wie sie im bürgerlichen System gefordert oder praktiziert wird und erscheint gegenüber dieser eingeschränkt[11].

---

[9] *Lehmann - Weber*, NJ 1969, S. 608.

[10] Art. 96 Abs. 1 der Verfassung von 1968 lautet: „Die Richter, Schöffen und Mitglieder der gesellschaftlichen Gerichte sind in ihrer Rechtsprechung unabhängig. Sie sind nur an die Verfassung, die Gesetze und anderen Rechtsvorschriften der DDR gebunden." Hierdurch soll gewährleistet werden, daß niemand in den Prozeß der Rechtsfindung durch das Gericht eingreifen kann, daß sich die Richter durch die eigene Analyse des Falles und seiner objektiven und subjektiven Umstände sowie seine rechtiche Würdigung die Grundlage für eine gerechte Entscheidung erarbeiten. (Autorenkollektiv, Verfassung, II, S. 458). Darüberhinaus wird ein Merkmal der Unabhängigkeit darin gesehen, daß die Leitung der Gerichte durch Gerichte erfolgt, daß allein übergeordnete Gerichte befugt sind, gerichtliche Entscheidungen aufzuheben oder zu korrigieren. (Autorenkollektiv, aaO, S. 459).

[11] Nach der in der DDR vertretenen Auffassung setzt die Unabhängigkeit der Richter in ihrer Rechtsprechung ein enges Vertrauensverhältnis zwischen denen, die die Rechtsprechung ausüben, und dem werktätigen Volk voraus. (Autorenkollektiv, aaO, S. 459). Daher werden die Richter in der DDR durch die Volksvertretungen gewählt (§ 51 GVG). Ihre Amtszeit beträgt 4 Jahre. Auf Vorschlag des Ministers für Justiz kann ein Richter durch das Volksvertretungsorgan, das ihn gewählt hat, vorzeitig abberufen werden, wenn er gegen die Verfassung oder andere Gesetze verstoßen oder sonst seine Pflichten gröblich verletzt hat, wenn er rechtskräftig zu einer gerichtlichen Strafe verurteilt worden ist, oder wenn Tatsachen über sein Verhalten bekannt werden, die vor der Wahl liegen und bei Würdigung aller Umstände einer weiteren Ausübung seiner Tätigkeit entgegenstehen (§ 57 GVG). Zu den Pflichten des Richters gehört, das sie „ihr hohes Amt auf der Grundlage der Verfassung und der Gesetze nach bestem Wissen und Gewissen zum Wohle des werktätigen Volkes und ihres sozialistischen Staates" ausüben, daß sie sich „gerecht und unparteiisch gegenüber jedermann" verhalten, „sich stets und überall des mit ihrer Wahl ausgesprochenen Vertrauens würdig" erweisen und „sich eng mit den Werktätigen (zu) verbinden, sich aufmerksam und feinfühlig zu den Vorschlägen und Sorgen der Werktätigen

Damit ist aber die Bedeutung der richterlichen Funktion in der DDR nicht aufgehoben. Die Einflußnahme der Partei- und Staatsorgane entspricht der Auffassung, daß die Rechtspflege als Teil der einheitlichen Leitung des Staates eine politisch bestimmte Tätigkeit darstellt und der Richter als politischer Funktionär einer politischen Anleitung übergeordneter politischer Organe ausgesetzt sein muß[12].

Die speziellen Auslegungsmethoden, die in der Rechtswissenschaft der DDR entwickelt wurden, unterscheiden sich von den im bürgerlichen Rechtssystem verwendeten nicht wesentlich. Allein die Methode des dialektischen Materialismus und ihr Verhältnis zu den speziellen Auslegungsmethoden erscheint geeignet, der Behauptung von der Bedingtheit der Methoden vom Inhalt des Rechts und damit dem Anspruch der sozialistischen Rechtswissenschaft auf Abgrenzung der Methoden der Rechtsfindung von denen des bürgerlichen Systems zu genügen. Ruft man sich in Erinnerung, daß die Dialektik vom Zusammenhang aller gesellschaftlichen Erscheinungen ausgeht und eine prozeßhafte erkennbare Entwicklung der gesellschaftlichen Verhältnisse annimmt, zwingt die Bejahung dieser Voraussetzung zu der Schlußfolgerung, daß die richtige Erkenntnis der gesellschaftlichen Zusammenhänge den Richter befähigt, die Norm präzise entsprechend diesen Verhältnissen und den jeweiligen aktuellen Bedürfnissen anzuwenden. Auf dieser Grundlage ist es auch legitim, für diese Erkenntnis und damit für die Auslegung der Rechtsnormen politische Entscheidungen entsprechend der jeweiligen politischen Linie in der je gegebenen Situation heranzuziehen. Durch die so verstandene Anwendung der dialektisch-materialistischen Methode bei der Auslegung erscheint die von der Rechtswissenschaft der DDR der bürgerlichen objektiv-teleologischen Methode vorgeworfene subjektivistische Willkür des Richters gebannt: ist doch der Richter bei der Auslegung einer Norm an „außergesetzliche“, aber unverschleierte, erkennbare und verbindliche Maßstäbe gebunden.

§ 5. Ergebnis

Die Untersuchung der in der Rechtswissenschaft der DDR entwickelten Auslegungstheorien und der von den Gerichten für anwendbar ge-

---

(zu) verhalten und aktiv am gesellschaftlichen Leben“ teilnehmen, daß sie „tief in die Gesetzmäßigkeit der gesellschaftlichen Entwicklung ein(zu)-dringen und die Grundfragen der Politik der DDR (zu) beherrschen; ...“ (§ 46 GVG). „Richter kann nur sein, wer dem Volk und seinem sozialistischen Staat treu ergeben ist und über ein hohes Maß an Wissen und Lebenserfahrung, an menschlicher Reife und Charakterfestigkeit verfügt.“ (Art. 94 Abs. 1 der Verfassung).

[12] *Toeplitz*, NJ 1969, S. 586.

haltenen Auslegungsmethoden ergibt, daß dem Richter der DDR ein theoretisches Instrumentarium zur Rechtfertigung einer Abweichung vom Gesetzeswortlaut und damit zur Durchbrechung der sozialistischen Gesetzlichkeit nicht an die Hand gegeben ist. Die Arbeiten von Schönrath und Szabó kommen zu dem Ergebnis, daß die Auslegung nicht als ein Instrument der Rechtsetzung verwendet werden darf. Soweit die Gerichte der DDR zu Methodenproblemen Stellung bezogen haben, hat sich nach einigen Schwankungen die Ansicht durchgesetzt, daß Abweichungen vom Wortlaut des Gesetzes mit dem Hinweis auf ökonomische Kategorien oder die gesellschaftlichen Erfordernisse unzulässig sind. Unter dem Gesichtspunkt der Bindung des Richters an das Gesetz können die Auslegungsmethoden und die für zulässig gehaltenen Ergebnisse von Auslegungen für die bürgerliche Rechtswissenschaft kein Gegenstand der Kritik sein.

Das Bemühen, Auslegungen entgegen dem Wortlaut des Gesetzes und damit unkontrollierte, subjektivistische Rechtsetzungstätigkeit des einzelnen Richters theoretisch auszuschließen, veranlaßt die Rechtstheoretiker der DDR wie auch die Gerichte, der Auseinandersetzung mit denjenigen Erscheinungen des Rechtsanwendungsprozesses auszuweichen, die — wie bei der Lückenfüllung und dem Analogieschluß — notwendig eine rechtsbildende Tätigkeit des Richters darstellen. Hieraus ist es zu erklären, daß Rechtswissenschaft und Gerichte der DDR es versäumen, für die insoweit rechtsbildende Tätigkeit des Richters diesem Kriterien an die Hand zu geben, die eine Nachprüfung der Rechtsanwendung und Auslegung unter dem Gesichtspunkt der sozialistischen Gesetzlichkeit ermöglichen würden.

Zweites Kapitel

Praxis der Zivil- und Arbeitsgerichte

Nach der Darstellung der Auslegungsteorie, wie sie insbesondere von der Praxis der DDR im Rahmen der sozialistischen Rechtsordnung entwickelt wurde, soll im folgenden die Rechtsprechung der Gerichte zu einigen Problemkreisen untersucht werden, die methodologische Aufschlüsse erwarten lassen. Dabei hat die Frage der von der Auslegungstheorie geforderten Unterordnung des Richters unter das Gesetz besondere Berücksichtigung zu finden.

Einleitend soll die Haltung des OG zur Rechtsprechung unterer Gerichte betrachtet werden, soweit sie sich auf Billigkeitserwägungen stützt.

§ 6. Billigkeitsrechtsprechung

Die frühere Rechtsprechung der unteren Gerichte der DDR weist Entscheidungen auf, die eindeutig als Billigkeitsentscheidungen ausgewiesen und ausschließlich auf die Grundsätze von Treu und Glauben gestützt sind[1].

Diese relativ frühen Entscheidungen dürften für die heutige Situation nur noch mit Einschränkungen maßgebend sein. Wenn die vorliegende Darstellung auf die Entscheidungen dennoch nicht verzichtet, so deshalb, weil sie, aus einer Zeit stammend, in der die zu schaffende Gesellschaftsordnung noch nicht stabilisiert war, deutlich machen können, wie sich das Verständnis für die speziellen Probleme der Rechtsanwendung in dieser Gesellschaft allmählich herausgebildet hat.

Zu Billigkeitsentscheidungen haben sich die unteren Gerichte einmal dann veranlaßt gesehen, wenn die zivilrechtlichen Bestimmungen eine für den Einzelfall gerecht erscheinende Lösung nicht vorsahen, so etwa bei erbrechtlichen Auseinandersetzungen, die bei Anwendung der Vorschriften des BGB zur Zerstörung einer Sacheinheit geführt hätten[2]. Anlässe für Billigkeitsentscheidungen boten aber vor allem die Rechtsverhältnisse, die durch den Krieg oder den Zusammenbruch betroffen

---

[1] Vgl. die Berichte bei *Heinrich*, NJ 1951, S. 264 ff. und S. 501 ff.; *Posch*, NJ 1954, S. 12; *Artzt*, NJ 1956, S. 581, 584 f.; *Benjamin*, NJ 1951, S. 153.

[2] Siehe Urt. des OLG Dresden, zitiert bei *Heinrich*, NJ 1951, S. 264.

waren; die Gerichte hielten es für billig, die Partei, die bei Anwendung der für friedliche Zeiten zugeschnittenen BGB-Bestimmungen zufällig die Gefahr zu tragen gehabt hätte, zu entlasten und den Schaden gleichmäßig auf beide Parteien zu verteilen.

Angesichts der Ungerechtigkeit der bestehenden gesetzlichen Regelung konnten sich die Gerichte in diesen Fällen nicht auf eine Aussetzung des Verfahrens mit der Begründung zurückziehen, daß eine Lücke im Gesetz vorliege und eine gesetzgeberische Initiative abgewartet werden müsse. Die Befugnis zur Aussetzung des Verfahrens mit dem Ziel, eine gerechte Regelung durch den Gesetzgeber abwarten zu wollen, steht auch den Gerichten der DDR nicht zu[3].

Ein Beispiel für diese Billigkeitsrechtsprechung bietet ein Urteil des OLG Potsdam aus dem Jahre 1951[4]. Das Gericht hatte einen Rechtsstreit zu entscheiden, in dem eine aus der Zeit vor dem Zusammenbruch herrührende Kaufpreisforderung eingeklagt wurde, zu deren Deckung der Schuldner dem Gläubiger Mitte April 1945 einen Barscheck gegeben hatte, den dieser zunächst wegen des militärischen Zusammenbruchs und dann infolge der allgemeinen Kontensperre nicht einlösen konnte. Das OLG führt dazu aus, daß die Folgen des Zusammenbruchs nicht einer Vertragspartei allein aufgebürdet werden dürften, sondern vielmehr von allen Betroffenen gleichmäßig getragen werden müßten. Daher wäre es grob unbillig, den Beklagten zur Zahlung der vollen Summe zu verurteilen; ebenso würde es aber gegen die Gerechtigkeit verstoßen, wenn der Kläger ganz leer ausginge. Als einzige Möglichkeit, einen der Gerechtigkeit entsprechenden billigen Ausgleich zu schaffen, komme nur die Anwendung des im § 242 BGB ausgedrückten allgemeinen Rechtsgrundsatzes von Treu und Glauben in Betracht; danach stehe dem Kläger nur die Hälfte der Kaufpreisforderung zu.

Diese Billigkeitsrechtsprechung ist insbesondere von Heinrich, Oberrichter beim OG, angegriffen worden[5]. Er rügt, daß durch derartige Urteile die Gesetzlichkeit aufgeweicht werde und das Gericht Gefahr laufe, Willkür an die Stelle des Rechts zu setzen. Die sozialistische Gesetzlichkeit verlange vom Richter eine klare Entscheidung auf gesetzlicher Grundlage[6]. Allgemeine und dehnbare Klauseln wie § 242 BGB dürfe der Richter nur in ganz konkreter und in jedem Falle zu begründender Beziehung auf die sich aus den Gesetzen des neuen Staates ergebende antifaschistisch-demokratische Rechtsordnung anwenden[7].

[3] *Nathan*, NJ 1950, S. 301.

[4] Zitiert bei *Heinrich*, NJ 1951, S. 501.

[5] NJ 1951, S. 264 und 501; ebenso *Benjamin*, NJ 1951, S. 150.

[6] *Posch*, NJ 1954, S. 12; *Artzt*, NJ 1956, S. 584.

[7] *Heinrich*, NJ 1951, S. 501.

Eines der oben[8] erwähnten Urteile, mit denen das OG die mit der historischen Auslegungsmethode erzielbaren Ergebnisse abgelehnt hat, erging in einem Rechtsstreit, der eine sogenannte Ruinenhypothek betraf[9]. Hypothekengläubiger hatten, gestützt auf §§ 1113, 1147 BGB, gegen Hypothekenschuldner geklagt, deren Grundstücke durch Kriegseinwirkungen mehr oder weniger zerstört waren. Die unteren Gerichte hatten in diesen Fällen Zahlungsaufschub gewährt oder die Hypothekenforderungen und -zinsen von sich aus herabgesetzt, indem sie sich auf allgemeine Billigkeitserwägungen, auf Treu und Glauben oder auf den Wegfall der Geschäftsgrundlage beriefen[10].

Die aus Billigkeitserwägungen erfolgte gerichtliche Herabsetzung der Forderungen von Hypothekengläubigern wurde im Schrifttum mit der Begründung unterstützt, daß eine solche Herabsetzung einer zu erwartenden gesetzlichen Regelung nahekäme. Deshalb sei eine Rechtsprechung unbedenklich, die im Hinblick auf die bestehende Ungewißheit über den Erfolg der legislatorischen Bemühungen einer Regelung vorgreife[11]. Bedenken hinsichtlich der fehlenden gesetzlichen Grundlage seien als Gesetzespositivismus abzulehnen[12].

Um Billigkeitsentscheidungen nicht nur auf Treu und Glauben stützen zu müssen, schlossen sich einige Gerichte[13] einer im Schrifttum entwickelten Konstruktion an, die darauf abstellt, die Frage der Ruinenhypotheken aus dem Wesen der Grundpfandrechte zu lösen[14]. Die Einräumung einer Hypothek diene nicht primär der Sicherung eines Darlehens, sondern stelle in Wahrheit einen Kaufvertrag dar über das Recht auf Aneignung bzw. Bezug einer Grundrente. Der Hypothekengläubiger sei daher neben dem juristischen Eigentümer der ökonomische Eigentümer des Grundstücks[15], so daß es gerechtfertigt sei, daß Hypothekengläubiger und Eigentümer juristisch ein gleiches Schicksal zu teilen hätten. Sollte eine „Leistung aus dem Grundstück" wegen Zerstörung desselben nicht möglich sein, so ergebe sich aus dem Wesen der Grundpfandrechte, daß dem persönlichen wie dem dinglichen Schuldner ein zumindest zeitweiliges Leistungsverweigerungsrecht ge-

---

[8] Vgl. oben 1. Kapitel, § 3 II.

[9] OGE 2, 215 = NJ 1953, S. 654.

[10] AG Leipzig, Urt. v. 11. 6. 1949, NJ 1950, S. 317; LG Dresden, Urt. v. 5. 10. 1949, NJ 1950, S. 317; OLG Dresden, Beschl. v. 5. 6. 1950, NJ 1950, S. 319.

[11] *Nathan*, NJ 1950, S. 302.

[12] Diese hatte *Grimm* vorgebracht, NJ 1950, S. 302.

[13] So das BG in seiner vom OG aufgehobenen Entscheidung, zitiert im Urteil des OG, OGE 2, 215, 218.

[14] *Gähler*, NJ 1952, S. 385.

[15] Ähnlich Autorenkollektiv, Wesen der Grundpfandrechte, NJ 1951, S. 351.

mäß § 202 Abs. 1 BGB zustünde[16]. Mit dieser Begründung könnten die Gerichte befriedigende Ergebnisse erzielen, ohne sich auf die Grundsätze von Treu und Glauben berufen zu müssen, und sie brauchten eine gesetzgeberische Regelung nicht abzuwarten.

Diese Begründung ist vom OG dahin kritisiert worden, daß das Wesen des Grundpfandrechts als Sicherungsrecht nicht zutreffend erkannt worden sei[17].

Diese Kritik wird vom OG jedoch nicht primär, sondern nur zur Unterstützung herangezogen; vor allem werde durch den vorgeschlagenen Weg ebenso wie bei Billigkeitsentscheidungen die Gesetzlichkeit im Sinne der strikten Einhaltung der Gesetze verletzt, da mit ökonomisch-gesellschaftlichen Erwägungen ein dem klaren Gesetzeswortlaut widersprechendes Ergebnis begründet werde[18]. Selbst dann, wenn die Vorentscheidung von einer zutreffenden Analyse des Wesens der Grundpfandrechte ausgegangen wäre, hätten diese wissenschaftlichen Erkenntnisse und Untersuchungen die Nichtanwendung eines geltenden Gesetzes nicht rechtfertigen können[19].

Welche Bedeutung das OG der Wahrung der sozialistischen Gesetzlichkeit beimißt und daß es Billigkeitsentscheidungen ausschließen will, wird daran deutlich, daß es sich auf das „formale" Argument der strikten Einhaltung der Gesetze beruft, obwohl die Entscheidung auch durch Argumente hätte widerlegt werden können, die den Rahmen einer Erörterung von Sinn und Berechtigung der §§ 1113 ff. BGB nicht verlassen hätten. Um zu widerlegen, daß die Vorentscheidung der Billigkeit entspreche, hätte das OG eine im Schrifttum vertretene Ansicht[20] heranziehen können; danach sei es nicht zu rechtfertigen, den Schuldner eines gesicherten Darlehens wegen des Verlustes der von ihm gegebenen Sicherung von der persönlichen Schuld wie von der dinglichen Haftung zu befreien, nicht dagegen den Schuldner eines ungesicherten Darlehens, der sein Vermögen durch Kriegseinwirkungen ebenfalls eingebüßt hat. Eine andere Entscheidung würde den umsichtigen Gläubiger gegenüber dem Gläubiger einer ungesicherten Schuld benachteiligen.

§ 7. Verfassungskonforme Auslegung

Ähnlich wie in der Bundesrepublik Deutschland das Grundgesetz wird in der DDR die Verfassung für die Auslegung der Gesetze heran-

---

16 *Gähler*, aaO.

17 OGE 2, 215; ebenso *Kleine*, NJ 1953, S. 321.

18 *Grimm*, NJ 1950, S. 303; *Kleine*, NJ 1953, S. 322.

19 Ebenso OGE 5, 88, 90.

20 *Nathan*, NJ 1950, S. 301.

gezogen. Dies hat besondere Bedeutung für die von Gerichten zu treffende Bestimmung des neuen Inhalts vorkonstitutioneller sanktionierter Gesetze.

Gesetze, die aus der Zeit vor dem 8. Mai 1945 stammen, gelten zwar, soweit sie nicht typisch nationalsozialistischen Inhalt haben, als vom Staat übernommen und sanktioniert; die Weitergeltung dieser Gesetze ist jedoch insoweit eingeschränkt, als die Normen, die der Verfassung entgegenstehen, als aufgehoben anzusehen sind und weitergeltende im Sinne der Verfassung ausgelegt werden müssen, Art. 144 der Verfassung[1]. Die Verfassung ist insoweit unmittelbar geltendes Recht[2]. Das Prüfungsrecht darüber, ob und inwieweit einzelne Normen der übernommenen Gesetze der Verfassung entgegenstehen, ist den Gerichten eingeräumt[3].

Die sich aus der Verfassung ergebenden Grundsätze werden auch auf die vor Inkrafttreten der Verfassung begründeten Rechtsverhältnisse angewendet. Diese rückwirkende Anwendung wird darauf gestützt, daß die in der Verfassung niedergelegten Grundsätze[4] ihre Rechtswirkung nicht erst mit der Inkraftsetzung der Verfassung entfaltet hätten, sondern unmittelbarer Ausdruck eines neuen gesellschaftlichen Bewußtseins seien, das sich bereits mit dem Beginn des demokratischen Aufbaus nach dem Zusammenbruch gebildet habe[5].

Durch „verfassungskonforme Auslegung" der sachenrechtlichen Bestimmungen des sanktionierten BGB kommen Rechtsprechung und Lehre der DDR zu einer gegenüber der bürgerlichen Auffassung starken Einschränkung subjektiver Rechte, die mit dem Eigentum an einer Sache verbunden sind. Diese Auslegung wird insbesondere auf Art. 24 Abs. 1 der Verfassung von 1949 gestützt:

„Eigentum verpflichtet. Sein Gebrauch darf dem Gemeinwohl nicht zuwiderlaufen[6]."

---

[1] Vom 7. 10. 1949.

[2] *Dornberger*, Allg. Teil, S. 95.

[3] OGE 1, 68, 70; *Benjamin*, NJ 1951, S. 152. In der Verfassung von 1968 ist eine Art. 144 der Verfassung von 1949 entsprechende Bestimmung nicht aufgenommen worden. In Art. 89 Abs. 3 heißt es: „Rechtsvorschriften dürfen der Verfassung nicht widersprechen. Über Zweifel an der Verfassungsmäßigkeit von Rechtsvorschriften des Ministerrates und anderer staatlicher Organe entscheidet der Staatsrat."

Für eine Regelung der Geltung alter Gesetze und die Prüfungszuständigkeit bestand 1968 aufgrund der durch die Rechtsprechung bereits geschaffenen eindeutigen Rechtslage kein Bedürfnis.

[4] Das Urteil bezieht sich auf die Bestimmungen über das Eigentum, Art. 24, 26 und 144 der Verfassung.

[5] OGE 1, 164.

[6] In der Verfassung von 1968 Art. 11 Abs. 3: „Der Gebrauch des Eigentums sowie von Urheber- und Erfinderrechten darf den Interessen der Gesellschaft nicht zuwiderlaufen."

Unter Hinweis auf diese Bestimmung kassierte das OG[7] Urteile unterer Gerichte, welche die begehrte Verurteilung zur Einräumung eines Notwegrechts mit der Begründung zurückgewiesen hatten, daß nicht die beklagte Partei, sondern gemäß § 918 Abs. 2 BGB der Veräußerer des Grundstücks zur Einräumung des Notwegs verpflichtet sei. Das OG führt zur Begründung aus, daß die nachbarrechtlichen Bestimmungen des BGB nicht in formaler Weise entsprechend der dem BGB zugrundeliegenden Rechtsanschauung über ein in seiner Herrschaft über die Sache grundsätzlich unbeschränktes Eigentum angewendet werden dürften; die Bestimmungen müßten vielmehr nach ihrem neuen Inhalt, den sie insbesondere durch die Eigentumsbestimmungen der Verfassung erhalten hätten, ausgelegt werden. Da der Gebrauch des Eigentums dem Gemeinwohl nicht zuwiderlaufen dürfe, müßten auch im Falle des § 917 BGB volkswirtschaftliche Belange insoweit Beachtung finden, als das Notwegrecht mit den Erfordernissen der landwirtschaftlichen Bodennutzung[8] und der erstrebten Beseitigung des Wohnungsmangels in Übereinstimmung zu bringen sei.

Demzufolge werde der beklagten Partei durch die Verurteilung zur Einräumung eines Notweges auch dann, wenn bei formaler Betrachtung die Rechte auf § 917 BGB nicht gegeben seien, nichts zugemutet, was über die Grenzen ihrer nachbarrechtlichen Verpflichtungen im Sinne der geltenden Gesellschafts- und Rechtsordnung hinausgehe[9].

Aus den Verfassungsbestimmungen zum Eigentum wird im Schrifttum auch gefolgert, daß ein Grundeigentümer heute nicht mehr unter Berufung auf § 910 BGB Wurzeln oder Zweige eines Obstbaumes des Nachbargrundstückes abschneiden darf, da die Vernichtung landwirtschaftlicher Produktion der Verfassung grundsätzlich widerspreche[10].

Selbst das in § 928 BGB geregelte Recht auf Eigentumsaufgabe an Grundbesitz soll dann eingeschränkt sein, wenn mit dem Eigentumsverzicht die Minderung des Ablieferungssolls angestrebt wird; eine uneingeschränkte Anwendung könnte die Wirtschaftspläne durchkreuzen und die Versorgung gefährden[11].

Die Bestimmung, daß der Gebrauch des Eigentums dem Gemeinwohl nicht zuwiderlaufen dürfe, wirkt sich auch auf die Nutzungsrechte an einer Sache aus. So hat das OG in einem Kassationsurteil entschieden, daß Art. 24 der Verfassung den Vermieter einer Wohnung verpflichte,

---

[7] OGE 2, 111.

[8] So in einem ähnlich gelagerten Fall auch LG Cottbus, Urt. v. 2. 5. 1951, und Anmerkung von *Artzt*, NJ 1952, S. 133.

[9] OGE 2, 114.

[10] *Berger*, NJ 1950, S. 207.

[11] *Berger*, aaO.

aus seinem Eigentum nur im angemessenen Rahmen Nutzen zu ziehen und nicht übermäßigen Gewinn herauszuschlagen[12]. Ein Vermieter handele dann unsittlich mit der Rechtsfolge der Nichtigkeit der Mietpreisabrede, wenn er nicht die „Grenzen des Anständigen und allgemein als gerecht empfundenen Gebrauchs" einhalte[13].

Die Bestimmungen der Verfassung über das Eigentum werden von den Gerichten nicht nur zur Normenauslegung, sondern auch zur Inhaltsbestimmung von Rechtsverhältnissen herangezogen, die auf Vertrag beruhen.

So folgert das OG aus diesen Verfassungsbestimmungen, daß bei Veräußerungsverträgen im Zweifel nur eine für den Schuldner tragbare Verpflichtung als vereinbart anzunehmen sei, denn sonst würde die Übertragung der Pflichten auf den Schuldner ihrem Wesen und Umfange nach einen verfassungswidrigen, die Interessen der Gesellschaft mißachtenden Gebrauch in Form der Veräußerung des Eigentums bedeuten[14]. Mit dieser Begründung hat das OG die Herabsetzung von Verpflichtungen aus einem Altenteilsvertrag für zulässig gehalten, wenn sich das Vermögen des Verpflichteten etwa dadurch vermindert, daß er das vom Altenteilsberechtigten übernommene Land in eine LPG einbringt[15].

Zweifellos sind die hier dargestellten Urteile ein Beispiel dafür, wie bestimmte historische Situationen (Versorgungsnot) unmittelbar in die Rechtsprechung einfließen.

Die von der Rechtsprechung vorgenommene Beschränkung subjektiver Rechte und die Bestimmung des Inhalts des Eigentums in einer sozialistischen Rechtsordnung stützt sich auf eine Verfassungsbestimmung, die ihrem Wortlaut nach von den verfassungsrechtlichen Eigentumsbestimmungen bürgerlicher Systeme nicht grundlegend abweicht, da auch diese eine soziale Bindung des Eigentums an das Gemeinwohl anerkennen[16]. Der Umfang der Eigentumsbeschränkung ist folglich

---

[12] OGE 1, 19; ähnlich OGE 1, 164.

[13] OGE 1, 20.

[14] OGE 3, 289, 291 f. Die Formulierung des Leitsatzes: „Der in den §§ 157, 242 BGB ausgesprochene Grundsatz, Verträge nach Treu und Glauben auszulegen und die auf ihnen beruhenden Verpflichtungen hiernach zu bemessen, enthält auch die Regel, im Zweifel nur eine für den Schuldner tragbare Verpflichtung als vereinbart anzusehen." kritisiert *Artzt* als zu breit gefaßt und damit als nicht notwendig und nicht ungefährlich, NJ 1956, S. 710, 714.

[15] Das OG ist damit der Ansicht des KrG entgegengetreten, daß ein solcher Altenteilvertrag gem. § 138 BGB nichtig sei, weil seine Erfüllung die LPG belaste, ihre Entwicklung hemme und daher den Aufbau des Sozialismus auf dem Dorfe schade, zitiert in OGE 3, 289, 291.

[16] Vgl. Art. 153 Abs. 3 Weimarer Reichsverfassung und Art. 14 Abs. 2 Grundgesetz.

nicht von dem Wortlaut der entsprechenden Verfassungsbestimmung abhängig, sondern von der Konkretisierung der in die Verfassung aufgenommenen wertbezogenen Begriffe durch die Gerichte, die in der DDR die Eigentumsordnung entsprechend den Absichten der staatlichen Führung „revolutionierte".

Damit erweist sich die Heranziehung verfassungsrechtlicher Bestimmungen als Mittel zur Begründung von Entscheidungen, die die neue politische Ordnung, der auch die Gerichte unterstehen, erfordert.

Dieses Vorgehen spiegelt sich auch in folgenden Fall wider:

Unter Berufung auf die Verfassung ist eine Abänderungsklage als unbegründet zurückgewiesen worden, mit der ein in Westdeutschland lebendes nichteheliches Kind unter Hinweis auf die gestiegenen Lebenshaltungskosten einen höheren Unterhalt von seinem in der DDR lebenden Vater verlangt hatte[17].

Das OG stützt sich auf Art. 3 Abs. 6 der Verfassung[18], der folgendermaßen lautet:

„Die Staatsgewalt muß dem Wohl des Volkes, der Freiheit, dem Frieden und dem demokratischen Fortschritt dienen."

Der in der DDR lebende Vater dürfe durch ein Urteil nicht gezwungen werden, die unheilvolle politische Entwicklung in der Bundesrepublik zu unterstützen. Die allgemeinen Preissteigerungen seien nichts anderes als die Abwälzung der Ausgaben für die von der Regierung Adenauer im Widerspruch mit dem Willen und den Lebensinteressen des gesamten deutschen Volkes betriebene militärische Wiederaufrüstung auf die werktätige Bevölkerung. Daher würde es Art. 3 der Verfassung widersprechen, wenn der Beklagte gezwungen würde, durch erhöhte Unterhaltszahlungen indirekt zu den Kosten der Remilitarisierung Westdeutschlands beizutragen.

§ 8. Auslegungspraxis zu § 138 BGB als Beispiel für die Ausfüllung von Generalklauseln

I. Neugestaltung subjektiver Rechte in der DDR

Die Vorschrift des § 138 Abs. 1 BGB, die bestimmt, daß Rechtsgeschäfte, die gegen die guten Sitten verstoßen, nichtig sind, ist wegen ihres Charakters als ausfüllungsbedürftige Generalklausel in besonderer Weise geeignet, den Wandel der Gesellschaftsordnung in der Rechtsanwendung unmittelbar zum Tragen zu bringen.

---

[17] OG, Urt. v. 11. 9. 1952, NJ 1952, S. 489.

[18] Von 1949.

Ob aus diesem Grund der Anwendungsbereich dieser Bestimmung in einer sozialistischen Rechtsordnung — ebenso wie in der fortschreitenden Entwicklung des bürgerlichen Rechtssystems[1] — erheblich ausgedehnt wird, kann nach dem vorliegenden Material nicht exakt beantwortet werden. Die hier untersuchten Urteile datieren fast ausschließlich aus den frühen 50er Jahren. Jedoch läßt sich daraus, daß veröffentlichte Urteile jüngeren Datums mit auf § 138 Abs. 1 BGB gestützten Entscheidungsgründen selten sind oder ganz fehlen, nicht unbedingt ein Indiz gegen eine steigende Bedeutung dieser Generalklausel herleiten, spiegelt doch — wie oben dargestellt[2] — die Veröffentlichung von Urteilen wie das Fehlen solcher Veröffentlichung die in der DDR anzutreffende Rechtswirklichkeit nur begrenzt wider.

Eine Bestimmung wie § 138 Abs. 1 BGB erfährt in einer sozialistischen Rechtsordnung eine grundsätzlich andere Bewertung. Anders als das im Liberalismus konzipierte will das sozialistische Recht nicht vorwiegend abdingbare Regelungen für Rechtsverhältnisse treffen und nicht nur ausnahmsweise wegen besonderer Sicherungsansprüche der Öffentlichkeit der Privatautonomie Grenzen setzen. Das sozialistische Recht hat vielmehr die Funktion, die gesellschaftliche Entwicklung in Richtung auf den Sozialismus und Kommunismus zu fördern, ohne einen Interessenausgleich im Sinne einer Friedensordnung in den Vordergrund zu stellen.

Charakter und Funktion des sozialistischen Rechts bedingen aber darüberhinaus auch eine grundsätzlich abweichende Gestaltung der subjektiven Rechte[3]. Die subjektiven Rechte des Bürgers eines sozialistischen Staates sind nicht mehr Mittel der Selbstbehauptung, die im Gegensatz zu anderen Individualrechten stehen können; sie sind vielmehr auf die Herstellung einer neuen gesellschaftlichen Bindung gerichtet. Für so geartete subjektive Rechte kann aber nicht mehr der Grundsatz gelten, daß die wie auch immer gestaltete Rechtsausübung regelmäßig keines anderen Recht verletzt; in den subjektiven Rechten, die eine Einheit mit den gesellschaftlichen Pflichten bilden, kommt die Verantwortung der Bürger für das Ganze, die Gesellschaft, zum Ausdruck[4]. Ein Rechtsgeschäft darf demnach dem Gesetz und den Regeln des sozialistischen Gemeinschaftslebens nicht widersprechen[5].

Ist der Mensch dieserart vergesellschaftet und wird er nicht mehr als isolierter Einzelmensch gesehen, so ist die Vorstellung einer Einschrän-

[1] Nachweis bei *Konstantin Simitis*, S. 10 ff.

[2] Vgl. oben Einleitung.

[3] Für die Diskussion über die Neugestaltung des subjektiven Rechts vgl. *Markovits*, S. 80 ff.; ebenso die Darstellung bei *Hofmann*.

[4] *Haney*, aaO, S. 222, 224.

[5] *Haney*, aaO, S. 225.

kung der individuellen Rechtsausübung in Ausnahmefällen, wie sie in § 138 Abs. 1 BGB vorgesehen ist, grundsätzlich überwunden[6]. Zwar wird eingeräumt, daß es in einem sozialistischen Rechtssystem für die so gesehenen subjektiven Rechte des einzelnen auch Grenzen gibt. Der Sinn dieser Grenzziehungen wird aber darin erblickt, die Widersprüche zwischen den Anforderungen der sozialistischen Gesellschaft und dem Verhalten einzelner aufzudecken[7].

Jedoch ist ein den sozialistischen Anschauungen entsprechendes Zivilgesetzbuch in der DDR noch nicht kodifiziert und folglich hat die Auffassung von dem gewandelten Gehalt der subjektiven Rechte noch keinen gesetzgeberischen Ausdruck gefunden. So wird von Rechtsprechung und Lehre weiterhin auf die im Bürgerlichen Gesetzbuch niedergelegten Bestimmungen zurückgegriffen. Das hat zur Folge, daß die Bestimmung des § 138 Abs. 1 BGB formal wie im bürgerlichen Rechtssystem angewendet und ausgelegt wird.

II. Recht und Moral

Moral wird in der DDR[8] als eine spezifische Form des gesellschaftlichen Bewußtseins angesehen. Sie wird definiert als „Gesamtheit von geschichtlich bedingten und gewordenen Verhaltensregeln, Werten und Normen der Menschen, auf deren Grundlage sie ihre Beziehungen zueinander, zur Gesellschaft, zu einer bestimmten Klasse, zur Arbeit, zum Staat, zur Nation, zur Familie, zum Arbeitskollektiv usw. regeln und die durch persönliche Überzeugung, Tradition, Erziehung, kraft der öffentlichen Meinung der gesamten Gesellschaft oder bestimmter Klassen aufrecht erhalten werden"[9]. Es gibt keine ewigen, unveränderlichen Moralprinzipien; das jeweilige Wesen einer Moral, ihr gesellschaftlich konkreter Inhalt und ihre Funktion sind abhängig und bestimmt vom historisch konkreten gesellschaftlichen Charakter der Verhältnisse, die sie hervorbringen[10].

Die in der DDR vertretene Auffassung geht davon aus, daß beide Kategorien, Recht wie Moral, auf den Entwicklungsgesetzen der Gesellschaft gegründet und auf die Veränderung der gesellschaftlichen Verhältnisse gerichtet sind. Recht und Moral liegen nicht miteinander im Widerstreit. Während die Moral in der bürgerlichen Gesellschaft als Korrektiv der Rechtsordnung anzusehen sein soll (etwa über § 138

---

[6] *Polak*, StuR 1959, S. 1340 f.

[7] *Haney*, aaO, S. 229.

[8] Definition wie Inhaltsbestimmungen sind bei den verschiedenen Autoren nicht immer identisch. Eine tiefergehende Arbeit fehlt leider immer noch.

[9] *Haney - Wagner*, II, S. 284.

[10] *Klaus - Buhr*, 1972, II, S. 747.

BGB), sollen in einem sozialistischen Staat die Moralgrundsätze nicht mehr nur von außen an das Recht herangetragen sein; sie dienen somit nicht bloß als subjektivistisches Korrektiv der Rechtsordnung. Im Sozialismus ist Moral stets aktive Moral, dialektische Einheit von sittlicher Gesinnung und entsprechend praktisch-sittlichem Verhalten[11].

Die Einheit von Recht und Moral wird als typisch für den Sozialismus betont. So wird beispielsweise darauf hingewiesen, daß es „keinen einzigen Beschluß von Konfliktkommissionen etc. ja sogar eines staatlichen Gerichts" gebe, „welcher nicht denjenigen Gesetzmäßigkeiten unterworfen wäre, denen auch die Anwendung des moralischen Werturteils in sozialistischen Kollektiven folgt"[12].

Recht und Moral werden jedoch nicht als identisch angesehen. Nicht jede Rechtsnorm ist zugleich auch Moralnorm und nicht jede Moralnorm hat die Qualität einer Rechtsnorm. Die Verhaltensregeln des Rechts sind umfassender, detaillierter und spezifischer als die Moralnormen. Daraus folgt, daß nicht jeder Moralverstoß zugleich ein Rechtsverstoß ist und nicht jeder Eintritt bestimmter rechtlicher Folgen in jedem Falle mit einem moralischen Vorwurf zu verbinden ist. Auch sind Moralnormen nicht in gleicher Weise wie das Recht mit Hilfe staatlichen Zwanges durchsetzbar, ohne daß dieses sekundäre Unterscheidungsmerkmal — anders als im bürgerlichen Rechtskreis — als ausschlaggebend für die Charakterisierung des Verhältnisses zwischen Recht und Moral angesehen wird. Recht und Moral stehen in Wechselwirkung; sie durchdringen einander dergestalt, daß das Recht die sozialistischen Moralnormen zur Grundlage hat und durchzusetzen hilft und so zur Herausbildung und Festigung der Moralnormen beiträgt[13].

III. Sozialistische Rechtspraxis

Unter guten Sitten im Sinne des § 138 Abs. 1 BGB werden die Anschauungen der jeweils herrschenden Klasse verstanden, in der DDR demzufolge die Anschauungen der Arbeiter und Bauern und deren Verbündeten[14], d. h. die moralischen Anschauungen der Werktätigen[15]. „Gute Sitten" sind die Regeln des sozialistischen Gemeinschaftslebens und der sozialistischen Moral[16].

---

11 *Haney - Wagner*, II, S. 288, 290 f.; *Schumann - Drews*, Heft 1, S. 42 ff.

12 *Peter-Bernd Schulz*, S. 485.

13 *Haney - Wagner*, II, S. 293 ff.

14 *Dornberger*, Allg. Teil, S. 136.

15 *Nathan*, NJ 1953, S. 534.

16 *Schumann - Drews*, Heft 3, S. 47.

Hierzu wird in der Rechtsprechung ausgeführt, daß der Begriff der Sittenwidrigkeit nur aus den jeweiligen gesellschaftlichen Verhältnissen abgeleitet werden könne; er sei wie die übrigen Erscheinungen des Überbaus von dem ökonomischen Inhalt und den Zielen der jeweiligen Gesellschaftsordnung abhängig. Die maßgebenden Anschauungen der Werktätigen könnten insbesondere an den Willensbekundungen ihres Machtinstrumentes, des Staates, abgelesen werden[17].

Dementsprechend wurden von der Rechtsprechung der DDR Rechtsgeschäfte für sittenwidrig und damit nichtig erklärt, weil sie im Widerspruch zu den Interessen der Werktätigen[18] oder zu dem Ziel und den Aufgaben der antifaschistisch-demokratischen Ordnung[19] stünden, weil sie mit ihnen gegen eine gesellschaftliche Pflicht verstoßen würde[20] oder weil sie zu verbrecherischen[21] oder verbotenen Handlungen beitrügen[22].

1. Rechtsprechung zu Verträgen aus der Zeit vor 1945 (Kriegslieferungsverträge)

Einen besonderen Problemkreis bildet die Beurteilung von Rechtsgeschäften, die vor dem 8. 5. 1945 abgeschlossen wurden. Hierbei war zweifelhaft, welcher Maßstab hinsichtlich der Beurteilung der Sittenwidrigkeit dieser Rechtsgeschäfte angelegt werden sollte, wenn Gerichte der DDR über ihren Bestand zu befinden hatten. In diesem Problemkreis ist die Frage eingebettet, wie sogenannte Kriegslieferungsverträge zu behandeln sind.

Die Gerichte hatten Fälle zu beurteilen, in denen geklagt wurde aus Lieferung von Kriegsmaterial[23], aus Ansprüchen wegen der Erstellung von Luftschutzbauten[24], auf Rückerstattung von an Arbeiter in Flugzeugfabriken gezahlten Löhnen[25], aus Lieferung von Lebensmitteln an die Wehrmacht[26], sowie bei Ansprüchen aus Darlehen zur Durchführung von Rüstungsaufträgen[27]. Die entscheidenden Gerichte haben alle diese Verträge als sittenwidrig im Sinne von § 138 Abs. 1 BGB und

---

[17] KG-Ost, Urt. v. 24. 4. 1951, NJ 1952, S. 35.
[18] *Nathan,* NJ 1953, S. 534; *Dornberger,* Allg. Teil, S. 136.
[19] KG-Ost, NJ 1952, S. 35.
[20] OGE 2, 52, 67.
[21] KG-Ost, NJ 1952, S. 327.
[22] BG Potsdam, Urt. v. 28. 11. 1952, NJ 1953, S. 342.
[23] OGE 1, 51.
[24] OGE 1, 268.
[25] OGE 1, 100.
[26] KG-Ost, NJ 1952, S. 327.
[27] OGE 1, 54.

zugleich als gegen ein Gesetz verstoßend gemäß § 134 BGB als nichtig behandelt.

Den Urteilen ging eine Kontroverse im Schrifttum voran, die von Prothmann und Melsheimer geführt wurde[28]. Die Rechtsprechung hat sich den Argumenten Melsheimers angeschlossen und zur Begründung ihrer Urteile weitgehend auf ihn verwiesen.

Prothmann hatte auf dem Boden der früheren bürgerlichen Rechtslehre die Sittenwidrigkeit und damit die Nichtigkeit der Kriegslieferungsverträge mit der Begründung abgelehnt, die Sittenwidrigkeit eines Rechtsgeschäfts sei nach den tatsächlichen, rechtlichen und sittlichen Verhältnissen zu beurteilen, die zur Zeit seines Abschlusses herrschten, nicht aber nach denjenigen, die zur Zeit der Geltendmachung des Anspruchs oder der Entscheidung maßgebend sind. Die Voraussetzungen des § 138 Abs. 1 BGB seien zwar auch dann zu bejahen, wenn die Parteien nicht wissen, daß sie gegen die guten Sitten verstoßen, sie aber die Merkmale, die das Rechtsgeschäft nichtig machen, kennen. Zur Zeit des Abschlusses der Kriegslieferungsverträge sei aber nicht bekannt gewesen, daß ein Angriffskrieg nach dem im Jahre 1945 erfolgten Zusammenbruch von der herrschenden Meinung der Staatsmänner und Juristen als Verbrechen gegen die Menschlichkeit angesehen werden würde. Überdies sei zweifelhaft, ob die an dem Rechtsgeschäft Beteiligten die Einzelheiten, die heute der nationalsozialistischen Regierung zum Vorwurf gemacht werden, überhaupt kannten, z. B., daß ein Angriffskrieg vorlag.

Melsheimer begründet seine entgegenstehende Ansicht damit, daß durch die Fassung des § 138 BGB dem Richter die Möglichkeit gegeben sei, seine Entscheidung ohne Verstoß gegen den Gesetzeswortlaut und im Rahmen seiner Gesetzesbindung für die progressive Gestaltung seiner Rechtsprechung auf das Gesetz zu stützen. Bei einer progressiven Auslegung des § 138 Abs. 1 BGB könne der Richter aber nicht gezwungen werden, entgegen den zur Zeit der Entscheidung herrschenden Anschauungen zu judizieren. Die Begründung dieser Ansicht hat Nathan ergänzt[29]: Für die Gerichte eines wahrhaft demokratischen Staates sei es ein Ding der Unmöglichkeit, ihrer Rechtsprechung eine Moral zugrundezulegen, die nicht die ihre sei und die der ihren diametral entgegenstehe. Ihr demokratisch legitimiertes Amt sei es, die demokratische Rechtsordnung zu verteidigen. Dann aber sei es ausgeschlossen, ihre Überzeugung und damit ihre Daseinsberechtigung zu negieren und einer Moral zu folgen, die der demokratischen Rechtsordnung ebenso widerspreche wie den Moralbegriffen des Volkes.

---

[28] NJ 1948, S. 10 und 11.

[29] NJ 1951, S. 27.

Wie Melsheimer zur Begründung seiner Ansicht weiter ausführt, stehe dem nicht entgegen, daß in geruhsam verlaufenden Zeiten die Frage nach der Gültigkeit oder Nichtgültigkeit eines Rechtsgeschäftes nicht von der jeweiligen Haltung der öffentlichen Meinung abhängig gemacht werden könnte; dies könne aber nicht gelten, wenn es zu einem einmaligen ökonomischen wie gesellschaftlichen Zusammenbruch gekommen und eine neue Ordnung entstanden sei, die vieles als sittenwidrig erkenne, was vordem als öffentliche Moral verkündet wurde. Melsheimer verweist in diesem Zusammenhang auf Urteile des Reichsgerichts aus den Jahren 1937 und 1939, die den Inhalt des Begriffs der guten Sitten, wie er angeblich durch die nationalsozialistische Anschauung neu geschaffen worden sei, auch auf noch nicht abgewickelte Rechtsgeschäfte der früheren Zeit anwendeten[30]. Diese Urteile hatte zwar auch Prothmann erwähnt, jedoch als Beispiele einer totalitären Rechtsprechung gekennzeichnet, die zu einer unabsehbaren Erschütterung der Rechtsordnung und des Rechtsgefühls geführt hätten[31]. Melsheimer hingegen hält die Rechtsprechung des Reichsgerichts grundsätzlich für zutreffend, wenn sie auch „falsch auf den sogenannten nationalsozialistischen Umbruch angewendet“ worden sei[32].

Melsheimer begründet seine Ansicht darüberhinaus auch damit, daß den vertragschließenden Parteien die Umstände sehr wohl bekannt waren, die zur Nichtigkeit des Rechtsgeschäfts führten; jedem erwachsenen Deutschen sei der Internationale Kriegsächtungspakt (Kellog-Pakt) bekannt gewesen und jeder habe deshalb den von Deutschland geführten Krieg als verbrecherischen Angriffskrieg erkennen können.

Vor allem auf die Verletzung des Kellog-Paktes stützen sich die Begründungen, mit denen das OG die Unterstützung eines Angriffskrieges als Verstoß gegen das Gesetz, die Sittenwidrigkeit und damit Nichtigkeit der Kriegslieferungsverträge bejaht hat[33]. Das OG hat in dem Verbot des Angriffskrieges und der Unterstützung eines solchen Krieges, wie es im Kellog-Pakt niedergelegt ist, einen allgemein anerkannten Grundsatz des Völkerrechts gesehen, der nicht nur den Staat, sondern auch Einzelpersonen binde. Die Unterstützung eines Angriffskrieges stelle demnach einen Verstoß gegen ein gesetzliches Verbot dar mit der Folge, daß diesbezügliche Rechtsgeschäfte gemäß § 134 BGB nichtig seien.

Das OG bejaht damit die zweifelhafte Frage, ob das Verbot des Angriffskrieges zur Zeit des zweiten Weltkrieges bereits einen allgemein

---

30 RGZ 150, 1; 153, 280 ff.; 161, 153.

31 NJ 1948, S. 11.

32 NJ 1948, S. 13.

33 OGE 1, 51; in einem späteren Urteil hat das OG diese seine Entscheidung als seine völkerrechtliche Pflicht bezeichnet, OGE 10, 51, 64.

anerkannten Völkerrechtsgrundsatz darstellte, der über Art. 4 WRV bindender Bestandteil des deutschen Reichsrechts werden konnte. Selbst wenn man insoweit der Ansicht des OG folgen sollte, ist weiter zweifelhaft, ob ein solcher Grundsatz im innerstaatlichen Recht Individualverpflichtungen erzeugen konnte, da das Verbot des Angriffskrieges eindeutig zunächst nur eine Unterlassungspflicht des Staates begründet.

Auf § 138 Abs. 1 BGB[34] stützt das OG seine Entscheidung erst in zweiter Linie. Das OG nimmt zu der Frage, ob für die sittliche Wertung eines Rechtsgeschäfts die jeweiligen Anschauungen der Gegenwart maßgeblich seien, zwar nicht ausdrücklich Stellung, führt aber aus, daß „es ... ohne Bedeutung" sei, „ob die damalige Rechtsauffassung Kriegslieferungsverträge nicht als sittenwidrig angesehen" habe[35].

Es beschränkt sich auf die Begründung, daß die in der DDR als herrschend bezeichnete Auffassung, die die Lieferung von Kriegsmaterial zur Unterstützung eines Angriffskrieges als schlechthin gegen die guten Sitten verstoßend ansehe, maßgeblich sei.

Auch in den folgenden Urteilen zur Gültigkeit der Kriegslieferungsverträge[36] wurde die Frage der Maßgeblichkeit der Anschauungen bei Vertragsabschluß oder im Zeitpunkt der Entscheidung nicht ausdrücklich beantwortet und stets nur auf das vorerwähnte Urteil Bezug genommen. Den Ausführungen des OG kann demnach bisher nicht entnommen werden, ob es, wie Melsheimer, diese Auffassung der Maßgeblichkeit der Auffassungen zur Zeit der Entscheidung so strikt nur bei Vorliegen eines gesellschaftlich-politischen Umbruchs vertreten will. Zweifelhaft ist, ob bei der zwar dynamisch, aber ohne solche wesentliche Zäsuren verlaufenden gesellschaftlichen Entwicklung in einem sozialistischen Staat eine tiefgreifende Änderung der Anschauungen der Werktätigen überhaupt denkbar ist.

Eine Änderung der bestehenden moralischen Anschauungen der Werktätigen findet in der Weise statt, daß sich die geltenden und allgemein anerkannten moralischen Normen des sozialistischen Zusammenlebens in Richtung auf die Forderungen der kommunistischen Moral hin entwickeln. Diese Normen der kommunistischen Moral befinden

---

[34] Es fällt auf, daß die Gerichte der DDR innerhalb dieses Problemkreises die Nichtigkeit des Rechtsgeschäfts regelmäßig sowohl aus § 134 wie aus § 138 BGB herleiten, ohne die Notwendigkeit und Möglichkeit der Kumulation näher zu erläutern. In Anbetracht der Entstehungszeit der Urteile kann aber die Gleichsetzung eines Verstoßes gegen die guten Sitten mit einem Gesetzesverstoß kaum als Ausdruck der veränderten Vorstellungen über das Wesen der subjektiven Rechte angesehen werden.

[35] OGE 1, 54.

[36] OGE 1, 54; 100; 268.

sich noch im Stadium der Entstehung und drücken zwar das kommunistische sittliche Ideal aus, ihre Basis ist aber noch nicht breit genug, damit sie als allgemeine Verhaltensnormen gelten können[37].

Die von der staatlichen Führung gewünschte und geförderte Änderung der moralischen Anschauungen der Werktätigen in diesem Sinne ist eine der Entwicklung der Gesellschaft zum Sozialismus und Kommunismus hin folgende Bewußtseinsänderung der Menschen. Dieser Entwicklungsprozeß ist zwar langwierig und nicht konfliktlos[38], er verläuft aber in einem sozialistischen Staat, da die Leitung des Staates mit dem Willen der Werktätigen identisch ist, ohne tiefgreifenden Bruch.

Der marxistisch-leninistischen Auffassung vom Wesen des Rechts dürfte es dann aber doch entsprechen, jeweils die Wertungen maßgeblich sein zu lassen, die sich in dieser allmählichen Entwicklung der Moralnormen herausgebildet haben und die im Zeitpunkt der Entscheidung herrschend sind. Nur bei einer solchen Anwendung des § 138 Abs. 1 BGB kann die Rechtsprechung ihre die gesellschaftliche Entwicklung fördernde Funktion erfüllen[39].

2. *Rechtsprechung zu Mantelsicherungsübereignungsverträgen*

Für die Auslegung des § 138 Abs. 1 BGB durch die Gerichte der DDR ist auch deren Rechtsprechung zu Mantelsicherungsübereignungsverträgen mit volkseigenen Banken bedeutsam.

Das OLG Halle hat in einer der Entwicklung in der bürgerlichen Rechtslehre vergleichbaren Weise in einem Urteil aus dem Jahre 1950[40] einen Vertrag wegen Verstoßes gegen die guten Sitten für nichtig erklärt, durch den sich eine Staatsbank das gesamte für den Betrieb ihres Schuldners notwendige Inventar zur Sicherung übereignen ließ.

Ebenso wie die Rechtsprechung in der Bundesrepublik argumentiert das OLG damit, daß durch die Sicherungsübereignung eine Scheinexistenz des Betriebes aufrechterhalten würde, die andere Gläubiger täuschen und damit deren Forderungen gefährden könnte. Diese Gefährdung anderer Gläubiger durch die Übersicherung zugunsten der Staatsbank für die von ihr gewährten Kredite sei für die Staatsbank erkennbar gewesen. Als Trägerin von Volkseigentum könne ihr gegenüber anderen Gläubigern auch keine Ausnahmestellung zugebilligt werden.

---

[37] *Archangelski*, GWB 1968, S. 17.

[38] *Bley - Kopatz - Vietinghoff*, StuR 1971, S. 16, 23.

[39] Vgl. *Schumann - Drews*, Heft 3, S. 47.

[40] Urt. v. 13. 12. 1950, NJ 1951, S. 231.

Dieses Urteil wurde durch das OG kassiert[41]. Auch das OG hält zwar die Rechtsprechung zur Gefährdung der Gläubiger bei Mantelsicherungsübereignungsverträgen von kapitalistischen Banken für zutreffend. Bei Verträgen volkseigener Banken zur Sicherung der von ihnen der Wirtschaft gewährten Kredite sei jedoch ein Verstoß gegen die guten Sitten schlechthin ausgeschlossen, weil die Stellung dieser Banken eines sozialistischen Staates sich grundsätzlich von der kapitalistischer Kreditinstitute unterscheide. Volkseigene Banken hätten nicht kapitalistische Interessen wahrzunehmen, sondern dem Wohl des ganzen Volkes zu dienen. Die von Banken in sozialistischen Staaten verwalteten Geldmittel stünden im Volkseigentum und deshalb gehöre es zur Pflicht dieser Banken, für eine ausreichende Sicherung zu sorgen. Eine solche Sicherung erfordere aber selbstverständlich, daß der Wert der übereigneten Sachen den des gewährten Kredites übersteige.

Auf die Argumentation des OLG Halle, daß auch bei einer Sicherungsübereignung an volkseigene Banken durch die Scheinexistenz des Betriebes andere Gläubiger gefährdet würden, geht das OG nicht ein, bezweifelt also auch nicht die Möglichkeit der Gefährdung dritter Gläubiger.

Eine differenzierende Beurteilung von Sicherungsübereignungen danach, ob der Kreditgeber und Sicherungseigentümer Träger von Volkseigentum ist oder Privater, erreicht das Stadtgericht von Großberlin[42] auf einem anderen methodischen Weg. In dem zu entscheidenden Fall hatte sich ein privater Darlehnsgeber von einer privaten Firma einen Lastkraftwagen übereignen lassen, den später ein anderer Gläubiger, ein volkseigener Betrieb, pfänden und verwerten ließ. Das Gericht bezeichnete die Sicherungsübereignung allgemein als ungesetzlich und damit unwirksam, da sie im BGB keine gesetzliche Grundlage habe und im kapitalistischen Staat durch die Rechtsprechung unter Umgehung des Gesetzes eingeführt worden sei. Der Gebrauch des Instituts der Sicherungsübereignung im Bereich des staatlichen Kredits beruhe hingegen auf einer ausdrücklichen gesetzlichen Sanktionierung[43].

Das Gericht enthält sich einer Auseinandersetzung mit früheren Urteilen des OG, in denen Sicherungsübereignungen bereits vor Inkrafttreten der Verordnung als wirksam behandelt wurden; allerdings war

---

[41] OGE 2, 5; ebenso Schiedsgericht Schwerin, Schiedsspruch v. 29. 9. 1951, NJ 1952, S. 184.

[42] Urteil v. 17. 4. 1959, NJ 1960, S. 662.

[43] Anordnung über die Kreditierung und Kontrolle der volkseigenen und konsumgenossenschaftlichen Produktions- und Verkehrsbetriebe über Darlehns- und Verrechnungskonten v. 18. 4. 1955 (GBl. Sonderdruck Nr. 81, S. 8); ebenso *Dornberger*, S. 312, 314.

das Sicherungseigentum in jedem Fall einem Träger von Volkseigentum übertragen worden[44].

In einer ablehnenden Stellungnahme geht Cohn, Oberrichter am OG, auf die Argumentation des Gerichts ein[45]. Er führt aus, daß die Sicherungsübereignung zulässig sei und auch heute noch wichtige gesellschaftliche Funktionen erfülle. Besonderer Beachtung bedürften allerdings die Vorschriften des § 930 BGB (bestimmte oder doch bestimmbare Abgrenzung der Gesamtheit der zu übereignenden Sachen) und des § 138 BGB (erlaubter Endzweck, etwa Sicherung des Volkseigentums). Cohn hält auch die Übertragung von Sicherungseigentum auf Private grundsätzlich für zulässig. Allerdings sei dann, wenn der Vertragsinhalt über das in den Formularverträgen der volkseigenen Banken übliche hinausgehe, eine sehr sorgfältige Prüfung unter dem Gesichtspunkt des § 138 BGB erforderlich, um einen Mißbrauch der Sicherungsübereignung zu unterbinden.

Diese Erörterungen zur Zulässigkeit von Sicherungsübereignungsverträgen lassen erkennen, daß der Mißbrauch dieses Rechtsinstituts und damit gegebenenfalls die Nichtigkeit gemäß § 138 BGB stets dann vermutet und geprüft wird, wenn sich Private dieses Instituts bedienen, es sei denn, daß sie sich der bei Trägern von Volkseigentum üblichen Vertragsgestaltung anpassen, bei der eine Vermutung und Prüfung gemäß § 138 BGB regelmäßig nicht eingreift. Soll Volkseigentum durch die Übertragung von Sicherungseigentum gesichert werden, so wird auch dann von einem erlaubten Endzweck ausgegangen, wenn eine Gefährdung Dritter nicht auszuschließen ist.

Die naheliegende Folgerung, daß § 138 BGB grundsätzlich dann nicht herangezogen wird, wenn die Nichtigkeit des Vertrages für einen Träger von Volkseigentum von Nachteil wäre, ist allerdings in dieser Allgemeinheit vorschnell; ihr steht ein Urteil jüngeren Datums entgegen[46], das sich allerdings mit den Voraussetzungen der Anwendbarkeit von § 138 BGB nicht auseinandersetzt und überwiegend auf einen edukativen Gesichtspunkt abstellt.

In dem zu entscheidenden Fall hatte die Klägerin in einem volkseigenen Einzelhandelsgeschäft eine Waschmaschine gekauft und bezahlt. Da ein Liefertermin nicht angegeben werden konnte, vereinbarte die berufstätige Klägerin mit der Verkäuferin, daß die Waschmaschine

---

[44] Urt. v. 13. 2. 1952, NJ 1952, S. 174; Urt. v. 2. 7. 1953, NJ 1953, S. 622. *Kleine* hält das Institut der Sicherungsübereignung als abstraktes Rechtsinstitut für sanktioniert, NJ 1953, S. 9, 10.

[45] NJ 1960, S. 663. Die Stellung des Verfassers spricht dafür, daß das Urteil später vom OG aufgehoben wurde.

[46] OG, Urt. v. 26. 9. 1967, OGZ 11, 194; vgl. dazu aber auch unten § 9 IV 3.

im Hofe des Wohnhauses der Klägerin abgestellt werden könne; dort kam die Maschine abhanden. Das OG kassierte das Urteil des Kreisgerichts, das davon ausgegangen war, die Verklagte sei ihren Pflichten zur Erfüllung des Kaufvertrages nachgekommen.

Zu § 138 BGB führt das OG in seiner Begründung lediglich aus, daß die zwischen den Parteien getroffene Vereinbarung über die Art der Anlieferung gemäß § 138 BGB nichtig sei, da sie den dem Einzelhandel unter sozialistischen Verhältnissen obliegenden Aufgaben zur bedarfsgerechten Befriedigung der Bedürfnisse der Bürger widerspreche. Längere Ausführungen widmet das OG den Verpflichtungen des sozialistischen Einzelhandels zur Versorgung der werktätigen Bevölkerung mit wichtigen Konsumgütern. In Anbetracht dieser Grundsätze habe die Verklagte die bei einem werktätigen Kunden unbedingt notwendige Festlegung des Anlieferungstermins pflichtwidrig unterlassen; gerade in Anbetracht der erkannten Unsicherheit der Abstellung auf dem Hof hätte sie von einer solchen Vereinbarung und der ihr entsprechenden Lieferung der Maschine Abstand nehmen müssen.

IV. Auslegungsspielraum

In ähnlicher Weise wie im bürgerlichen Rechtssystem wird in der DDR den gewandelten gesellschaftlichen Vorstellungen durch die Heranziehung von Generalklauseln bei der Rechtsanwendung Geltung verschafft. Bei der Konkretisierung von Generalklauseln muß in jeder Rechtsordnung auf außergesetzliche Kriterien Bezug genommen werden. Jedoch erscheinen die Ergebnisse bei der Auslegung von Generalklauseln in der DDR in geringerem Umfang subjektivistisch gefärbt; ihnen kommt ein höherer Grad an Bestimmtheit, Einheitlichkeit und Nachprüfbarkeit zu, so daß zumindest der richterlichen Willkür Grenzen gesetzt sind: durch die für den Richter verbindliche Ausformung und Konkretisierung des maßgebenden Wertesystems auf den verschiedenen Ebenen und ihrer ständigen Aktualisierung durch die jeweiligen Parteibeschlüsse erfährt der Auslegungsspielraum bei der Anwendung von Generalklauseln seine Begrenzung.

Dem Rechtsunterworfenen wird in der DDR, auch wenn man davon ausgeht, daß die Rechtsunterworfenen nicht oder nur mittelbar an der Rechtsetzung und der Festlegung der außergesetzlichen Wertmaßstäbe beteiligt sind, dieses Wertesystem in seinen Konkretisierungen und Aktualisierungen in erheblichem Umfang zugänglich gemacht. In immer wiederholten Aktionen wird ihnen seine Verbindlichkeit nahegebracht, so daß die Maßstäbe, nach denen geurteilt wird, dem Rechtsunterworfenen zwar insoweit fremd bleiben können, als es auferlegtes Recht ist; die Fremdheit des Wertesystems wird aber durch die weitgehende Kenntnis dessen, was als Recht und was als Unrecht qualifiziert wird, gemildert.

§ 9. Auslegungspraxis zur Sonderstellung des Volkseigentums

Das methodische Vorgehen der Gerichte der DDR bei Entscheidungen über das Volkseigentum ist für die vorliegende Arbeit von besonderer Bedeutung, da die Gerichte sanktionierte alte Bestimmungen zu prüfen hatten, jedoch gleichzeitig der unterschiedlichen Bewertung des Volkseigentums Rechnung tragen mußten. Eine methodische Einordnung der Auslegungspraxis zur Sonderstellung des Volkseigentums setzt einen Überblick über die verschiedenen Fallgruppen und die hierbei vertretenen Auffassungen voraus.

I. Ausschluß des gutgläubigen Erwerbs von Volkseigentum

Eine groß angelegte Diskussion über die Frage der Anwendbarkeit der Vorschriften über den gutgläubigen Erwerb auf Sachen, die im Volkseigentum stehen, ist im Schrifttum der DDR 1957 eingeleitet worden[1]. Angeblich bestand zu dieser Diskussion Veranlassung, weil der gesellschaftliche Handel Gegenstände von Dritten käuflich zurückerwerbe, bei denen es sich um Sachen handelt, die in HO-Läden gemietet oder dort unter Eigentumsvorbehalt gekauft und vom Mieter oder Vorbehaltskäufer an den Dritten weiterveräußert worden waren[2]. Untere Gerichte hatten die Möglichkeit des gutgläubigen Erwerbs volkseigener Sachen unterschiedlich beurteilt[3].

Die Bestimmung des § 932 BGB ist unbestritten von der neuen Ordnung sanktioniert worden und gehört damit grundsätzlich zum geltenden Recht[4]. Im Schrifttum wurde aber darauf hingewiesen, daß der gutgläubige Erwerb von Sachen, die im Volkseigentum stehen, ungünstige wirtschaftspoltische Folgen hat[5].

Demgegenüber wurde aber noch zu Beginn der Diskussion über den gutgläubigen Erwerb volkseigener Sachen in Schrifttum und Rechtsprechung die Ansicht vertreten, daß das Verkehrsinteresse und das Vertrauen der Bürger für die Anwendbarkeit der §§ 932 ff. BGB auch auf volkseigene Sachen spreche[6] und daß der Erwerb an volkseigenen

---

[1] *Pleyer - Lieser*, S. 93 ff.

[2] *Geisenhainer - Skupch*, NJ 1957, S. 77.

[3] BG Suhl, Urt. v. 16. 10. 1956, NJ 1957, S. 222; KrG Erfurt, Urt. v. 19. 2. 1957, NJ 1957, S. 254.

[4] *Dornberger*, Sachenrecht, S. 111.

[5] *Kleine*, NJ 1957, S. 328; *Such*, StuR 1952, S. 79.

[6] *Weichelt*, StuR 1957, S. 25; *Liecke*, NJ 1957, S. 550.

Konsumtionsmitteln nicht nur auf gesetzlicher Grundlage beruhe[7], sondern auch eine gesetzgeberische Änderung dieses Zustandes nicht wünschenswert sei[8].

Der weitere Verlauf der Diskussion im Schrifttum läßt erkennen, daß die staatliche Führung zur Sicherung planwirtschaftlicher Ziele offenbar an einer zweifelsfreien Ablehnung der Möglichkeit des gutgläubigen Erwerbs volkseigener Sachen interessiert war.

1. Gesetzliche Grundlagen für den Ausschluß des gutgläubigen Erwerbs

Die Diskussion in Schrifttum und Rechtsprechung ist dadurch gekennzeichnet, daß man sich auf die Frage konzentrierte, mit welcher Begründung ein solcher gutgläubiger Erwerb ausgeschlossen werden kann. Sämtliche Diskussionsbeiträge und Urteile beziehen sich auf den Grundsatz der Unantastbarkeit des Volkseigentums, den man aus folgenden Normen abzuleiten versuchte:

— SMAD-Befehl Nr. 64 vom 17. April 1948[9], der lautet

„Es ist festgelegt, daß das Volkseigentum unantastbar ist."

— § 2 der Anordnung über die Bildung volkseigener Güter in der Sowjetischen Besatzungszone vom 15. Juni 1948[10], der lautet:

„Das Volkseigentum ist unantastbar. Es darf weder veräußert noch verpfändet werden."

— § 3 Abs. 1 der Anordnung der Deutschen Wirtschaftskommission über die Übertragung volkseigener Betriebe an die Rechtsträger des Volkseigentums vom 20. Oktober 1948[11], der lautet:

„Verfügungen über das Volkseigentum außerhalb des normalen Geschäftsverkehrs sind unzulässig."

— Art. 28 der Verfassung vom 7. Oktober 1949, der lautet:

„Die Veräußerung und Belastung von Grundbesitz, Produktionsstätten und Beteiligungen, die sich im Eigentum des Volkes befinden, bedürfen der Zustimmung der für ihren Rechtsträger zuständigen Volksvertretung. Diese Zustimmung kann nur mit zwei Dritteln der gesetzlichen Mitgliederzahl erteilt werden."

---

[7] BG Leipzig, zitiert in NJ 1954, S. 197; KrG Erfurt, aaO; *Hercher*, NJ 1957, S. 255; *Strohbach*, NJ 1957, S. 75; *Gähler*, NJ 1957, S. 204.

[8] *Geisenhainer-Skupch*, NJ 1957, S. 77.

[9] ZVOBl. S. 140.

[10] ZVOBl. S. 498.

[11] ZVOBl. S. 502.

Die Ansicht, nach der ein gutgläubiger Erwerb volkseigener Sachen aus dem Grundsatz der Unantastbarkeit des Volkseigentums ausgeschlossen sei, will dieses Ergebnis schon ohne weitere Begründung Art. 28 der Verfassung entnehmen[12].

Gegen diese Art der Begründung sind Zweifel schon deshalb anzumelden, weil Art. 28 nach seinem Wortlaut Verfügungen und damit das „Antasten" von Volkseigentum bei Einhalten der gesetzlichen Voraussetzungen gerade zuläßt. Stützt man sich nur auf den Wortlaut der Vorschrift, so spricht dieser vielmehr für ein grundsätzliches, aber aufhebbares Verfügungsverbot für die aufgezählten Vermögenswerte[13].

Diesen Bedenken versucht offenbar auch die Meinung zu entsprechen, daß Art. 28 nach seinem Wortlaut lediglich Verfügungen ohne Einhaltung gewisser Voraussetzungen über volkseigene Sachen verbiete, soweit es sich um Produktionsmittel handelt. Nach dieser Meinung soll der Grundsatz der Unantastbarkeit auf diesen Teil des Volkseigentums beschränkt und die Möglichkeit des gutgläubigen Erwerbs von Sachen nicht ausgeschlossen sein, soweit sie nicht zum Anlagevermögen gehören und Konsumtionsmittel sind[14].

Zur Begründung der Ansicht, daß der gutgläubige Erwerb von Volkseigentum ausgeschlossen sei, beruft man sich im Schrifttum und in der Rechtsprechung, so auch das OG in seinem ersten Urteil zu dieser Frage, offenbar hilfsweise auf den SMAD-Befehl Nr. 64.

Bei dem SMAD-Befehl, wie auch bei § 2 der Anordnung über die Bildung volkseigener Güter fällt zunächst auf, daß sie keine Angaben darüber enthalten, welche Folgen für die übrige Rechtsordnung sie auslösen wollen. Zweifellos sollte durch sie nicht jede Verfügung über Volkseigentum ausgeschlossen werden, denn dann hätten diese Normen auch den sozialistischen Einzelhandel unzulässig gemacht[15].

Soweit das OG für die Begründung § 3 Abs. 1 der Anordnung über die Übertragung der volkseigenen Betriebe an die Rechtsträger des Volkseigentums heranzieht, läßt es die Frage offen, ob diese Anordnung nur der Durchführung des SMAD-Befehls Nr. 64 diente, d. h. die reibungslose Übertragung an die Rechtsträger des Volkseigentums bezweckte und ob seine Funktion damit erfüllt war. Das OG mißt dieser Vorschrift offenbar eine darüberhinausgehende, auch zukünftige ge-

---

[12] BG Suhl, NJ 1957, S. 222.

[13] So *Hans Wiedemann*, S. 57; *Samson*, JR 1961, S. 43.

[14] KrG Erfurt, NJ 1957, S. 254; wohl auch KG-Ost, NJ 1957, S. 597; *Hercher*, NJ 1957, S. 255; *Liecke*, NJ 1957, S. 548.

[15] *Liecke*, NJ 1957, S. 548; *Artzt*, NJ 1951, S. 214; anders *Dornberger*, NJ 1952, S. 16, 18; *Nathan*, NJ 1957, S. 751.

staltende Funktion bei[16]. Auch fehlt es an einer Erörterung der anzuschließenden Frage, ob diese Vorschrift Allgemeingültigkeit beansprucht oder ob sie lediglich den Umfang der den Rechtsträgern zustehenden Verfügungsbefugnis regelt[17].

Die Frage nach den von diesen Normen gewollten Folgen für die übrige Rechtsordnung hat das OG folgendermaßen beantwortet: Bei der Frage der Geltung eines Grundsatzes könne nicht die bisweilen undeutliche oder mehrdeutige abstrakte Fassung der positiven Gesetzesnormen maßgebend sein; das entscheidende Kriterium müsse aus dem Wesen und dem Inhalt der einschlägigen politökonomischen Kategorie entnommen werden, die die Gesetzesnorm lediglich widerspiegele[18].

Auf diese Weise hat das OG keine Schwierigkeiten aus dem SMAD-Befehl Nr. 64 in Verbindung mit Art. 28 der Verfassung den Grundsatz der Unantastbarkeit des gesamten staatlichen Produktionsmittelfonds zu begründen[19] und in der Möglichkeit eines gutgläubigen Erwerbs eine unzulässige Durchbrechung dieses Grundsatzes zu sehen. Die §§ 932 ff. BGB hätten insoweit eine Einschränkung ihres Anwendungsbereiches erfahren[20].

Das OG läßt bei seiner Argumentation unberücksichtigt, daß der SMAD-Befehl Nr. 64 im September 1955 bei Auflösung der Hohen Kommission der UdSSR in Deutschland formell außer Kraft gesetzt und durch Art. 28 der Verfassung höchstens teilweise übernommen worden ist.

Dieses erste Urteil des OG zur Frage des gutgläubigen Erwerbs von volkseigenen Sachen läßt auch unberücksichtigt, daß sich aus Art. 28 selbst hinsichtlich der Produktionsmittel der Grundsatz der Unantastbarkeit schon deshalb nicht zwingend folgern läßt, weil Art. 28 ja gerade eine Veräußerung und Belastung dieser Formen des Volkseigentums bei bestimmten Voraussetzungen zuläßt.

Das OG ist in einem späteren Urteil[21] zwar nicht von dem Ergebnis dieses ersten Urteils abgewichen, hat jedoch den zunächst eingeschlagenen Lösungsweg kritisiert und aufgegeben. Soweit das erste Urteil zwischen Anlage- und Umlaufvermögen unterschieden hat, bemängelt das OG in seinem berichtigenden Urteil, ökonomische Unterscheidungs-

---

[16] Urt. v. 8. 10. 1957, NJ 1957, S. 776.
[17] So *Hans Wiedemann*, S. 55.
[18] OG, NJ 1957, S. 776.
[19] Ebenso *Gähler*, NJ 1957, S. 203.
[20] OG, aaO.
[21] OGE 6, 159, Urt. v. 15. 4. 1958.

merkmale seien ohne weiteres zum Kriterium der rechtlichen Beurteilung gemacht worden. Die Ansicht, daß der Unantastbarkeitsgrundsatz nur für das Anlagevermögen gelte, beruhe auf einer willkürlich einengenden und daher abzulehnenden Auslegung des „unmißverständlichen Wortlautes des Gesetzes“ (des SMAD-Befehls)[22]. Anlage- und Umlaufvermögen seien vielmehr gleichwertig zu behandeln. Zu diesem Ergebnis gelangt das OG dadurch, daß es auf eine Begründung aus Art. 28 der Verfassung verzichtet, aus dem noch im ersten Urteil der unterschiedliche Schutz von Anlage- und Umlaufvermögen hergeleitet wurde. Eine solche Unterscheidung habe lediglich ökonomischen Charakter und sei nur dort rechtlich bedeutsam, wo dies kraft gesetzlicher Bestimmung ausdrücklich ausgesprochen sei[23].

2. Das Wesen des Volkseigentums als Grundlage für den Ausschluß des gutgläubigen Erwerbs

Das OG folgt in seinem berichtigenden Urteil weitgehend der Kritik, die Nathan gegenüber dem ersten Urteil des OG angebracht hatte[24]. Nathan hatte in seiner Kritik des ersten Urteils eine neue Begründungsmöglichkeit aufgezeigt. Nach seiner Ansicht war die bisherige Fragestellung, welche gesetzlichen Bestimmungen die Anwendbarkeit der §§ 932 ff. BGB auf das Volkseigentum verböten, unzutreffend. Es sei vielmehr nach den Grundsätzen und Normen zu fragen, die die Anwendbarkeit der §§ 932 ff. BGB begründen könnten.

Nathan geht davon aus, daß das übernommene BGB für ein neues, sozialistisches Grundprinzip wie das des Volkseigentums eine passende Regelung nicht treffen konnte. Es müsse daher untersucht werden, inwieweit es das Wesen des neuen Instituts gestatte, für seine rechtliche Regelung die für vergleichbare Institute im BGB vorhandenen Normen entsprechend anzuwenden. Eine analoge Anwendung sei nur dann gestattet, wenn die übernommenen Normen dem Wesen des neuen Instituts nicht widersprächen. Schon dann, wenn diese Voraussetzungen nicht eindeutig bejaht werden könnten, müßte eine entsprechende Anwendung unbeschadet ihrer Sanktionierung im übrigen ohne weiteres entfallen[25].

Bei der Untersuchung des Wesens des Volkseigentums kommt Nathan zu dem Ergebnis, daß durch den Grundsatz der Unantastbarkeit das Wesen des Volkseigentums so geprägt werde, daß sich eine analoge An-

---

[22] Anders *Gähler*, NJ 1957, S. 203; so *Kleine*, NJ 1957, S. 327.

[23] OGE 6, 164.

[24] NJ 1957, S. 749.

[25] aaO, S. 750.

wendung der Bestimmungen des BGB eindeutig verbiete[26]. Bei diesem Lösungsweg kann Nathan es dahingestellt sein lassen, ob es sich bei dem Grundsatz der Unantastbarkeit um eine Rechtsnorm[27] oder lediglich um einen politisch-wirtschaftlichen Begriff[28] handelt. Das Prinzip der Unantastbarkeit wird von ihm nur zur Ermittlung des Wesens des Volkseigentums herangezogen.

Das OG folgt Nathan allerdings nicht soweit, daß alle sanktionierten Normen auf das Volkseigentum entweder nicht oder nur analog anwendbar seien. Das OG vertritt vielmehr die Ansicht, daß alte Normen, die dem Grundsatz der Unantastbarkeit des Volkseigentums zuwiderlaufen und bei ihrer Anwendung das Volkseigentum gefährden, für diesen Bereich nicht sanktioniert seien.

Das OG beruft sich auch hier auf den SMAD-Befehl Nr. 64 in Verbindung mit § 3 Abs. 1 der Anordnung der Deutschen Wirtschaftskommission vom 20. 10. 1948. Die Aufhebung des SMAD-Befehls hält das OG für irrelevant, da die Unantastbarkeit des Volkseigentums von vornherein mit dem Wesen und dem Rechtsbegriff des Volkseigentums verbunden sei. Der Grundsatz der Unantastbarkeit sei durch den SMAD-Befehl Nr. 64 gleichzeitig mit der Normierung der Rechtskategorie des Volkseigentums zur Rechtsnorm erhoben worden. Er stellt demnach eine dem Rechtsbegriff des Volkseigentums von Anfang an innewohnende elementare Rechtseigenschaft dar, die durch die formelle Außerkraftsetzung nicht geändert werden konnte[29].

Durch diese Begründung aus dem Wesen des Volkseigentums kann das OG über die Unbestimmtheit der oben angeführten Normierungen hinwegsehen, da sie alle in ihrer Unvollständigkeit lediglich Grenzziehung und Ausdruck des dem Volkseigentum innewohnenden Grundsatzes der Unantastbarkeit seien.

Dem Grundsatz der Unantastbarkeit des Volkseigentums entnimmt das OG nicht nur den Maßstab für die Auslegung des § 3 Abs. 1 der Anordnung der Deutschen Wirtschaftskommission, sondern auch die Begründung für dessen Fortgeltung. Das OG hält jede abweichende Auslegung für sinnwidrig, weil nur die von ihm selbst getroffene Auslegung den Schutz des Volkseigentums ausreichend gewährleiste.

Aus der Regelung des § 3 Abs. 1, wonach Verfügungen außerhalb des normalen Geschäftsverkehrs unzulässig sind, folgert das OG die Nichtigkeit einer Verfügung, die ein Rechtsträger von Volkseigentum unter

---

[26] aaO, S. 751.

[27] Das untersucht *Swaton,* NJ 1957, S. 599.

[28] *Artzt,* NJ 1951, S. 214; KG-Ost NJ 1957, S. 597.

[29] Ebenso *Swaton,* NJ 1957, S. 599.

Überschreitung der ihm übertragenen Befugnisse trifft. Eine solche Verfügung sei wegen Verletzung des Grundsatzes der Unantastbarkeit des Volkseigentums und wegen Verstoßes gegen das Gesetz gemäß § 134 BGB nichtig[30].

Diese Rechtsfolge müsse aber erst recht dann eintreten, wenn eine Verfügung von Personen getroffen werde, die nicht einmal Rechtsträger von Volkseigentum sind und denen deshalb jede Befugnis fehle, Volkseigentum durch Übertragung an Dritte zum Erlöschen zu bringen[31]. Bei einer solchen Verfügung, die dem Grundsatz der Unantastbarkeit des Volkseigentums widerspreche, handele es sich stets um eine Gesetzesverletzung, die zur Nichtigkeit des Geschäfts führen müsse.

Die Beurteilung der Frage des gutgläubigen Erwerbs an Sachen, die im Volkseigentum stehen, hat nach Ansicht des OG also ausschließlich darauf abzustellen, ob das Ergebnis dem Wesen des Volkseigentums entspricht.

Danach aber ist ein gutgläubiger Erwerb gemäß der Regelung der §§ 932 ff. BGB als gegen das Wesen des Volkseigentums verstoßend ausgeschlossen.

3. Methodische Analyse

Die Rechtsprechung leitet die Ablehnung eines gutgläubigen Erwerbs von Volkseigentum aus dem Wesen des Volkseigentums her, d. h. ihre Auslegung ist an einem Institutionsbegriff orientiert. Die Auseinandersetzung um die Begründung eines von vornherein feststehenden, rechtspolitisch geforderten Ergebnisses macht deutlich, zu welchem Zweck die Gerichte auf eine institutionelle Auslegung zurückgreifen. Wird der Gesetzgeber hinsichtlich der Regelung gesellschaftlich bedeutsamer Interessenlagen nach Ansicht der rechtsprechenden Organe nicht oder nicht ausreichend tätig, so geht die Aufgabe der Normbildung auf die Rechtsanwendung über. Die Gerichte leiten dann die von ihnen für zutreffend erachteten Rechtsfolgen aus dem „Wesen“ der betreffenden Rechtsbeziehungen her.

In der Frage des gutgläubigen Erwerbs von Volkseigentum stehen der Rechtsprechung lediglich gesetzliche Normierungen zur Verfügung, die wegen ihrer Unklarheit, Unvollständigkeit oder des Zweifels ihrer Fortgeltung allein die Entscheidungen der Gerichte nicht zu tragen vermögen. Der Mangel gesetzlicher Normierung soll hier nicht auf ein Säumnis des Gesetzgebers zurückzuführen sein, sondern darauf, daß durch die Änderung der Gesellschaftsordnung bedingte neue ökono-

---

[30] OGE 6, 162, ebenso *Kleine,* NJ 1957, S. 327.

[31] OGE 6, 163.

mische Erscheinungen „einen gewissen Reifezustand erreicht haben müssen, bevor der Gesetzgeber daran gehen kann, die adäquaten Verhaltensnormen für sie und ihnen gegenüber festzulegen.“ Es sei daher legitim, wenn Rechtsprechung und Lehre sich „mit den gegebenen Möglichkeiten schöpferisch . . . behelfen und damit zugleich der kommenden Legislation den Boden . . . bereiten“[32].

Die Summe der erwähnten mangelhaften Normierungen, die dem Richter zur Verfügung stehen, läßt aber einen weiterreichenden Wertungsplan des Gesetzgebers erkennen, der zum Ausdruck bringt, daß Volkseigentum jedenfalls nicht wie das Eigentum Privater anzusehen und zu behandeln sei. Die von der Rechtsprechung entwickelten Grundsätze für die rechtliche Behandlung des Volkseigentums bewegen sich in diesem allgemeinen Wertungsplan des Gesetzgebers; dann aber bedienen sich die Gerichte eines Institutionsbegriffs, der an normativen, nicht hingegen an metaphysischen oder faktischen Wertungen orientiert ist[33].

II. Möglichkeit des gutgläubigen Erwerbs bei mangelnder Verfügungsbefugnis des Veräußerers

Rechtsprechung und Schrifttum der DDR sind zu anderen Entscheidungen gekommen, wenn Volkseigentum von einem nicht zur Verfügung befugten Veräußerer erworben wurde.

Werden im Rahmen des Warenverkehrs volkseigene Gegenstände in einem Laden der staatlichen Handels-Organisation (HO) veräußert, so verfügt der Eigentümer durch sein Organ, wobei das Organ kraft gesetzlicher Befugnis in eigenem Namen auftritt. Die Frage eines gutgläubigen Erwerbs vom Nichteigentümer kann hierbei nicht auftreten. Nur dann, wenn dieses Organ außerhalb der ihm übertragenen Befugnisse handelt, also nicht verfügungsberechtigt ist, taucht die Frage auf, ob dem Grundsatz der Unantastbarkeit des Volkseigentums oder dem Verkehrsinteresse der Vorzug zu geben ist[34].

Nach der Meinung von Such sind Verfügungen, die außerhalb des dem Organ übertragenen Aufgabenbereichs liegen, planwidrig und als solche jedenfalls so lange als nicht wirksam zu betrachten, als die Lieferung nicht erfolgt ist. Lediglich bei erfüllten Verträgen will Such eine entsprechende Anwendung des § 366 HGB in Betracht ziehen[35].

---

[32] *Nathan,* NJ 1957, S. 750.

[33] Vgl. die Unterscheidung bei Rüthers, Institutionelles Rechtsdenken, S. 34 ff.

[34] *Dornberger,* Sachenrecht, S. 70.

[35] *Such,* StuR 1952, S. 78 f.

Demgegenüber vertritt Nathan[36] und ihm folgend das OG[37] die Ansicht, daß dann, wenn sich die Veräußerung in der Sphäre zwischen staatlichem Einzelhandel und Bürger abspielt, für die Planwidrigkeit und damit für die Nichtigkeit der Verträge nicht nur objektive Gesichtspunkte maßgebend sein können.

Die Wirksamkeit der Verfügung soll vielmehr davon abhängig sein, ob sie in den Kreis derjenigen Verkaufsgeschäfte fällt, zu deren Vornahme das betreffende staatliche Einzelhandelsorgan allgemein ermächtigt ist und deshalb einem Außenstehenden nicht erkennbar sein kann, ob das Organ hinsichtlich des zu veräußernden Gegenstandes verfügungsbefugt ist. Nur dann, wenn ein Geschäft getätigt wird, das nicht zu dem Kreis der üblichen Geschäfte der Verkaufseinrichtung gehört, soll ein wirksamer Eigentumsübergang an den Käufer nicht eintreten[38]. Während das OG für diese Ansicht eine gesetzliche Grundlage nicht erwähnt, stützt Nathan seine im Ergebnis übereinstimmende Auffassung auf § 56 HGB, den er entsprechend angewendet wissen will. Die Ersetzung der mangelnden Verfügungsbefugnis im Sinne des § 56 HGB soll bei jedem Verkauf einer in dem betreffenden Laden gehandelten Ware das Merkmal der Planwidrigkeit ausschließen. Demnach sollen Verfügungen ohne Verfügungsmacht dem Dritten gegenüber als plangemäß und damit als wirksam behandelt werden[39].

Die von Rechtsprechung und Lehre zur Frage des gutgläubigen Erwerbs bei mangelnder Verfügungsbefugnis des Veräußerers getroffene Entscheidung beruht nicht auf der abstrakt getroffenen Feststellung der Analogiefähigkeit vorhandener sanktionierter Bestimmungen, sondern auf dem Ergebnis einer Abwägung zwischen Verkehrsinteresse und Schutz des Volkseigentums. Es erscheint bei Verfügungen dem Rechtsträger von Volkseigentum innerhalb des Warenverkehrs im Interesse des reibungslosen Handels geboten, den rechtsgültigen Erwerb der in volkseigenen Läden gekauften Sachen sicher zu stellen. Das Auffinden und Heranziehen einer auch nach bürgerlichen Auslegungstheorien diese Entscheidungen tragenden Bestimmung ist daher der zweite Schritt, der den wirtschaftspolitischen Überlegungen folgt.

III. Ausschluß der Aufrechnungsmöglichkeit gegen eine volkseigene Forderung

Unter dem Gesichtspunkt der Unantastbarkeit des Volkseigentums wird die Frage diskutiert, ob ein privater Gläubiger mit einer Gegen-

[36] *Nathan,* NJ 1957, S. 754.

[37] OGE 6, 165.

[38] OGE 6, 166; ebenso *Otto* auf der Zivilrechtslehrertagung v. 15. 3. 1952, zitiert nach *Nathan,* NJ 1952, S. 157.

[39] *Nathan,* aaO; nicht zutreffende Kritik bei *Hans Wiedemann,* S. 64.

forderung gegen eine volkseigene Forderung aufrechnen kann. Die Möglichkeit der Aufrechnung wird in Literatur und Rechtsprechung mit geringfügigen Einschränkungen grundsätzlich verneint[40]. Lediglich über die Begründung dieser grundsätzlichen Verneinung gehen die Meinungen auseinander.

1. Ausschluß wegen mangelnder Gleichartigkeit oder Planwidrigkeit

Das KG-Ost[41] verneint die Möglichkeit der Aufrechnung, weil bei Gegenüberstehen einer privaten und einer volkseigenen Forderung die Voraussetzungen des § 387 BGB nicht erfüllt seien. Das KG führt aus, daß durch die Plangebundenheit der volkseigenen Forderung die von § 387 BGB geforderte Gleichartigkeit nicht vorliege.

In einer Anmerkung zu diesem Urteil stimmt Breitbarth zwar dem Ergebnis, nicht aber der Begründung dieser Entscheidung zu[42]. Die Behauptung, eine private und eine plangebundene Geldforderung seien nicht gleichartig, wird von ihm für unzutreffend gehalten: Das Gesetz stelle eindeutig auf den Gegenstand der Forderung ab, wolle man aber die Gleichartigkeit danach beurteilen, ob die Forderung einem Rechtsträger von Volkseigentum zustünde, so würde man das Vorliegen der Gleichartigkeit an den Subjekten der einander gegenüberstehenden Forderungen messen. Auf Geld gerichtete Forderungen seien aber unabhängig von den Subjekten der Forderung gleichartig.

Breitbarth schlägt vor, eine Aufrechnung durch einen privaten Gläubiger nur dann zuzulassen, wenn die Forderung des privaten Gläubigers fällig ist und die Voraussetzung hinzukommt, daß die Möglichkeit einer plangemäßen Realisierung seiner Forderung besteht. Nur dadurch sei sichergestellt, daß die Einhaltung der staatlichen Pläne gewährleistet sei und ein Planverstoß durch die Aufrechnung ausgeschlossen werde. Wenn aber diese zusätzliche Voraussetzung gegeben ist, will Breitbarth die Aufrechnung durch einen privaten Gläubiger zulassen. Breitbarth stützt seine Ansicht auf § 387 BGB. Der Wortlaut des Gesetzes ließe eine solche Auslegung zu, da diese Vorschrift nicht ausdrücklich die Fälligkeit verlange, sondern bestimme, der Schuldner müsse die ihm gebührende Leistung fordern können. Diese Formulierung sei so weit gefaßt, daß sie nach ihrem Wortlaut fähig sei, nicht nur die Fälligkeit, sondern auch die von Breitbarth geforderte weitergehende Voraussetzung der plangemäßen Erfüllungsmöglichkeit zu tragen.

---

[40] Kritische Anmerkungen bei *Artzt*, NJ 1956, 710 f.
[41] Urt. v. 2. 3. 1953, NJ 1953, S. 502.
[42] NJ 1953, S. 502.

Der von Breitbarth entwickelten, auf die Auslegung des § 387 BGB gestützten Begründung tritt Nathan entgegen[43]. Der private Gläubiger könne weder wissen noch nachprüfen, ob der Plan die Bezahlung einer Verpflichtung des Rechtsträgers zulasse. An der traditionellen Auslegung des § 387 BGB, wonach der Gläubiger seine Leistung bereits dann fordern könne, wenn sie fällig ist, sei festzuhalten. Weitergehende Voraussetzungen könnten dem Gesetz nicht entnommen werden. Dementsprechend beanstandet Nathan auch, daß Breitbarth eine Aufrechnungsmöglichkeit dann eröffnen will, wenn ein Planverstoß durch die Aufrechnung nicht eintrete.

2. *Ausschluß aufgrund § 394 BGB*

Nathan will vielmehr ein grundsätzliches Verbot der Aufrechnung gegenüber der einem Rechtsträger von Volkseigentum zustehenden Forderung § 394 BGB entnehmen, der die Aufrechnung gegen eine der Pfändung nicht unterworfene Forderung untersagt. Forderungen aber, die einem Rechtsträger von Volkseigentum zustehen, können nicht gepfändet werden, d. h., Volkseigentum ist schlechthin unpfändbar. Wegen des Verbots der Pfändung von Volkseigentum will Nathan aus § 394 BGB ein Aufrechnungsverbot herleiten[44].

Dabei muß Nathan einräumen[45], daß § 394 BGB ursprünglich nur für solche Forderungen gedacht war, die ihrem Inhalt, ihrer Natur nach unpfändbar waren; Forderungen, die der Person des Inhabers nach nicht der Pfändung unterliegen, kennt das BGB nicht. Dennoch erlaube der eindeutige Wortlaut des Gesetzes auch die Anwendung auf die neugeschaffene Kategorie unpfändbarer Forderungen. Damit sei zwar ein Inhaltswandel der Vorschrift eingetreten, das gesetzgeberische Motiv sei aber gewahrt und der Wechsel durch den Wortlaut der Vorschrift gedeckt.

3. *Zulässigkeit oder Ausschluß aufgrund von Sonderbestimmungen*

Ein gegenüber dem KG-Ost, Breitbarth und Nathan abweichendes Ergebnis wird mit einer selbständigen Begründung vom BG Potsdam vertreten[46]. Nach dessen Ansicht habe der sozialistische Gesetzgeber zum Ausdruck gebracht, daß die Aufrechnung privater Gläubiger gegen Forderungen volkseigener Rechtsträger zulässig ist. Das BG bezieht

---

[43] NJ 1953, S. 740.

[44] Ebenso BG Magdeburg, Urt. v. 23. 3. 1954, NJ 1954, S. 577.

[45] NJ 1953, S. 741.

[46] Urt. v. 2. 2. 1954, NJ 1954, S. 574.

sich insoweit auf die 2. Durchführungsbestimmung zur VO über die Einführung des allgemeinen Vertragssystems für Warenlieferungen in der volkseigenen und ihr gleichgestellten Wirtschaft[47], die in § 1 Abs. 12 vorsieht, daß eine Aufrechnung gegen die Vertragsstrafe nicht zulässig ist[48]. Das Gericht legt diese Bestimmung dahin aus, daß durch sie eine Ausnahmeregelung getroffen werden sollte. Eine Aufrechnung sei vom Gesetzgeber demnach *nur* für die Vertragsstrafe verboten, woraus geschlossen werden müsse, daß sie im übrigen zulässig sei.

In einer Anmerkung zu diesem Urteil wenden sich Drews - Krauß gegen Ergebnis und Begründung[49]. Nach der Ansicht dieser Autoren trifft die vom BG herangezogene Bestimmung nicht die zur Entscheidung anstehenden Rechtsverhältnisse. Hinzu komme, daß selbst bei Zugrundelegung dieser Bestimmung die Auslegung dieser Norm zu einem entgegengesetzten Ergebnis führen müßte. Der herangezogenen Bestimmung sei ein Hinweis darauf, daß außer im Falle einer Forderung aus Vertragsstrafe die Aufrechnung Privater gegenüber volkseigenen Forderungen zulässig sei, nicht zu entnehmen[50]. Im Hinblick auf die in Rechtsprechung und Literatur herrschende Uneinigkeit über die Frage der Aufrechenbarkeit gegen volkseigene Forderungen sollten diese Bestimmungen lediglich klarstellen, daß für gegenseitige Forderungen aus Vertragsstrafen die Aufrechnung jedenfalls unstatthaft ist.

4. *Ausschluß wegen Unantastbarkeit des Volkseigentums*

Drews - Krauß halten zwar den von Nathan vorgeschlagenen Lösungsweg für gangbar, entwickeln aber einen eigenen Lösungsvorschlag, dem sich das OG später angeschlossen hat[51]. Sie stellen darauf ab, daß eine Aufrechnung gegen volkseigene Forderungen schon deshalb unzulässig sei, weil sie mit dem Grundsatz der Unantastbarkeit des Volkseigentums in Widerspruch stehe. Da die Aufrechnung eine unmittelbar die Rechtslage ändernde Handlung darstelle, verfüge der Aufrechnende nicht nur über seine eigene Forderung, sondern er bringe auch die Gegenforderung zum Erlöschen; er trifft damit auch über die andere Forderung eine Verfügung. Dies betreffe die Frage, ob ein Gläubiger, der nicht Rechtsträger von Volkseigentum sei, über volkseigenes Ver-

---

[47] Vom 19. August 1952 (GBl. S. 793).

[48] Ebenso § 7 Abs. 2 der 6. DurchfBest zur VO über die Einführung des Allgemeinen Vertragssystems für Warenlieferungen vom 22. 12. 1953, (GBl. 54, S. 21).

[49] NJ 1954, S. 575.

[50] NJ 1954, S. 576.

[51] OGE 3, 228; das Urteil wird zudem, hierin Nathan folgend, auf § 394 BGB gestützt.

mögen verfügen dürfe. Hierbei werde der Grundsatz der Unantastbarkeit des Volkseigentums berührt[52].

In diesem Zusammenhang sei zu beachten, daß alleiniger Eigentümer des Volkseigentums der Staat sei. Seine Vertreter seien nicht selbst Eigentümer, sondern hätten lediglich ein beschränktes Verfügungsrecht über die zum Umlauf bestimmten Mittel. Jede diese Befugnis überschreitende Verfügung sei aber, da sie gegen ein gesetzliches Verbot verstoße, gemäß § 134 BGB nichtig. Wenn aber Verfügungen der Organe der Rechtsträger des Volkseigentums außerhalb ihrer Verfügungsbefugnis gemäß § 134 BGB nichtig seien, müsse aus den gleichen Gründen auch die Aufrechnung Privater gegenüber Forderungen volkseigener Organisationen als unzulässig angesehen werden; auch hier handele es sich um Verfügungen von Personen, die zur Verwaltung und damit zur Verfügung über Volkseigentum nicht berechtigt seien[53].

Demnach wird die Unzulässigkeit der Aufrechnung Privater gegen eine volkseigene Forderung von Drews - Krauß und ihnen folgend vom OG unabhängig von § 394 BGB, der lediglich zur Stützung der Begründung herangezogen wird, unmittelbar[54] aus dem Grundsatz der Unantastbarkeit des Volkseigentums abgeleitet, wobei dieser Grundsatz als gegeben vorausgesetzt wird.

IV. Sonstige Bevorzugung des Volkseigentums

1. Ausschluß unwillentlichen Rechtsverlustes

Der Grundsatz der Unantastbarkeit des Volkseigentums soll ferner dazu führen, daß alle Normen, die einen Rechtsvorteil Privater zu Lasten des Volkseigentums begründen, d. h., das Volkseigentum ohne Willen des Rechtsträgers schmälern könnten, auf den Rechtserwerb außenstehender Dritter nicht anwendbar sind.

So wird die Ersitzung an volkseigenen Sachen (§§ 937 ff. BGB)[55] sowie die Tabularersitzung von Grundstücken gemäß § 900 BGB ausgeschlossen. Die §§ 955, 957 BGB sollen, da es sich um Fälle des gutgläubigen Erwerbs handelt, auf im Volkseigentum stehende Sachen keine Anwendung finden[56]. Das gleiche gilt für die Vorschriften über die Verbindung, Vermischung und Verarbeitung (§§ 946—950 BGB)[57],

---

[52] *Drews - Krauß,* NJ 1954, S. 575; OGE 3, 231.

[53] *Drews - Krauß,* NJ 1954, S. 576; OGE 3, 231.

[54] *Hans Wiedemann,* S. 70.

[55] *Dornberger,* Sachenrecht, S. 121; *Nathan,* NJ 1957, S. 752; *Grünewald,* S. 99.

[56] *Dornberger,* aaO; *Nathan,* aaO.

[57] *Dornberger,* aaO, S. 127; *Nathan,* aaO; *Grünewald,* aaO.

sowie für die Vorschriften über den Eigentumserwerb des Finders (§ 973 BGB)[58]. Die Bestimmungen über das Mit- und Anteilseigentum (§§ 1008, 741 ff. BGB) sollen zuungunsten des Volkseigentums nur beschränkte Anwendung finden. Ein Recht des privaten Teileigentümers auf Beteiligung an der Verwaltung der gemeinsamen Sache soll ausgeschlossen sein, da diese dem Grundsatz der Unantastbarkeit des Volkseigentums widerspreche[59].

2. Ausschluß des Zurückbehaltungsrechts

Nicht nur die Aufrechnung gegen Forderungen, die Rechtsträgern von Volkseigentum zustehen, soll ausgeschlossen sein, sondern auch das Zurückbehaltungsrecht an Geldzahlungen gegenüber den Rechtsträgern von Volkseigentum zustehenden Geldforderungen (§ 273 BGB)[60]. Das OG begründet diese Entscheidung damit, daß die Ausübung des Zurückbehaltungsrechts an einer Geldschuld bis zur Erfüllung der eigenen Forderung wirtschaftlich annähernd dieselbe Wirkung habe wie eine Aufrechnung und daher ebenso an dem Grundsatz der Unantastbarkeit des Volkseigentums scheitern müsse.

3. Ausschluß des Einwands sittenwidrigen Handelns

Von Schrifttum und Rechtsprechung der DDR wird dem Volkseigentum eine bevorzugte Stellung auch insoweit eingeräumt, als Rechtsträger von Volkseigentum den Sanktionen des Zivilrechts wegen sittenwidrigen Handelns nicht unterliegen sollen. Einerseits wird angenommen, ein Rechtsträger von Volkseigentum könne gar nicht sittenwidrig oder schikanös handeln, zum anderen wird zwar die Möglichkeit von sittenwidrigem Handeln seitens eines Rechtsträgers von Volkseigentum zugegeben, die Anwendbarkeit der im allgemeinen auch unbestritten übernommenen und sanktionierten Normen über die Rechtsfolgen sittenwidrigen Handelns jedoch abgelehnt[61].

Das OG vertritt in einem Urteil die Ansicht, daß das Herausgabeverlangen eines Rechtsträgers von Volkseigentum wegen Vorenthaltung eines zum Besitze nicht berechtigten Dritten keinesfalls gegen das Schikaneverbot des § 226 BGB verstoßen könne. Es begnügt sich mit der Begründung, daß eine andere Entscheidung dem Grundsatz der Unantastbarkeit des Volkseigentums widersprechen würde[62].

---

[58] *Nathan*, aaO; *Dornberger*, aaO, S. 130.
[59] BG Suhl, NJ 1959, S. 644.
[60] OG NJ 1959, S. 574.
[61] Kritik bei *Hans Wiedemann*, S. 70 f.
[62] OGE 7, 138, 140 f.

Im Schrifttum wird demgegenüber angenommen, daß auch der Rechtsträger von Volkseigentum sich zwar im Sinne des § 817 BGB verhalten könne, diese Vorschrift jedoch nur so angewendet werden dürfe, daß dem staatlichen sozialistischen Eigentum kein Schaden entstünde[63].

Das OG hatte die Anwendbarkeit von § 817 Satz 2 BGB gegenüber Forderungen einer volkseigenen Bank mit der Begründung abgelehnt, die volkseigenen Banken seien nicht Rechtsnachfolger der früheren Banken, obwohl sie deren Forderungen eingezogen haben. Die alten Forderungen würden durch die volkseigenen Banken weder im Interesse der früheren Banken noch im eigenen Interesse, sondern in Ausführung von SMAD-Befehlen im Interesse der gesamten deutschen Bevölkerung eingezogen[64]. Wenn aber die volkseigenen Banken zur Geltendmachung eines Bereicherungsanspruches legitimiert sind, ohne Rechtsnachfolger des ursprünglich Forderungsberechtigten zu sein, könne § 817 Satz 2 BGB nicht angewendet werden[65].

Nathan ist in einer Anmerkung zu diesem Uuteil darum bemüht, die Begründung des OG zu ergänzen[66]. Er weist darauf hin, daß § 817 Satz 2 BGB Strafcharakter trage, da derjenige, der sich einen Verstoß gegen die guten Sitten oder ein gesetzliches Verbot hat zuschulden kommen lassen, durch diese von der Rechtsordnung mißbilligte Handlung keinen Anspruch erwerben könne. Nathan zitiert für diese Auslegung das Reichsgericht, das § 817 Satz 2 BGB als Hindernis der Rechtsverfolgung ansah[67]. Die durch § 817 Satz 2 gewollte Sanktion könne sich aber nicht gegen denjenigen richten, der nicht einmal Rechtsnachfolger der sitten- oder gesetzwidrig Handelnden sei[68]. Nathan unterstützt die Ansicht des OG, daß die Geltendmachung von Bereicherungsansprüchen durch volkseigene Banken keinesfalls einen Sittenverstoß darstellen könne. Die Banken würden nur ihre gesetzliche Pflicht erfüllen; sie würden die Rückgängigmachung der ungerechtfertigten Vermögensverschiebung nur im Interesse des gesamten Volkes, dem höchsten denkbaren Interesse, fordern. Das Volk aber stünde dem Verstoß des ursprünglich Berechtigten denkbar fern[69].

Die Ablehnung der Anwendbarkeit von § 817 Satz 2 BGB wird von Göhring - Reinsdorf ausschließlich auf den Grundsatz des Schutzes und der Unantastbarkeit des Volkseigentums gestützt[70]. Diese Autoren gehen

---

[63] *Göhring - Reinsdorf,* NJ 1958, S. 425.

[64] OGE 1, 54.

[65] OGE 1, 56.

[66] NJ 1951, S. 27.

[67] RGZ 99, 167.

[68] *Nathan,* NJ 1951, S. 28.

[69] *Nathan,* aaO, S. 29.

[70] In NJ 1958, S. 425.

von dem Fall aus, daß ein volkseigener Betrieb planwidrig Mittel ausgegeben hat. Ein vertraglicher Rückforderungsanspruch kam nicht in Betracht, da planwidrige Verträge als gesetzwidrig und damit nach § 134 BGB als nichtig angesehen werden. Dem Rückforderungsanspruch des Betriebes aus ungerechtfertigter Bereicherung wurde § 817 Satz 2 BGB entgegengehalten.

Göhring - Reinsdorf machen geltend, daß bei Anwendbarkeit des § 817 Satz 2 BGB ungeachtet der Nichtigkeit des Rechtsgeschäfts eine planwidrig erfolgte Verwendung volkseigener Mittel sanktioniert und damit dem Volkseigentum ein Schaden entstehen würde. Daher müsse der Grundsatz der Unantastbarkeit des Volkseigentums nicht nur zur Nichtigkeit planwidriger Rechtsgeschäfte führen; nach diesem Grundsatz dürfe darüberhinaus die Anwendung des § 817 BGB nur in dem Umfang zugelassen werden, als die zur Bereicherung führende Leistung des volkseigenen Organs herausgegeben werden müsse, damit dem sozialistischen Eigentum kein Schaden entstünde.

4. *Sonderstellung des Volkseigentums im Konkurs*

Das Volkseigentum nimmt auch im Konkurs eine Sonderstellung ein. Verschiedene Gesetzesänderungen haben dem Träger des Volkseigentums die Stellung eines bevorrechtigten Gläubigers im Sinne von § 61 Ziff. 2 KO eingeräumt, der im Range nach dem ersten, aber vor dem dritten bis fünften Rang zu befriedigen ist[71].

Aus dem Grundsatz der Unantastbarkeit des Volkseigentums wird zudem gefolgert, daß das Vorrecht des Volkseigentums auch ohne Anmeldung bei Eintragung in die Tabelle und Feststellung im Prüfungstermin berücksichtigt werden müsse[72]. Das Vorrecht des Volkseigentums könne selbst dann eingetragen werden, wenn der Träger des Volkseigentums der sich grundsätzlich aus § 139 KO ergebenden Verpflichtung zur Anmeldung des Vorrechts nicht nachgekommen ist. Die ohne Anmeldung erfolgte Eintragung könne keinesfalls eine Gesetzesverletzung darstellen, da der Konkursverwalter hierdurch lediglich dem auch von § 2 GVG geforderten Schutz des Volkseigentums Rechnung trüge.

Auch im Prozeß unterliegen Ansprüche, die von Trägern des Volkseigentums geltend gemacht werden, einer abweichenden Behandlung.

---

[71] VO über den Rang volkseigener Forderungen im Konkurs des Schuldners vom 25. 10. 1951, (GBl. S. 955); VO zur Änderung der VO über den Rang volkseigener Forderungen im Konkurs des Schuldners v. 19. 3. 1953, (GBl. S. 460); VO zur Änderung der Besteuerung und zur Senkung des Einkommenssteuertarifs v. 23. 7. 1953, (GBl. S. 889), insbesondere § 14.

[72] *Peter*, NJ 1959, S. 276.

So hat das Staatliche Vertragsgericht bei der Entscheidung von Streitigkeiten innerhalb der volkseigenen Wirtschaft von Amts wegen zu prüfen, ob die Verjährung eines Anspruchs eingetragen ist. Eine Wahlbefugnis hinsichtlich der Geltendmachung der Einrede der Verjährung soll dem Betriebsleiter nicht zustehen; nur die Geltendmachung der Einrede oder die Beachtung von Amts wegen entspreche der Verpflichtung des Betriebsleiters und des Gerichts, zum Schutz und zur Mehrung des Volkseigentums beizutragen[73]. Aus dem Grundsatz der Unantastbarkeit des Volkseigentums und der Plangebundenheit der Rechtsträger[74] wird dementsprechend geschlossen, daß auf die einem Betrieb zustehende Einrede der Verjährung auch nicht wirksam verzichtet werden könne[75].

V. Institutionelle Auslegung

Wie bereits zur Frage des gutgläubigen Erwerbs von Volkseigentum ausgeführt[76], wird in der Frage seiner Sonderstellung bevorzugt das Wesensargument herangezogen, um die getroffenen Entscheidungen über die Anwendbarkeit oder Nichtanwendbarkeit sanktionierter Normen zu begründen. Hierdurch wird eine Beeinträchtigung des Volkseigentums durch unwillentlichen Rechtsverlust[77], durch Konkurs[78], wie durch gutgläubigen Erwerb vom Nichteigentümer[79] verhindert. Ebenso wird die Planungs-, Verfügungs- und Handlungsfreiheit der Rechtsträger von Volkseigentum geschützt, in dem unter Bezugnahme auf das Wesen des Volkseigentums die Möglichkeit der Aufrechnung gegen eine volkseigene Forderung[80], das Zurückbehaltungsrecht[81] und der Einwand sittenwidrigen Handelns[82] verneint werden. Die Beeinträchtigung des Volkseigentums wird nur dann zugelassen, wenn überwiegende Interessen des reibungslosen Handels dies als geboten erscheinen lassen[83]. Gleichzeitig ist an der in Rechtsprechung und Schrifttum geführten Diskussion erkennbar, daß das Wesensargument auch dann her-

---

[73] Staatl. Vertragsgericht v. 22. 9. 1953, NJ 1954, S. 448; Kritik bei *Hans Wiedemann*, S. 71.

[74] *Ostmann*, NJ 1954, S. 729 f.; *Such*, NJ 1954, S. 434.

[75] BG Cottbus, Beschl. v. 20. 3. 1957, NJ 1957, S. 486.

[76] Vgl. oben § 9 I 2.

[77] Vgl. oben § 9 IV 1.

[78] Vgl. oben § 9 IV 4.

[79] Vgl. oben § 9 I.

[80] Vgl. oben § 9 III 4.

[81] Vgl. oben § 9 IV 2.

[82] Vgl. oben § 9 IV 3.

[83] Vgl. oben § 9 II.

angezogen wird, wenn dasselbe Ergebnis durch andere Auslegungsmethoden wie Analogie oder argumentum a maiore ad minus begründet werden könnte[84]. Die Bevorzugung des Wesensargumentes beruht darauf, daß die institutionelle Auslegung am flexibelsten zu handhaben ist und somit die Argumente für die Begründung verschiedenster Ergebnisse liefern kann. Sie ist daher das gebräuchlichste Instrument, das herangezogen wird, wenn die richterliche Rechtsfortbildung auslegungsmethodisch begründet werden soll.

Kriterium für die Zulässigkeit richterlicher Rechtsfortbildung durch institutionelle Auslegung ist der Institutionsbegriff, aus dem die Entscheidung des Gerichts hergeleitet wird. Die Rechtsprechung der Gerichte der DDR zur Sonderstellung des Volkseigentums stützt sich, wie oben bereits dargelegt[85], auf einen normativen Institutionsbegriff. Es handelt sich demnach um richterliche Rechtsfortbildung, jedoch nicht um eine Rechtsfortbildung contra legem. Sie steht damit zu dem aus der sozialistischen Gesetzlichkeit folgenden Grundsatz der Unterordnung des Richters unter das Gesetz nicht in Widerspruch[86].

§ 10. Auslegungspraxis zu zivilprozessualen Fragen

I. Funktion des Zivilprozesses in der DDR und Folgerungen für das Prozeßrecht

Wie oben dargelegt, hat in der DDR die Rechtsanwendung, der marxistisch-leninistischen Rechtstheorie folgend, wirtschaftlich-organisatorische und kulturell-erzieherische Aufgaben, § 2 GVG.

Die Erfüllung dieser Aufgaben ist aber in einem prozessualen Verfahren nicht gewährleistet, das auf der Überzeugung beruht, die Vorbringen der streitenden Prozeßparteien des Zivilprozesses ergäben zusammen gesehen ein zutreffendes Bild der streitigen Vorgänge, einem Verfahren, das grundsätzlich kein öffentliches Interesse dahingehend voraussetzt, daß die privatrechtlichen Verhältnisse der einzelnen zum Gegenstand einer staatlichen Untersuchungstätigkeit gemacht werden[1].

In der DDR wird demgegenüber ein eigenständiges Interesse des Staates auch und gerade am Zivilverfahren anerkannt, das über die gerichtliche Hilfe für die Durchsetzung bewiesener Ansprüche und den dadurch garantierten Rechtsfrieden hinausgeht.

---

[84] So insbesondere bei der Frage der Aufrechnungsmöglichkeit, S. 90 ff.

[85] Vgl. S. 88 f.

[86] Vgl. *Rüthers*, Institutionelles Rechtsdenken, S. 41.

[1] *Rosenberg*, S. 293.

Die Aufgabe des sozialistischen Zivilprozesses wird in der staatlichen Organisierung, Leitung und Kontrolle der materiell-rechtlichen Beziehungen der am Prozeß beteiligten Bürger und Staatsorgane gesehen. Das Prozeßrecht selbst ist ein Instrument der Staatsmacht in dem ständigen und systematischen Versuch, konfligierende Interessen zu einem in Richtung der angestrebten sozialistischen Gesellschaft liegenden Weise zum Ausgleich zu bringen und ist damit ein weiterer Ausdruck der Autorität und des Anspruchs des Staates, die bereits hinter den Normen des materiellen Rechts stehen[2].

Das Gericht, das beim Schutz des im Einzelfall durch eine Prozeßpartei verletzten Rechts die Bevölkerung zur bewußten, disziplinierten Einhaltung des Gesetzes erzieht, erhöht auch die gesellschaftlich-erzieherische Rolle des Gesetzes selbst und die Autorität des Staates, der das Gesetz erlassen oder sanktioniert hat[3].

Mit dieser sozialistischen Auffassung von der Funktion des Zivilverfahrens ist die bürgerliche Grundkonzeption des Zivilprozesses als eines mit Angriffs- und Verteidigungsmitteln geführten Kampfes der Parteien vor Gericht unvereinbar[4]. Die Einheit von sozialistischer Gesetzlichkeit und Parteilichkeit in der Rechtsanwendung erfordert eine umfassende Aufklärung des Sachverhalts unter Aufdeckung aller Ursachen des Konflikts[5]; dadurch kann eine Entscheidung getroffen werden, die nicht nur das Verfahren beendet, sondern die weitere Verhaltensweise der Beteiligten beeinflußt und die gesellschaftliche Erziehung von einem großen Kreis von Bürgern einleitet[6]. Außerhalb der beteiligten Personen liegende, durch den Prozeß bekanntgewordene Ursachen können durch den Einsatz rechtlicher (gesetzgeberischer) oder außerrechtlicher Mittel beseitigt werden. Dem Interesse der Aufdeckung des wahren Sachverhalts können und sollen die Gerichte der DDR entsprechen, weil sie im Gegensatz zu den bürgerlichen Gerichten ihren Klassencharakter und die politischen Ziele ihrer Rechtsprechung nicht verheimlichen wollen[7].

Um diese Ziele zu erreichen, soll die mündliche Verhandlung des sozialistischen Zivilprozesses nicht eine Verhandlung der Prozeßparteien vor dem Gericht sein, sondern eine Verhandlung des Gerichts, der Staatsanwaltschaft und der Parteien mit dem Ziel einer möglichst voll-

---

[2] *Nathan - Püschel*, StuR 1962, S. 2222.

[3] *Kietz - Mühlmann*, Erziehungsaufgaben, S. 13; *Nathan*, in: Zivilprozeßrecht, I, S. 6.

[4] *Püschel*, NJ 1959, S. 127.

[5] *Kietz - Mühlmann*, Konfliktursachen, S. 114.

[6] *Krüger*, NJ 1960, S. 24.

[7] *Püschel*, StuR 1959, S. 381; *Kietz - Mühlmann*, Erziehungsaufgaben, S. 65.

ständigen Lösung des gesellschaftlichen Widerspruchs, der dem Rechtsstreit innewohnt. Diese Lösung soll auf der Grundlage des sozialistischen Gesetzes und unter Berücksichtigung und sorgfältiger Verbindung der gesellschaftlichen und persönlichen Interessen der Bürger erfolgen[8].

In jüngster Zeit sind allerdings Bestrebungen erkennbar, den Standpunkt vom Gericht als Herrn des Verfahrens zugunsten eines abgewogeneren Verhältnisses der Stellung des Gerichts gegenüber den Parteien aufzugeben[9]. Im künftigen Gesetz über das gerichtliche Verfahren sollen die Grenzen der Sachverhaltsaufklärung im einzelnen festgelegt werden, um so die mit einer uneingeschränkten Sachverhaltsaufklärung verbundene Gefahr einer unökonomischen Ausdehnung des Verfahrens zu verhindern[10].

Für den sozialistischen Zivilprozeß wird eine straffe und planvolle Zusammenfassung aller zur Verfügung stehenden staatlichen und gesellschaftlichen Kräfte für erforderlich gehalten. Es bietet sich dabei eine enge Zusammenarbeit mit den örtlichen Organen der Staatsmacht an, ferner das Anhören von Vertretern des Betriebskollektivs, der Ausschüsse der Nationalen Front und der Hausgemeinschaften, von Vertretern demokratischer Massenorganisationen und gesellschaftlichen Kontrollorganen. Die Teilnahme von Angehörigen aller vom Prozeß berührten gesellschaftlichen Lebensbereiche als Zuhörer an der mündlichen Verhandlung, die im verstärkten Maß außerhalb des Gerichtsgebäudes durchgeführt werden soll, wird für nützlich gehalten[11].

Ein neues, vom sozialistischen Gesetzgeber auf die Bedürfnisse der sozialistischen Rechtspflege zugeschnittenes Zivilprozeßgesetz steht den Gerichten der DDR nicht zur Verfügung. Die Gerichte müssen mit der Zivilprozeßordnung in der Fassung vom 6. 11. 1933[12] arbeiten, die als sanktioniert gilt und nur in geringem Umfang umgestaltet wurde. Probleme für die Rechtsanwendung ergeben sich daraus, daß, wie bereits dargelegt, die Gerichte nach dem Prinzip des demokratischen Zentralismus zur strikten Einhaltung auch der alten Gesetze verpflichtet sind[13]. Für die notwendige Umgestaltung des Zivilprozesses stand deshalb nur der Weg einer veränderten und den überlieferten Charakter der Verfahrensordnung verändernden Auslegung der Bestimmungen der ZPO offen[14].

---

[8] *Ostmann*, StuR 1960, S. 1799; *Püschel*, StuR 1959, S. 387.

[9] *Kellner*, NJ 1972, S. 19.

[10] *Schuster*, NJ 1971, 106 f.

[11] *Püschel*, StuR 1959, S. 1024.

[12] RGBl. I, S. 821.

[13] Auch besonders hinsichtlich der Verfahrensbestimmungen: Beschluß des

Hierbei war einerseits zu berücksichtigen, daß die ZPO wie jedes alte Gesetz durch den Vorgang der Sanktionierung einen neuen Inhalt erhalten hat[15], andererseits, daß nach der in der DDR vertretenen Auffassung die Berufung auf den neuen Inhalt der Gesetze nicht dazu legitimieren soll, sich über den klaren Wortlaut der Verfahrensbestimmung dieser Gesetze hinwegzusetzen[16].

Die Gerichte der DDR haben sich deshalb einer besonderen Methode der Anpassung der bürgerlichen Verfahrensnormen an die Erfordernisse des sozialistischen Zivilprozesses bedient. Sie entwickelten aus Bestimmungen der ZPO, die nach der bürgerlichen Rechtslehre lediglich untergeordnete Bedeutung haben, die das sozialistische Zivilverfahren bestimmenden Grundprinzipien. Die so entwickelten Grundprinzipien des Zivilprozesses sollen den grundlegenden, in den Normen der Verfassung, des Gerichtsverfassungsgesetzes und des Zivilprozeßrechts zum Ausdruck kommenden juristischen Anschauungen entsprechen, von denen sich das Gericht bei der Durchführung jedes einzelnen Zivilverfahrens leiten lassen muß. Dabei ist es für die marxistisch-leninistische Rechtsanschauung selbstverständlich, daß die in diesen Normen zum Ausdruck kommenden Rechtsanschauungen als leitende Ideen des Rechtsbewußtseins nicht aus sich selbst heraus erklärt werden können, daß sie vielmehr ihren Ursprung in den Bedingungen des materiellen Lebens der Gesellschaft, im gesellschaftlichen Sein, haben[17].

II. Das Grundprinzip der Ermittlung der objektiven Wahrheit

Als das wichtigste Grundprinzip des sozialistischen Zivilverfahrens wird der Grundsatz der Ermittlung der objektiven Wahrheit angesehen. Nach der erwähnten Definition der Grundprinzipien muß das Grundprinzip der objektiven Wahrheitsermittlung in den geltenden Gesetzen seinen Ausdruck gefunden haben.

Als tragende Norm für dieses Grundprinzip wird von Rechtsprechung und Lehre der DDR § 139 ZPO (in Verbindung mit §§ 142—144, 272 b, 448 ZPO) in Anspruch genommen[18].

Nach dem Wortlaut dieser Bestimmung hat der Richter „dahin zu wirken“, daß sich die Parteien eines Zivilprozesses über alle erheblichen

---

Plenums des OG, NJ 1965, S. 634; OGE 3, 67; *Heinrich*, NJ 1951, S. 264; *Fincke*, NJ 1968, S. 490; *Kietz - Mühlmann*, Konfliktursachen, S. 18.

[14] *Schreier - Krüger*, NJ 1960, S. 228; *Kietz - Mühlmann*, aaO, S. 14 f., S. 37.

[15] *Rothschild - Hintze*, NJ 1953, S. 641; vgl. dazu oben S. □ f.

[16] *Nathan*, in: Zivilprozeßrecht, I, S. 8.

[17] *Nathan*, aaO, S. 19.

[18] OGE 2, 124.

Tatsachen vollständig erklären, sachdienliche Anträge stellen oder ergänzen und Beweismittel bezeichnen.

In der bürgerlichen Rechtslehre, die sich im Zivilprozeß mit der Feststellung der formellen Wahrheit begnügt, wird § 139 ZPO nicht dahin verstanden, daß die für das Zivilverfahren geltende Verhandlungsmaxime verändert und dem Gericht die Pflicht aufgebürdet würde, Tatsachen aufzudecken; § 139 hat lediglich die Aufgabe, den bestehenden Streit der Parteien scharf zu umgrenzen, nicht etwa, ihn zu erweitern. Die erheblichen Streitpunkte der Parteien sollen unter Mithilfe des Richters in verständliche Worte gefaßt werden. § 139 soll das Gericht davor bewahren, die Parteien falsch zu verstehen, und die Parteien davor schützen, daß sie durch eine unerwartete rechtliche Beurteilung des Gerichts überrascht werden[19].

Damit, daß § 139 in der ZPO jedenfalls seinem Wortlaut und seiner Stellung nach nicht die Funktion zukommt, den Gang des Zivilverfahrens grundlegend zu bestimmen und den Verhandlungsgrundsatz beiseite zu schieben, setzen sich Literatur und Rechtsprechung der DDR kaum auseinander.

Der Grundsatz, § 139 habe eine zentrale Bedeutung für das Zivilverfahren und trage folglich das Grundprinzip der Ermittlung der objektiven Wahrheit, wird von Rechtsprechung und Lehre nicht aus dieser Bestimmung selbst, sondern damit begründet, daß das Interesse der Arbeiterklasse an der vollständigen Aufklärung der tatsächlichen gesellschaftlichen Beziehungen nur durch Beachtung dieses Prinzips erfüllt werden könne[20]. Rechtsprechung und Lehre schlagen zur Entwicklung dieser Lösung folgenden Weg ein: Zunächst wird analysiert, welche Ansprüche an das Zivilverfahren in einem sozialistischen Staat zu stellen sind[21] und erst danach wird nach einer Norm gesucht, die zumindest entfernt als gesetzliche Grundlage für Handhabungen des Verfahrens im Sinne der getroffenen Analyse in Betracht kommt. Dieses methodische Vorgehen wird auch im Aufbau des Zivilprozeßlehrbuchs von Nathan deutlich. Nathan begründet den Grundsatz der Erforschung der objektiven Wahrheit als Grundprinzip des Zivilverfahrens aus dem Interesse der Gesellschaft an dieser Ermittlung und behandelt die erkenntnistheoretischen Probleme, die sich mit dem Begriff „objektive Wahrheit" verbinden. Erst danach geht Nathan daran, die gesetzlichen Grundlagen für das Prinzip der Erforschung der objektiven Wahrheit zu suchen und in § 139 ZPO zu finden.

---

19 *Wieczorek*, Anm. zu § 139.

20 *Ostmann*, StuR 1960, S. 1799; KG-Ost, NJ 1953, S. 786

21 *Püschel*, StuR 1959, S. 375 ff.; *Krüger - Langner*, NJ 1960, S. 568.

1. *Inhalt des Prinzips der Erforschung der objektiven Wahrheit*

In der DDR verpflichtet die verantwortungsbewußte Anwendung des § 139 ZPO den Richter, aus eigener Initiative den wahren Sachverhalt zu ermitteln. Eine prinzipielle Beschränkung des Richters auf die Würdigung der Tatsachen, die sich aus dem Vorbringen und der Beweisführung der Parteien ergeben, wird abgelehnt[22]. Das Gericht soll durch Fragen in die Ideologie der Verfahrensbeteiligten eindringen und so die auf der weltanschaulichen klassenmäßigen Position der Bürger beruhenden Handlungsmotive ermitteln, d. h. die ideologischen Ursachen des Konflikts aufdecken[23].

Das ursprüngliche Fragerecht des Richters wird damit zu einer Fragepflicht und darüberhinaus zu einer Pflicht zur allgemeinen Mitwirkung des Gerichts an der erschöpfenden Erörterung der Rechtssache erweitert. Insbesondere ist das Gericht dann, wenn keine oder nur eine Partei durch einen Rechtsanwalt vertreten ist[24], befugt und verpflichtet, auf neue Klagegründe bzw. Einreden und auf rechtliche Gesichtspunkte, die die Parteien nicht zur Sprache gebracht haben, hinzuweisen und diese dadurch in seine Entscheidung einzuführen[25]. Die Erfüllung der Fragepflicht durch den Richter ist insbesondere dann unerläßlich, wenn sich aus den Ausführungen der Parteien Anhaltspunkte dafür ergeben, daß der geltend gemachte Anspruch sich auf verbotene oder sittenwidrige Vereinbarungen stützt, die mit den Gesetzen und den gesellschaftlichen Anschauungen in der DDR unvereinbar sind[26]. Durch Ausübung der Fragepflicht kann sich das Gericht auch Klarheit darüber verschaffen, ob eine Klage, der bei formaler Anwendung der Bestimmungen hätte stattgegeben werden müssen, schikanös ist und daher abgewiesen werden muß[27].

a) Gerichtliche Praxis zur Einrede der Verjährung

Das Gericht ist ferner verpflichtet, die verklagte Partei auf die ihr zustehende Einrede der Verjährung hinzuweisen. Unterläßt es diesen Hinweis, wird in der Revisionsverhandlung das Urteil hinsichtlich der Ansprüche aufgehoben, für die eine Verjährungseinrede hätte geltend

---

[22] *Püschel*, StuR, 1959, S. 381; *Rothschild - Hintze*, NJ 1953, S. 641.

[23] *Kietz - Mühlmann*, Erziehungsaufgaben, S. 65; *Kietz - Mühlmann*, Konfliktursachen, S. 70 f.

[24] OGE 1, 255.

[25] *Rothschild - Hintze*, aaO.

[26] *Rothschild - Hintze*, NJ 1953, S. 641 f.

[27] *Schreier-Krüger*, NJ 1960, S. 229.

gemacht werden können[28]. Insoweit wird auch vor den ordentlichen Zivilgerichten die Verjährung von Amts wegen beachtet.

Die Frage der Verjährung eines Anspruchs wird im übrigen prozessual je nach der Art des Gerichts und der streitenden Parteien unterschiedlich gehandhabt.

So soll aus der besonderen Funktion des Vertragsgerichts folgen, daß im Verfahren vor diesem Gericht § 222 Abs. 1 BGB unanwendbar ist. Das Vertragsgericht hat als ein Organ der Verwaltung die besondere Aufgabe, die Plan- und Vertragsdisziplin und die Verwirklichung des Prinzips der wirtschaftlichen Rechnungsführung zu überwachen und durchzusetzen[29]. Übt der volkseigene Betrieb das ihm aufgrund der Verjährung zustehende Leistungsverweigerungsrecht nicht aus, so verstößt er gegen seine Pflicht zur wirtschaftlichen Rechnungsführung; ein solches pflichtwidriges Verhalten darf durch das Gericht nicht sanktioniert werden. Folglich ist bei allen Forderungen gegen volkseigene Betriebe die Verjährung — trotz grundsätzlicher Weitergeltung des § 222 BGB — im Prozeß auch gegen den Willen der Parteien von Amts wegen zu beachten; hingegen gilt die Regelung des § 222 BGB auch hinsichtlich der Art ihrer prozessualen Geltendmachung weiter, soweit es sich um Forderungen zwischen privaten Betrieben oder zwischen Bürgern oder zwischen sozialistischen genossenschaftlichen Betrieben handelt. Diese können demnach auf die Geltendmachung der Verjährung verzichten[30].

Bei Streitigkeiten zwischen sozialistischen Organisationen ist auch die Anwendung des § 208 BGB ausgeschlossen, so daß eine Anerkennung der Schuld die Verjährung im Verhältnis zwischen diesen Parteien nicht unterbrechen kann. Damit soll ausgeschlossen werden, daß es durch die Unterbrechung der Verjährung infolge der Anerkennung der Schuld zu einer kommerziellen Kreditgewährung kommt, die zwischen sozialistischen Organisationen nicht zulässig ist[31].

b) Gerichtliche Praxis zur Beweiserhebung

Zum Nachweis dafür, daß das Grundprinzip der Erforschung der objektiven Wahrheit im Zivilverfahren eine gesetzliche Grundlage hat, aber auch dazu, durch Anwendung dieser Bestimmungen die Erforschung zu fördern, werden die §§ 142—144, 272 b, 448, 286 ZPO herangezogen.

---

[28] OG, Urt. v. 24. 11. 1955, NJ 1956, S. 281, 283.

[29] Vgl. Präambel und § 1 der VGVO.

[30] *Ostmann*, NJ 1954, S. 728 f.; *Such*, NJ 1954, S. 434 f.

[31] *Kleine*, NJ 1954, S. 165.

Nach den §§ 142—144, 272 b und 448 ZPO ist das Gericht befugt, alle Beweise außer dem Zeugenbeweis zu erheben, ohne an den Antrag einer Partei gebunden zu sein.

Die Gerichte sollen von den Möglichkeiten dieser Bestimmungen weitgehenden Gebrauch machen[32]. Bei ihrer Aufklärungspflicht sollen sie sich auch nicht durch die Frage nach der Beweislast beeinträchtigen lassen[33]. In § 286 ZPO, der dem Gericht die freie Beweiswürdigung zuweist, sehen Lehre und Rechtsprechung der DDR eine Bestätigung der Pflicht des Richters zu einer erschöpfenden Aufklärung des streitigen Sachverhalts sowie zu einer gewissenhaften und sorgfältigen Prüfung und Abwägung aller für und gegen die Richtigkeit einer Behauptung sprechenden Umstände[34].

2. *Zurückdrängung der das Prinzip der formellen Wahrheit konkretisierenden Bestimmungen*

Die Betonung des Grundprinzips der Ermittlung der objektiven Wahrheit führt zwangsläufig dazu, daß diejenigen Bestimmungen der übernommenen Zivilprozeßordnung eine gänzlich andere Auslegung und damit weitgehende Zurückdrängung oder Nichtanwendung erfahren, die nach Wortlaut und Stellung in der ZPO Ausdruck der Verhandlungsmaxime sind oder die für den Prozeß der nur formellen Wahrheitsfindung bestimmte Fiktionen zwingend vorschreiben[35].

a) Gerichtliche Praxis zur Fiktion des Zugestehens

Mit dem Wahrheitsprinzip steht insbesondere § 138 Abs. 3 ZPO in Widerspruch, wonach nicht ausdrücklich bestrittene Tatsachenbehauptungen als zugestanden gelten und damit vom Richter zur Grundlage seines Urteils gemacht werden müssen, auch wenn sie objektiv unrichtig sind. Auch § 331 ZPO steht zu dem Wahrheitsprinzip offensichtlich im Widerspruch, denn die Säumnis des Beklagten gilt als Zugeständnis der Richtigkeit der vom Kläger behaupteten Tatsachen. Das Gericht darf das Vorbringen des Klägers nur noch auf seine Schlüssigkeit, nicht aber auf seine Richtigkeit und Wahrheitsgemäßheit untersuchen. Für diese fiktiven Zugeständnisse gilt ebenso wie für ausdrückliche Geständnisse einer Partei die Regelung des § 288 ZPO, nach dem zugestandene Tatsachen keines Beweises mehr bedürfen, also auch nicht widerlegt werden können.

---

[32] *Krüger - Langner*, NJ 1960, S. 570; *Rothschild - Hintze*, NJ 1953, S. 641.
[33] *Rothschild - Hintze*, NJ 1953, S. 642.
[34] KG-Ost NJ 1953, S. 786; *Nathan*, in: Zivilprozeßrecht, I, S. 31.
[35] *Pleyer*, Zentralplanwirtschaft, S. 85.

Dem Widerspruch zwischen dem Wahrheitsprinzip und den vorgenannten Bestimmungen sucht man in der DDR dadurch zu begegnen, daß das Gericht in Anwendung des § 139 ZPO bei Säumnis einer Partei die erschienene Partei dazu anhalten soll, anstelle eines Versäumnisurteils eine Entscheidung nach Lage der Akten zu beantragen (§ 331 a ZPO)[36]. Dadurch wird dem Gericht die Möglichkeit eröffnet, auch das aus den Akten ersichtliche Vorbringen der nicht erschienenen Partei zu berücksichtigen und sich eine bessere Grundlage für seine Entscheidung zu schaffen. Zudem wird bei einer Entscheidung nach Lage der Akten regelmäßig nicht ein Urteil, sondern ein Beweisbeschluß ergehen. Infolgedessen wird der nicht erschienenen Partei Gelegenheit gegeben, durch Wahrnehmung des nächsten Verhandlungstermins wieder aktiv am Verfahren mitzuwirken.

Ist eine Entscheidung nach Lage der Akten nicht möglich, so soll das Gericht vor Erlaß eines Versäumnisurteils bei der Prüfung der Schlüssigkeit der Klage gemäß § 331 Abs. 2 ZPO mit besonderer Sorgfalt vorgehen. Darauf ist insbesondere dann Wert zu legen, wenn die Klage in einem der üblichen Schemata oder sogar formularmäßig erhoben wurde. Das Gericht hat folglich bei einer solchen Klage trotz Säumnis des Verklagten von seiner Fragepflicht aus § 139 ZPO Gebrauch zu machen, um nähere Angaben hinsichtlich des Klaganspruchs herbeizuführen[37].

Auch die Fiktion des § 138 Abs. 3 ZPO, wonach Tatsachen, welche nicht ausdrücklich bestritten werden, als zugestanden anzusehen sind, wenn nicht die Absicht, sie bestreiten zu wollen, aus den übrigen Erklärungen der Partei hervorgeht, soll keine Entscheidungen ermöglichen, die mit den herrschenden gesellschaftlichen Auffassungen nicht zu vereinbaren sind. Auch hier soll das Fragerecht des Richters aus § 139 ZPO eingreifen.

Das OG[38] hat hierzu aus Anlaß einer Mietstreitigkeit entschieden, daß die sich aus der staatlichen Wohnraumlenkung ergebenden Notwendigkeiten es erfordern, das Vorliegen bestimmter klagebegründender Voraussetzungen ohne Rücksicht auf das Parteivorbringen auch dann von Amts wegen zu prüfen, wenn die dahingehende Behauptung einer Partei von der Gegenpartei nicht bestritten wird.

b) Gerichtliche Praxis bei Geständnis

Die Vorschrift des § 288 Abs. 1 ZPO wird dahin ausgelegt, daß das Gericht von der Beweiserhebung über zugestandene Tatsachen dann

[36] *Püschel*, in: Zivilprozeßrecht, I, S. 396.

[37] OGE 3, 88, 90; OGE 7, 177 f.

[38] Urt. v. 11. 12. 1959, zitiert bei *Schreier - Krüger*, NJ 1960, S. 230.

nicht absehen darf, wenn das Geständnis offensichtlich falsch ist. Das Gericht könne nicht dazu gezwungen werden, ein als unwahr erkanntes Geständnis zu beachten[39].

Diese Auffassung stützt sich auf § 138 Abs. 1 ZPO. Hiernach sind die Parteien verpflichtet, ihre Erklärungen über tatsächliche Umstände vollständig und der Wahrheit gemäß abzugeben. In Fällen, in denen das Geständnis nicht als offensichtlich falsch behandelt werden kann, soll § 139 dem Gericht die Befugnis einräumen, Geständnisse, die mit der objektiv bestehenden Sachlage nicht im Einklang stehen, zu verhindern[40].

c) Gerichtliche Praxis bei Anerkenntnis

Die richterliche Befugnis zur Ermittlung der objektiven Wahrheit erscheint im Hinblick auf § 307 ZPO problematisch, der bestimmt, daß bei Anerkennung des Klageanspruchs durch den Beklagten das Gericht ohne Prüfung der Schlüssigkeit und Richtigkeit der vorgebrachten Tatsachenbehauptungen die beklagte Partei antragsgemäß verurteilen muß.

Bei Vorliegen eines Anerkenntnisses wäre es dem Gericht bei strikter Anwendung des § 307 ZPO nicht mehr möglich, zu den gesellschaftlichen und wirtschaftspolitischen Hintergründen des Rechtsstreits vorzudringen und seine ihm durch § 2 GVG zugewiesenen Aufgaben wahrzunehmen.

Diesen unerwünschten Folgen einer strikten Anwendung des § 307 ZPO sucht man dadurch zu begegnen, daß man § 307 ZPO zwar als sanktioniertes Recht ansieht, seine Anwendbarkeit auf eine Vielzahl von Einzelfällen aber verneint, so daß man das Anerkenntnisverfahren nicht von dem Grundsatz der Erforschung der objektiven Wahrheit ausnehmen muß[41].

Danach darf das Gericht unbeschadet der Vorschrift des § 307 ZPO ein Anerkenntnisurteil nicht erlassen, das im Ergebnis dazu führen würde, Inhalt und Zweck der sozialistischen Gesetze zu umgehen[42]. Die Gerichte sind vielmehr zu der Untersuchung verpflichtet, ob das zu erlassende Anerkenntnisurteil dem Zweck und Inhalt der gesetzlichen Bestimmungen entspricht[43], insbesondere ob es nicht gegen grund-

---

[39] *Winkler*, in: Zivilprozeßrecht, I, S. 248.

[40] *Winkler*, aaO., S. 33.

[41] OGE 7, 155.

[42] OG, Urt. v. 11. 9. 1952, NJ 1952, S. 489; OG, Urt. v. 29. 10. 1968, NJ 1969, S. 223, 224.

[43] KG-Ost, Urt. v. 8. 7. 1954, NJ 1954, S. 578; OGE 8, 150.

legende Bestimmungen der Verfassung verstößt[44]. Auch muß trotz Anerkenntnis des Klageanspruchs die Schlüssigkeit der Klage geprüft werden[45].

Die Pflicht des Gerichtes, auch bei einem Anerkenntnis die materielle Begründetheit zu prüfen, hat besondere Bedeutung bei Verfahren in Arbeitsrechtssachen, in denen der Aufklärung des Sachverhalts besondere Bedeutung zukommt[46]. Der Richter muß insbesondere dann seiner Fragepflicht nachkommen, wenn in einem solchen Verfahren ein Verstoß gegen die Arbeitsdisziplin behauptet und anerkannt wird oder wenn Schadenersatzforderungen gegen Werktätige eingeklagt werden[47]. Der Grund hierfür ist darin zu sehen, daß durch das Anerkenntnis der Richter daran gehindert würde, mittels Beweiserhebung die Hintergründe des Schadensfalles und damit eventuell Mängel in der Organisation des Betriebes oder Handelsapparates aufzudecken[48]. Die wirtschaftspolitischen und erzieherischen Aufgaben des Gerichts müßten dann unerfüllt bleiben.

III. Auswirkungen auf das Rechtsmittelverfahren

Die Funktion der Rechtsprechung in der DDR und der Anspruch des Gerichtsverfahrens auf Entscheidungen, die der objektiven Wahrheit entsprechen, beeinflußt auch den Gang des Rechtsmittelverfahrens.

Mit dem Rechtsmittel will die beschwerte Partei die Überprüfung des ergangenen, noch nicht rechtskräftigen Urteils durch ein übergeordnetes Gericht erreichen; sie versucht, über eine von ihr angeregte Kritik an dem erstinstanzlichen Urteil dessen Aufhebung und eine für sie günstige Entscheidung herbeizuführen[49]. Gleichzeitig wird durch das Einlegen des Rechtsmittels dem höheren Gericht die Möglichkeit eröffnet, das untere Gericht hinsichtlich der Einhaltung der sozialistischen Gesetzlichkeit zu überprüfen und seine Anleitungstätigkeit mit dem Ziel der Einheitlichkeit der Rechtsprechung zu entfalten[50]. Darüberhinaus kann das Rechtsmittelgericht selbst in die vom unteren Gericht mit Hilfe des Grundprinzips der Ermittlung der objektiven Wahrheit erkannten und dargelegten gesellschaftlichen Hintergründe des Rechtsstreits Einblick gewinnen und diese Hintergründe durch eigene Beweiserhebungen vervollständigen.

---

[44] OGE 3, 179.
[45] OG, Urt. v. 10. 10. 1951, NJ 1952, S. 78.
[46] OGAE 1, 37.
[47] *Pleyer*, RdA 1967, S. 310; OGAE 1, 149.
[48] KG-Ost, Urt. v. 30. 9. 1954, NJ 1954, S. 670; OGE 3, 241.
[49] *Rohde*, NJ 1959, S. 373; *Fincke*, NJ 1968, S. 488.
[50] *Fincke*, NJ 1968, S. 487; *Cohn*, NJ 1969, S. 168.

Die Anzahl der Urteile, die im Rechtsmittelverfahren einer Korrektur unterzogen werden, ist nicht unbeträchtlich. So führten 1962 46,2 %, 1964 43,9 %, 1965 43,7 % und 1966 41,5 % aller in Zivilsachen eingelegten Berufungen zur Abänderung der erstinstanzlichen Entscheidung[51].

IV. Kassation

Das Bemühen, Entscheidungen zu verhindern, die der sozialistischen Gesetzlichkeit nicht entsprechen, und das Bestreben, auch ohne Hilfe der Parteien die Einheitlichkeit der Rechtsprechung durchzusetzen und Irrtümer unterer Gerichte zu korrigieren, hat in der DDR zur Einrichtung eines Verfahrens geführt, durch das rechtskräftige Entscheidungen im Laufe eines Jahres durch Kassation vom Obersten Gericht aufgehoben werden können[52].

Die Einführung der Kassationsmöglichkeit wird damit begründet, daß ungesetzliche, d. h. der sozialistischen Gesetzlichkeit nicht entsprechende Entscheidungen geeignet seien, nicht nur die Interessen der Verfahrensbeteiligten, sondern auch die der Gesellschaft zu verletzen. Die Aufrechterhaltung solcher Entscheidungen verhindere die Erfüllung der Aufgaben, die der Rechtsprechung zugewiesen sind[53]. Mit Hilfe der Kassation soll eine strenge Aufsicht über das gesetzliche Verhalten der Rechtspflegeorgane ermöglicht werden[54].

Die Kassation dient aber nicht nur der Aufhebung erkennbar falscher rechtskräftiger Entscheidungen, sondern auch der umfassenden Kontrolle der unteren Gerichte und ihrer Ausrichtung auf die Rechtsprechung der obersten Organe. Bezeichnend ist in diesem Zusammenhang, daß der größte Teil der in der amtlichen Sammlung veröffentlichten Urteile des OG Kassationsurteile sind.

Das Kassationsverfahren bietet die Möglichkeit, alle Rechtsfragen, deren Lösung durch den konkreten zur Entscheidung stehenden Fall nicht notwendig gefordert wird, mit zu behandeln. Das OG kann sich losgelöst vom vorgelegten Fall umfassend zu einer Rechtsfrage äußern und dadurch die Einheit der Rechtsprechung im weit höheren Maße fördern als eine Revisionsinstanz. Es benötigt nicht, wie bei Revisionsverfahren, mehrere Entscheidungen und damit verbunden längere Zeit, bis alle Aspekte einer Streitfrage zur Entscheidung gelangen und folglich allgemeingültig gelöst werden können[54].

---

[51] *Fincke,* NJ 1968, S. 488.

[52] Gesetz über die Errichtung des Obersten Gerichtshofes und der Obersten Staatsanwaltschaft der DDR vom 8. 12. 1949 (GBl. S. 111).

[53] *Niethammer - Latka,* NJ 1970, S. 182.

[54] *Nathan,* NJ 1951, S. 186.

Die Aufhebung rechtskräftiger Urteile in Zivilsachen von Staats wegen hat demnach vor allem rechtspolitische Funktionen zu erfüllen. Gleichzeitig ist die Kassation Ausdruck des demokratischen Zentralismus, da sie die einheitliche Leitung der Rechtsprechung gewährleistet und dem Grundsatz der Über- und Unterordnung der Gerichte Geltung verschafft.

Um zu gewährleisten, daß das Kassationsverfahren nur im Interesse der Gesetzlichkeit und der Einheitlichkeit der Rechtsprechung eingeleitet wird und nicht als Superrevisionsinstanz für die Verfahrensbeteiligten mißbraucht wird, ist die Befugnis zur Einleitung des Kassationsverfahrens nicht den Parteien, sondern zentralen staatlichen Organen übertragen; Kassationsanträge können nur vom Generalstaatsanwalt der DDR und vom Präsidenten des Obersten Gerichts gestellt werden[55]. Diese werden allerdings häufig durch die Parteien des abgeschlossenen Verfahrens auf die Mängel des Urteils hingewiesen.

Voraussetzung für die Kassation eines Urteils ist, daß es auf einer Gesetzesverletzung beruht, die für die Unrichtigkeit der Entscheidung ursächlich ist. Jedoch muß nicht jede unrichtige Entscheidung kassiert werden, bei der diese Voraussetzung gegeben ist. Ob die Kassation beantragt wird, hängt vielmehr vom pflichtgemäßen Ermessen der Antragsberechtigten ab, wobei die Forderung nach Wahrung der sozialistischen Gesetzlichkeit das ausschlaggebende Kriterium für die Entschließung bilden soll. Die zu kassierende Entscheidung muß demnach Mängel aufweisen, deren Beseitigung für die Festigkeit und Entwicklung der sozialistischen Gesetzlichkeit und für eine einheitliche Rechtsauslegung und Rechtsanwendung durch die Gerichte bedeutsam ist.

Das Kassationsgericht selbst trifft nicht Tatsachenfeststellungen und erhebt nicht Beweise, d. h., es erforscht nicht unmittelbar selbst die objektive Wahrheit des dem geltend gemachten Anspruch zugrundeliegenden Sachverhalts, sondern prüft nur, ob das Gericht, das die Entscheidung erlassen hat, den Sachverhalt richtig festgestellt, fehlerlos gearbeitet und das Recht richtig angewendet hat.

V. Rolle des Staatsanwalts in Zivilverfahren

Die Stellung und die Aufgaben des Staatsanwalts im Zivilverfahren wurden in der DDR neu geregelt. Aufgrund des Gesetzes über die Staatsanwaltschaft[56] ist der Staatsanwalt zum Zwecke der Wahrung der sozialistischen Gesetzlichkeit berechtigt, an jedem Zivilrechtsstreit durch

---

[55] Zunächst gem. dem Gesetz über die Errichtung, siehe Fußnote 52, geändert durch Erlaß des GVG, dort geregelt in § 55 Abs. 1 Ziff. 3.

[56] Vom 23. 5. 1952 (GBl. S. 408).

Einreichung von Schriftsätzen und durch Anwesenheit bei Gerichtsverhandlungen teilzunehmen. Er ist jedoch nur — ebenso wie in der Bundesrepublik — in Familienrechtssachen wie Entmündigungsverfahren, Ehenichtigkeitsklagen etc. zur Mitwirkung als Prozeßpartei berechtigt; bei den übrigen Zivilrechtssachen ist er nicht befugt, anstelle einer Partei Klage zu erheben oder Rechtsmittel einzulegen. Er kann aber den Prozeßparteien Hinweise geben und die Vornahme bestimmter Prozeßhandlungen empfehlen.

Die Entscheidung darüber, ob im konkreten Fall die Wahrung der sozialistischen Gesetzlichkeit die Teilnahme des Staatsanwalts am Zivilverfahren erfordert, hängt vom pflichtgemäßen Ermessen der Staatsanwaltschaft ab. Dieses Erfordernis wird vor allen Dingen dann bejaht, wenn eine der streitenden Parteien Träger von Volkseigentum oder eine sozialistische Genossenschaft ist. Eine Mitwirkung wird aber auch dann für erforderlich gehalten, wenn der betreffende Zivilprozeß für die Entwicklung der gesellschaftlichen, staatlichen und wirtschaftlichen Ordnung im Sozialismus von grundsätzlicher Bedeutung sein kann.

Über die Häufigkeit der Teilnahme des Staatsanwalts bei Zivilverfahren liegen folgende Angaben vor: In Zivilverfahren, in denen eine Partei Volkseigentum vertritt, wirkt der Staatsanwalt in 33 % aller Fälle, bei Arbeitsrechtssachen in 38 % und bei Familienrechtssachen in 1 % der registrierten Verfahren mit[57].

VI. Richterliche Normsetzung

Das von den Gerichten der DDR entwickelte Zivilverfahren weicht erheblich von dem Verfahrensablauf ab, wie er in der sanktionierten ZPO geregelt ist. Die Ermittlung der Grundprinzipien, auf die sich dieses neue Zivilverfahren stützt, war durch die Zweckbestimmung des Zivilprozesses vorherbestimmt; die Grundprinzipien können aus der ZPO mit den von der Rechtstheorie der DDR für zulässig gehaltenen Auslegungsmethoden nicht hergeleitet werden. Die Gerichte der DDR haben also ein geltendes Gesetz nicht strikt eingehalten, sondern sind für das Gebiet des Zivilverfahrens normenbildend tätig geworden. Sie können sich hierfür lediglich darauf berufen, daß nur ein solcherart umgestaltetes Verfahrensrecht die dem Zivilprozeß zugewiesenen Funktionen erfüllen kann.

Im Hinblick auf die Grundsätze der sozialistischen Gesetzlichkeit überrascht es, daß der Gesetzgeber der DDR nicht tätig geworden ist, obwohl hier ein bürgerliches Gesetz bei strikter Einhaltung seiner Be-

---

[57] *Krüger - Langner*, NJ 1960, S. 571.

stimmungen mit den Aufgaben des Zivilverfahrens in Widerspruch stehen würde. Die Gründe dafür, daß im Gegensatz zum Prinzip der Arbeitsteilung die Umgestaltung des Verfahrensrechts und damit eine rechtschöpfende Tätigkeit allein den rechtsprechenden Organen und der Rechtswissenschaft überlassen wurde, dürften darin zu sehen sein, daß in dem komplizierten, langwierigen Vorgang der Kodifikation des sozialistischen Rechts politische Prioritäten gesetzt werden mußten. Möglicherweise ist für die Hintanstellung der Schaffung eines Prozeßrechts auch die Überlegung maßgebend gewesen, daß das Verfahrensrecht als formelles Recht den Rechtsunterworfenen gegenüber dem materiellen Recht als zweitrangig erscheint. Die Gerichte konnten den Zivilprozeß, der Laien stets undurchsichtig und unverständlich war, als „internes Recht" umgestalten, ohne nach außen den Eindruck einer Normsetzung zu vermitteln. Der Gesetzgeber konnte sich deshalb darauf konzentrieren, zunächst die Gebiete des materiellen Rechts neu zu gestalten, denen auch im Bewußtsein der Rechtsunterworfenen entscheidende Bedeutung zukommt[58].

§ 11. Auslegungspraxis zu arbeitsrechtlichen Fragen

Als Beispiel für die Auslegung der vom sozialistischen Gesetzgeber erlassenen Gesetze soll im folgenden die Auslegungspraxis bei arbeitsrechtlichen Normen untersucht werden. Aus Gründen der Überschaubarkeit wird sich die Darstellung auf denjenigen Teil der gesetzlichen Regelungen beschränken, der die individuellen Rechte und Pflichten der Werktätigen zum Gegenstand hat. Dabei wird nicht übersehen, daß die kollektiven Befugnisse und Verpflichtungen der Werktätigen der DDR, wie etwa die Mitwirkungsrechte, interessant und für die tatsächliche Gestaltung des Arbeitslebens in der DDR von wesentlicher Bedeutung sind.

In jeder Rechtsordnung ist die Auslegungspraxis zu arbeitsrechtlichen Fragen von den theoretischen Auffassungen abhängig, die über den Charakter des Arbeitsrechtsverhältnisses[1] und die Funktion des Arbeitsrechts und der Arbeitsgerichte herrschen. Nur über die Kenntnis dieser theoretischen Grundlagen der einzelnen Rechtsordnung können die Unterschiede in arbeitsrechtlichen Detailfragen, die bei oberflächlicher Betrachtung verschiedener Rechtsordnungen scheinbar kongruent gelöst sind, herausgearbeitet werden.

---

[58] Wie etwa Arbeitsrecht, Familienrecht und Strafrecht.

[1] In der DDR werden die „Arbeitsverhältnisse" in ihrer konkreten Erscheinungsform — den Arbeitsverhältnissen im bürgerlichen Sinne — als „Arbeitsrechtsverhältnisse" bezeichnet.

Dem an der bürgerlichen Rechtsordnung geschulten Leser ist ein Eindringen in die arbeitsrechtliche Ordnung sozialistischer Staaten nur in der Weise möglich, daß er auch die gesetzlichen Regelungen kennt, auf denen diese Ordnung basiert. Die vorliegende Untersuchung muß deshalb diese Regelungen in die Betrachtung selbst dann einbeziehen, wenn sie zu methodischen Fragen der Auslegung bisher keine Veranlassung gegeben haben.

Ein von der Arbeitsrechtsordnung der Bundesrepublik ausgehender Leser wird feststellen, daß die gesetzlichen Regelungen der sozialistischen Arbeitsordnung nur wenige Normen enthalten, die eine Konfliktlösung zum Gegenstand haben. So stellt sich in der DDR das Gesetzbuch der Arbeit in erster Linie als eine Anleitung zum Handeln dar[2], die die Organisation des Betriebes, die Mitwirkungsrechte der Werktätigen und der Gewerkschaft und die Einstellung und Entlassung der Werktätigen regelt und dabei nur in geringem Umfang Bestimmungen darüber trifft, welche Rechtsfolgen bei Verletzung dieser Regelungen eintreten[3]. Dieser Ordnung liegt die Auffassung zugrunde, daß die Ursache antagonistischer Widersprüche durch die Änderung der Eigentumsordnung weggefallen sei und damit die sozialistische Rechtsordnung auf gesetzliche Konfliktlösungen zugunsten einer Friedensordnung verzichten könne[4].

I. Funktion des Arbeitsrechts und Charakter der Arbeitsverhältnisse in der BRD

In der Bundesrepublik wird das Arbeitsrecht als Schutzrecht des unselbständigen Arbeitnehmers angesehen, das durch Regelung der Arbeitsverhältnisse vor allem die Rechte der sozial schwächeren Arbeitnehmer zu gewährleisten hat. Die arbeitsrechtlichen Bestimmungen sollen einen Ausgleich herstellen zwischen dem Eigentümer der Produktionsmittel und dem unselbständig Arbeitenden, der gezwungen ist, für seinen Lebensunterhalt dem Unternehmer seine Arbeitskraft zur Verfügung zu stellen[5]. Durch die Sicherung des einzelnen Arbeitnehmers wird gleichzeitig den Interessen der Allgemeinheit Rechnung getragen: Kündigungsrechtliche Bestimmungen dienen der Eindämmung der Massenarbeitslosigkeit[6]; Arbeitsschutz- und Urlaubsbestimmungen si-

---

[2] *Mollnau*, StuR 1967, S. 1725; *Loeser*, StuR 1969, S. 244.

[3] Siehe aber *Marten*, StuR 1969, S. 776, 781.

[4] Informationsbericht des OG, NJ 1969, S. 326.

[5] In diesem Zusammenhang kann unerörtert bleiben, daß wirtschaftliches und rechtliches Eigentum an den Produktionsmitteln häufig auseinanderfallen ebenso wie Arbeitgeberstellung und Unternehmerstellung.

[6] Hierzu dienen insbesondere die §§ 15 ff. KSchG; *Hueck*, KSchG, Vorbem. vor §§ 15 ff., Rdnr. 1—12; ders. bei *Hueck - Nipperdey*, S. 691; *Nikisch*, S. 839.

chern die Kranken- und Rentenversicherungen vor Überbeanspruchung[7]. Die Verhinderung der Ausbeutung des Arbeitnehmers in einem sozialschädlichen Maß ist eine gesellschaftspolitische Funktion des Arbeitsrechts. Eine gesellschaftsgestaltende Funktion des Arbeitsrechts findet in der Bundesrepublik aber ihre Grenze in der Garantie des Privateigentums an Kapital und Produktionsmitteln durch Verfassung und Gesetz. Das Arbeitsverhältnis in der Bundesrepublik ist ein schuldrechtliches Verhältnis. Dieser Zuordnung des Arbeitsverhältnisses zum Schuldrecht steht nicht entgegen, daß Lehre und Rechtsprechung in der Bundesrepublik, wenn auch nicht unwidersprochen[8], die Ansicht vertreten, das Arbeitsverhältnis sei ein personenrechtliches Gemeinschaftsverhältnis[9]. Durch diese Konstruktion wird der Charakter des Arbeitsverhältnisses als Kaufvertrag über die Ware Arbeitskraft nicht geändert. Lediglich die sozial unerwünschten Implikationen des Vertragsrechts werden korrigiert, indem aus dem „Wesen des Arbeitsverhältnisses“ Rechtsfolgen hergeleitet werden, die die Anwendbarkeit einzelner Bestimmungen des Bürgerlichen Gesetzbuches ausschließen und es zulassen, daß sozial erwünschte Rechtskonstruktionen entwickelt werden können[10]. Der schuldrechtliche Charakter des Arbeitsverhältnisses als Austausch von Vermögensleistungen wird damit nicht angetastet[11].

II. Charakter der Arbeitsverhältnisse in der DDR

Von dieser Auffassung unterscheidet sich die in der DDR maßgebende Anschauung über den Charakter des Arbeitsrechtsverhältnisses in erheblicher Weise[12].

---

[7] Vgl. BAGE 3, 215, 126; *Nikisch*, S. 520; *Hueck-Nipperdey*, S. 432 f.

[8] *Spiros Simitis*, S. 298, 304, 385; *Unterseher*, Arbeitsvertrag, S. 67; *Söllner*, S. 197; *Ramm*, Anfechtung, S. 20 f.

[9] RAG 15, 46, 49; 22, 18; 163, 32; *Hueck - Nipperdey*, S. 241; *Nikisch*, S. 383.

[10] *Unterseher*, aaO, S. 66.

[11] BAG 8, 285; 4, 326; BGHZ 21, 112.

[12] *Bulla*, S. 141; *Mampel*, Arbeitsverfassung, S. 42 f.; *Kunz - Paul*, S. 25; *Paul*, S. 9 ff.; Unser neues GBA, S. 59 f.

Die allgemeine Definition des Arbeitsrechtsverhältnisses lautet: „... vom sozialistischen Arbeitsrecht geregeltes Verhältnis zwischen Werktätigem und juristischen Personen (Betriebe, Institutionen, Verwaltungen u. ä.), vertreten durch ihre Leiter, bzw. zwischen Werktätigen und Eigentümern privater Betriebe mit rechtswirksamer gegenseitiger Übernahme von Rechten und Pflichten im Arbeitsprozeß durch Abschluß eines Arbeitsvertrages, durch staatlichen Akt der Berufung (Ernennung) bzw. durch einen Wahlakt. Durch Begründung und Verwirklichung des Arbeitsrechtsverhältnisses erfolgt die Eingliederung der Werktätigen in Arbeitskollektive, die Verbindung der Betriebsleitung und der Werktätigen zum einheitlichen bewußten Handeln entspr. den Erfordernissen der sozialistischen Produktion und der von Ausbeutung befreiten Menschen auf der Grundlage des Gesetzbuches der Arbeit

Hiernach ist das Arbeitsrechtsverhältnis nicht ein schuldrechtliches Austauschverhältnis im Sinne einer bloßen Ware-Geld-Beziehung. Die Arbeitsverhältnisse in der DDR werden als Verhältnisse der kameradschaftlichen Zusammenarbeit und der gegenseitigen sozialistischen Hilfe von Ausbeutung freier Menschen angesehen[13]. Arbeit ist bewußt gesellschaftliche Tätigkeit[14], bewußt insofern, als der einzelne seine Leistung bewußt nicht nur für sich oder einen partikularen Arbeitgeber, sondern für die Gesellschaft als ganze einsetzt; seine Arbeit und sich selbst sieht er als Teil der gesamten gesellschaftlichen Produktion. Das Recht auf Arbeit und die Pflicht für jeden arbeitsfähigen Bürger zu gesellschaftlich nützlicher Tätigkeit sind in der Verfassung festgelegt[15].

Durch die verfassungsmäßige Ordnung und die davon abhängige Ordnung der Arbeitsverhältnisse sollen die Voraussetzungen für die Aufhebung der Entfremdung geschaffen sein.

1. Beseitigung der Entfremdung und der Gewalt im Betrieb

Die sozialistische Rechtstheorie knüpft dabei an den von Marx entwickelten Begriff der Entfremdung als Erscheinung des kapitalistischen Systems an[16]. Nach Marx besteht das Wesen des Menschen darin, daß er zu produktiver Tätigkeit, zur Bearbeitung der gegenständlichen Welt befähigt ist. In der Arbeit bemächtigt sich der Mensch der Natur und eignet sie sich an. Gleichzeitig entäußert er sich aber in der Arbeit, indem er sich im Produkt objektiviert. Im Kapitalismus gehört das Produkt der Arbeit — in dem der Arbeiter selbst in Form seiner gegenständlichen Arbeit enthalten ist — nicht dem Produzenten, sondern dem Produktionsmitteleigner, der es zur Ware macht und nach seinem Belieben verwendet. Der Arbeiter erhält lediglich einen Lohn, d.h. einen abstrakten Anspruch auf Mittel zur Reproduktion seiner Arbeitskraft, der nicht dem Wert des von ihm geschaffenen Produkts entspricht. Wird dem Menschen in der entfremdeten Welt sein Produkt entrissen, so verliert er das, was für sein Menschsein spezifisch ist, und sein Menschsein wird ihm zu einem bloßen Mittel der physischen Existenz. Die unmittelbare Folge der Entfremdung des Produkts und der Lebens-

---

und anderer arbeitsrechtlicher Bestimmungen (z. B. Rahmenkollektivvertrag, Arbeitsordnung, Betriebskollektivvertrag). Beendigt wird das Arbeitsrechtsverhältnis durch Tod, Aufhebungsvertrag, Abberufung, Kündigung oder Entlassung.“ (Lexikon der Wirtschaft. Arbeit . ., S. 104.)

[13] Unser neues GBA; S. 147; *Alexandrow*, S. 18.

[14] *Polak*, Reden, S. 447.

[15] Art. 24 der Verfassung von 1968.

[16] Vgl. Ökonomisch-philosophische Manuskripte aus dem Jahre 1844 in MEGA, I. Abtl., Bd. 3, S. 83 ff.; Grundrisse, S. 376 ff.

tätigkeit des Menschen ist die Entfremdung des Menschen vom Menschen[17].

Ebenso wie in der entfremdeten Arbeit das Produkt zur Ware wird, wird auch die lebendige Arbeit zur Ware. Für die vertragliche Bindung zwischen dem Eigentümer der Produktionsmittel und dem Arbeiter ist nicht die Person wesentlich, sondern allein die von ihr entfremdete Arbeitskraft und damit die Person als Sache. Der Arbeiter muß sich selbst in seinen wesentlichen Lebensfunktionen als Ware begreifen[18].

Nach Marx kann die Entfremdung des Menschen nur durch die Beseitigung des Privateigentums aufgehoben werden. „Die positive Aufhebung des Privateigentums als die Aneignung des menschlichen Lebens ist daher die positive Aufhebung aller Entfremdung[19]."

Im Verständnis des Marxismus-Leninismus macht die Partikularisierung des ökonomischen und damit auch des gesellschaftlichen Prozesses im Kapitalismus durch das Privateigentum an Produktionsmitteln es unmöglich, den gesamten Prozeß wissenschaftlich zu durchdringen und die historischen und ökonomischen Gesetze bewußt auszunutzen. Vielmehr sind der einzelne und die gesellschaftlichen Klassen, Schichten und Gruppen gezwungen, sich spontan zu verhalten, auf ökonomischem Gebiet über den Markt, auf gesellschaftlichem durch das Austragen partikularer Interessen etwa im Parlament. Erst durch die Abschaffung des Privateigentums an Produktionsmitteln und die wissenschaftliche Erkenntnis von Natur und Gesellschaft im Marxismus-Leninismus wird es möglich sein, spontanes Verhalten durch „bewußtes und planmäßiges Handeln" auch im Arbeitsprozeß zu ersetzen.

Nach der marxistisch-leninistischen Rechtstheorie kann es für die Aufhebung der Entfremdung und die Schaffung sozialistischer Arbeitsverhältnisse nicht ausreichen, dem Arbeitsrechtsverhältnis seinen schuldrechtlichen Charakter zu nehmen. Daraus folgt, daß die von der marxistischen Theorie geforderten Voraussetzungen für das sozialistische Arbeitsverhältnis nicht schon dadurch verwirklicht sind, daß das Arbeitsverhältnis kein Austausch von Arbeitskraft gegen Lohn sein soll. Die für das sozialistische Arbeitsverhältnis wesentliche Aufhebung der Entfremdung soll in der DDR auch nicht allein dadurch vollzogen worden sein, daß in das Arbeitsrechtsverhältnis bewußt der ganze Mensch in umfassender Personalität eingegliedert wird. Als wesentliches Merkmal des Arbeitsrechtsverhältnisses in der DDR gilt zwar das Eingegliedertsein, die Zugehörigkeit des Werktätigen zum Personalbestand

---

17 Vgl. auch *Fetscher*, S. 16; *Tomberg*, S. 139 ff.; *Richardi*, S. 115 ff.; *Wiedemann*, Arbeitsverhältnis, S. 14 ff., *Schaff*, S. 506 ff.

18 Vgl. *Schaff*, S. 503; *Spiros Simitis*, S. 266.

19 *Marx*, Ökonomisch-philosophische Manuskripte, MEGA, aaO, S. 115.

des Betriebes[20]. Diese Eingliederung des Werktätigen soll aber nur die Folge der durch die Aufhebung des Privateigentums veränderten Arbeitsverhältnisse sein.

Die Beschränkung auf die Beseitigung des schuldrechtlichen Charakters des Arbeitsrechtsverhältnisses durch Eingliederung des Werktätigen in den Betrieb würde das Arbeitsrechtsverhältnis auf einer Stufe verharren lassen, die an die von Gierke[21] und Potthoff[22] entwickelte, im Dritten Reich herrschende Konstruktion des Arbeitsverhältnisses erinnert[23]. Nach dieser Ansicht ist das Arbeitsverhältnis eine Rechtsbeziehung zwischen Unternehmer (Betriebsführer) und Arbeitnehmer (Gefolgschaft), die die Persönlichkeit als solche ergreift und bindet, also personenrechtliche Elemente in sich aufnimmt. Das Arbeitsverhältnis ist danach nicht ein schuldrechtliches Austauschverhältnis, sondern ein „personenrechtliches Gemeinschaftsverhältnis".

Durch Einführung dieses personenrechtlichen Elements wird bei sonst unveränderten gesamtgesellschaftlichen Gegebenheiten die soziale Abhängigkeit des Arbeitnehmers nicht beseitigt[24] und damit der Prozeß der Entfremdung nicht aufgehoben. Nach wie vor steht der Arbeiter den Produktionsmitteln und dem von ihm geschaffenen Produkt fremd gegenüber. Die Eingliederung hat vielmehr entgegengesetzte Wirkung: Während beim schuldrechtlichen Austauschverhältnis die Arbeitskraft erfaßt und dadurch die Person mittelbar verdinglicht wird, führt die Eingliederung, die die Hingabe des ganzen Menschen verlangt, zu einer unmittelbaren gesamtheitlichen Verdinglichung der Person[25]. Bei der Eingliederung verliert der Arbeiter überdies die Möglichkeit der Kalkulation mit der von ihm geforderten Leistung und ist durch die erstrebte persönliche Verbundenheit einer unübersehbaren Ausweitung seiner „Dienst- und Treue"-Pflichten ausgesetzt[26]. Damit wird die für ein Arbeitsverhältnis notwendige Kooperationspflicht des Arbeitnehmers durch ein seine Lebensführung bestimmendes „besonderes Gewaltverhältnis" ersetzt[27]. Dieses „personenrechtliche Gemeinschaftsverhältnis" führt ohne Änderung der Eigentumsordnung lediglich dazu, daß die Interessendivergenzen zwischen dem Eigentümer der Produktionsmittel und dem Arbeiter verdunkelt und die Interessen der Arbeit-

[20] *Alexandrow*, S. 66.

[21] Der Entwurf eines bürgerlichen Gesetzbuches, S. 191.

[22] Bei *Ramm*, Arbeitsrecht und Politik; S. 24.

[23] Vgl. *Rüthers*, Auslegung, S. 379 ff. und die dort angegebenen Nachweise.

[24] *Stein*, S. 274 f.; *Ramm*, Anfechtung, S. 23; *Schwerdtner*, S. 71; *Unterseher*, Kritische Justiz 1968, S. 95.

[25] *Spiros Simitis*, S. 279.

[26] *Kahn - Freund*, S. 192 f.

[27] *Tomberg*, S. 141 f., *Neumann*, S. 128.

nehmer einem „Gemeininteresse" untergeordnet werden, dessen Inhalt unbestimmt ist und daher beliebig ausgefüllt werden kann.

Ist innerhalb dieser Gemeinschaftsideologie der Zugriff des Unternehmers auf die ganze Person des Arbeiters als totaler Zugriff auf eine Person zugunsten privater Interessen zu sehen, so unterscheidet sich der Zugriff auf den Werktätigen in der DDR bei geänderten Eigentumsverhältnissen der idealen Konstruktion nach in entscheidender Weise dadurch, daß der Zugriff von der Gesellschaft her vorgenommen wird, in der der einzelne in gleichem Maß als Teil der Gesellschaft auch seinerseits einen solchen Zugriff erhält.

Auch die Herrschaft des Menschen über den Menschen im Betrieb kann nach der sozialistischen Theorie nur durch die Sozialisierung der Produktionsmittel beseitigt werden. Die Gewalt über den Menschen im Betrieb beruht darauf, daß der Arbeiter wegen seiner wirtschaftlichen Unterlegenheit gezwungen ist, an Produktionsmitteln zu arbeiten, die im Eigentum eines anderen stehen, und sich einseitig diktierten Ordnungen zu unterwerfen[28]. Er ist gehalten, seine Arbeitskraft einem nicht von ihm gelenkten Wirtschaftsplan und dessen Zweckerfüllung zur Verfügung zu stellen[29].

Die sozialistische Theorie geht davon aus, daß Produktionsmittel, die in Gemeineigentum überführt sind, für den Arbeiter nicht mehr fremdes Eigentum darstellen[30]. Damit ist die Gewalt des Eigentümers nicht mehr fremde Gewalt und es besteht volle Identität zwischen Herrschenden und Beherrschten[31]. Das Arbeitsverhältnis ist dann Ausdruck der Übereinstimmung der Interessen der Gesellschaft mit denen der Werktätigen[32].

2. *Änderung der Eigentumsordnung*

Ist die Neugestaltung der Arbeitsverhältnisse mit dem Ziel der Beseitigung der Entfremdung des Arbeiters und der Herrschaft des Menschen über den Menschen von der Änderung der Eigentumsordnung abhängig, so läßt sich die Neugestaltung der Arbeitsverhältnisse nur dann verwirklichen, wenn es gelingt, das Eigentum nicht nur im juristischen Sinne neu zuzuweisen[33].

---

[28] *Neumann* bei *Ramm*, Arbeitsrecht und Politik, S. 127.

[29] MEGA, I. Abtl., 3. Bd., S. 118.

[30] Kritik bei *Neumann*, RdA 1951, S. 1 und *Schaff*, S. 507.

[31] Kritik bei *Fetscher*, S. 30.

[32] *Reinwarth*, NJ 1966, S. 644; 1969, S. 326.

[33] *Bredernitz - Kunz*, StuR 1969, S. 193; *Loose - Schöneburg*, StuR 1969, S. 784.

Dabei ist zu berücksichtigen, daß im sozialistischen Rechtssystem nicht von einem von den gesellschaftlichen Verhältnissen losgelösten Eigentumsbegriff ausgegangen wird, wie er für die bürgerliche Rechtsordnung charakteristisch ist[34]. Die Auffassung, die im sozialistischen Rechtssystem zum Eigentumsbegriff vertreten wird, kann im Rahmen dieser Arbeit nur skizziert werden[35]. Unter Berufung auf Marx wird zwischen ökonomischem und juristischem Eigentum unterschieden, wobei das juristische Eigentum nur einen Ausschnitt des ökonomischen darstellt. Eigentum im ökonomischen Sinn ist hiernach eine historisch bestimmte gesellschaftliche Form der Aneignung der materiellen Güter durch den Menschen. Alle Produktion ist Aneignung der Natur durch den Menschen innerhalb und vermittelst einer bestimmten Gesellschaftsform[36]. Im kapitalistischen System soll die ökonomische Herrschaft privilegierter Eigentümer zur Folge haben, daß die private Aneignung der von Arbeitern hergestellten Produkte sich durch juristische Eigentumstitel legitimiert, ohne daß dieser private Aneignungsvorgang den materiellen Verhältnissen und den gesellschaftlichen Erfordernissen entspricht[37]. Mit der Beseitigung der Herrschaft des Privateigentums sollen aber nicht nur dessen Aneignungsprivilegien entfallen, also nicht nur ein juristischer Wechsel der Eigentümer eintreten. Dieser Vorgang soll vielmehr eine grundsätzliche Veränderung der gesamten Aneignung umfassen, so daß eine gänzlich anders strukturierte Art des Eigentums entsteht[38]. Nur eine solche Art des gesellschaftlichen Eigentums kann gewährleisten, daß das vom Arbeiter geschaffene Produkt ihm nicht als fremdes gegenübersteht. Bei dem Stand der Technik und der Notwendigkeit gesellschaftlicher Produktion ist eine andere als die gesellschaftliche Aneignung jedoch ausgeschlossen; ein Alleineigentum des Arbeiters an dem von ihm hergestellten Produkt ist also nicht mehr möglich. Seine selbständige wirtschaftliche Betätigung ist nur in einer gesellschaftlichen Bindung zu verwirklichen. Die assoziierten Produzenten und Eigentümer sind identisch, sie produzieren gesellschaftlich und sie eignen gesellschaftlich an[39].

Die Einräumung einer Eigentümerstellung für den einzelnen oder eine Gruppe (etwa die Betriebsangehörigen) am einzelnen Produkt bedeutet, daß die Eigentümer auf eine Fülle von Tauschbeziehungen angewiesen blieben. Nach der marxistisch-leninistischen Theorie, wie sie

---

[34] *Oberländer - Posch*, StuR 1969, S. 1814; vgl. aber *Markovits*, S. 49 ff.

[35] Vgl. *Marx*, Zur Kritik der Politischen Ökonomie, MEW 13, 8 ff., ders., Das Elend der Philosophie, MEW 4, 165 ff.

[36] *Marx - Engels*, Werke 13, 619.

[37] *Oberländer - Posch*, StuR 1969, S. 1813.

[38] *Hofmann*, StuR 1969, S. 1813.

[39] Vgl. auch *Tomberg*, S. 145, 150.

gegenwärtig in der DDR vertreten wird, würde eine Parzellierung des Volkseigentums zu einer Form des Gruppenkapitalismus führen, da die Tauschbeziehungen über einen Markt abgewickelt werden müßten mit der Folge des Entstehens oder Weiterbestehens von Anarchie, Gruppenegoismus, Gruppenmacht und Gruppenmarktmacht.

Damit wird zugleich gefordert, daß nach der Änderung der Eigentumsverhältnisse an den Produktionsmitteln die Nutzung und Bewirtschaftung der Produktionsmittel ausschließlich von der organisierten Gesellschaft entsprechend ihren Interessen und den objektiven Produktionsbedingungen mit Hilfe ihrer mit den Entscheidungen betrauten Organe ausgeübt wird[40].

Nur wenn es gelingt, den Werktätigen eine reale Eigentümerstellung einzuräumen, sind die Ursachen der Entfremdung des Arbeitenden und der Herrschaft des Menschen über den Menschen beseitigt. Da aber das Erbe der alten Gesellschaft fortwirkt und auch die Beseitigung der mannigfaltigen Formen und Bedingungen der Gesellschaft, etwa die Arbeitsteilung in körperliche und geistige Arbeit, erst in einem historischen Prozeß erfolgt, kann und muß sich während dieser Zeit das Verhalten und das Bewußtsein der Gesellschaftsmitglieder wandeln in einem langen Bewußtwerdungsprozeß, der nur im Sozialismus eingeleitet werden kann[41].

Ob das Ziel einer Eigentümerstellung der Werktätigen in der DDR bereits erreicht wurde, ist aber zweifelhaft. Nicht von ungefähr ist seit dem Beginn der Phase des Ökonomischen Systems des Sozialismus[42] ein angestrengtes Bemühen spürbar, tiefer in das Wesen der gesamtgesellschaftlichen Aneignung einzudringen, neue Einsichten über das Volkseigentum zu gewinnen und eine Neubestimmung des Volkseigentumsrechts vorzubereiten[43]. Im Rahmen dieser Arbeit kann auf den Verlauf der theoretischen Diskussion und ihre Verwirklichung in der Praxis nicht kritisch eingegangen werden[44]. Die Darstellung muß sich darauf beschränken, den vorherrschenden Standpunkt in der Theorie kurz zu skizzieren.

---

[40] *Oberländer-Posch,* StuR 1969, S. 1813; Bredernitz - Kunz, StuR 1969, S. 201.

[41] *Schaff,* S. 510; *Tomberg,* S. 157 ff.

[42] Etwa seit 1967.

[43] *Schüsseler,* StuR 1968, S. 211.

[44] Vgl. hierzu *Bley,* StuR 1965, S. 19; ders. StuR 1965, S. 1863; *Ranke,* NJ 1967, S. 204; *Langer - Pflicke - Streich,* StuR 1967, S. 401; *Osterland,* Vertragssystem 1967, S. 113; *Luft - Schmidt,* StuR 1968, S. 716; *Hoffmann - Moschütz - Zachäus,* NJ 1969, S. 417; *K. Müller,* Vertragssystem 1968, S. 160; *Oberländer - Posch,* StuR 1969, S. 1812; *Arlt,* StuR 1969, S. 1419; *Hofmann,* StuR 1969, S. 1224.

In der DDR soll den Werktätigen eine reale Eigentümerstellung zunächst dadurch eingeräumt werden, daß sie nach der Verfassung als Eigentümer der Produktionsmittel gelten. Ihre Stellung als Eigentümer sollen die Werktätigen durch Eingliederung in den Arbeitsprozeß verwirklichen, wobei entsprechend der veränderten Eigentumsordnung sowohl die Einbeziehung des einzelnen als auch der Arbeitsprozeß selbst systemspezifische Veränderungen erfahren. Dadurch, daß der einzelne Arbeiter zusammen mit den übrigen Werktätigen Einfluß auf die Gestaltung des Wirtschaftsplanes nimmt, ist er nicht mehr Objekt, sondern auch Subjekt des Arbeitsprozesses, so daß die technischen und gesellschaftlichen Veränderungen ihm gleichsam als Ergebnis seiner täglichen Arbeit erscheinen. Durch den Einsatz seiner Arbeitskraft kann er unmittelbar den Arbeitsprozeß gestalten und durch seine Arbeitsleistungen und die rationelle Nutzung der betrieblichen Mittel für den höchsten Zuwachs an Nationaleinkommen sorgen, um so optimal zur Befriedigung der eigenen Bedürfnisse und zugleich der der Mitglieder der sozialistischen Gesellschaft beizutragen. Durch die im Sozialismus mögliche und notwendige Verbindung von gesellschaftlich nützlicher und dem Entwicklungsstand der Produktivkräfte jeweils entsprechender Arbeit mit einem die gesamte Gesellschaft umfassenden Bildungsprozeß soll in zunehmendem Maße die geistig-schöpferische Arbeit die bloß körperliche ablösen und damit die überkommene Arbeitsteilung überwinden.

Die Arbeit im Sozialismus soll hierdurch zunehmend freie Selbstbestätigung des Werktätigen und damit unmittelbare Arbeit für sich selbst werden[45].

In der theoretischen Diskussion geht man also davon aus, daß die Werktätigen ihr Eigentum in erster Linie über ihr jeweiliges Betriebskollektiv nutzen und mehren, nicht isoliert als autarke Gruppen- oder Betriebseigentümer, „sondern auf der Grundlage des Perspektivplanes als Hauptsteuerungsinstrument der Volkswirtschaft nach gesellschaftlich vorgegebenen, auf demokratische Weise erarbeiteten Führungsgrößen[46].“ Es wird erkannt, daß die breite und differenzierte Einbeziehung des Werktätigen in die Planung und Leitung des sozialistischen Produktionsbetriebes unabdingbar ist[47]. Zugleich soll sich das Eigentümerbewußtsein festigen, „indem der Werktätige erkennt, daß er nur unter sozialistischen Bedingungen als Produzent und Eigentümer arbeitet, mitwirkt und Machtausübender ist“[48].

[45] *Alexandrow*, S. 18; *Polak*, Dialektik, S. 224; vgl. auch den Abschnitt über die Mitwirkungsrechte der Werktätigen, unten § 11 IV 2.

[46] Autorenkollektiv, Dokumente Verfassung, I, S. 325 f.; vgl. auch *Michas*, aaO, S. 35, 41 ff., *Schüsseler*, StuR 1968, S. 221.

[47] *Michas*, aaO, S. 113.

[48] *Michas*, aaO., S. 43.

Hinzuweisen ist an dieser Stelle auf die Problematik der zentral geplanten Produktion und Konsumtion, wenn diese Fragen nicht ausreichend gelöst werden. Die Notwendigkeit eines bürokratischen Wirtschaftsverwaltungsapparates und umfassender Planungs-, Leitungs- und Herrschaftsfunktionen birgt dann die Gefahr der Aufrechterhaltung, ja Intensivierung des Entfremdungsmechanismus[49].

III. Funktion des Arbeitsrechts und der Arbeitsrechtsprechung in der DDR

Die zum Charakter des Arbeitsverhältnisses dargelegten Unterschiede der Auffassung in der Bundesrepublik und DDR erstrecken sich notwendig auf die Funktion von Arbeitsrecht und Arbeitsrechtsprechung.

Nach der sozialistischen Rechtstheorie haben das sozialistische Arbeitsrecht und die Arbeitsrechtsprechung die Funktion,

— als Instrument des sozialistischen Staates der Organisierung und Leitung der gesellschaftlichen Arbeit zu dienen,

— die Grundrechte der Werktätigen auf dem Gebiet der Arbeit zu sichern[50],

— die sozialistische Demokratie, insbesondere die Mitwirkung der Werktätigen bei der Planung und Leitung der Betriebe zu fördern,

— die Herausbildung sozialistischer Persönlichkeiten mit dem Bewußtsein, kollektive Eigentümer der Produktionsmittel zu sein, zu unterstützen,

— die sozialistische Arbeitsdisziplin zu festigen[51],

— die ideellen und materiellen Impulse für die weitere Steigerung der Arbeitsproduktivität im Interesse eines höchstmöglichen Zuwachses an Nationaleinkommen richtig einzusetzen,

— im Interesse der Verbesserung der Arbeits- und Lebensbedingungen zu wirken und[52]

— die einheitliche Rechtsanwendung und Entscheidung von Arbeitsstreitfällen mit hoher Effektivität unter weitestgehender Einbeziehung gesellschaftlicher Kräfte, insbesondere der Gewerkschaften, der Schöffen und der Konfliktkommissionen als gesellschaftliche Gerichte, zu gewährleisten[53].

Dementsprechend wird das Arbeitsrecht in der DDR nicht dem Zivilrecht zugeordnet[54]. Es gilt als ein selbständiger Zweig der als einheitlich

[49] Vgl. dazu die theoretischen Überlegungen bei *Roggemann*, S. 17 ff.
[50] § 1 Abs. 1 GBA.
[51] Präambel des GBA.
[52] Ebenso *Reinwarth*, NJ 1966, S. 644; *Pleyer*, RDA 1967, S. 309.
[53] OG in dem Informationsbericht vom 7. 5. 1969, NJ 1969, S. 325.
[54] *Volze*, S. 26; Arbeitsrecht 1959, 317.

gesehenen sozialistischen Rechtsordnung, der in erster Linie mit dem Wirtschaftsrecht und dem Staatsrecht in Zusammenhang steht[55].

IV. Inhalt des Arbeitsrechtsverhältnisses in der DDR

Die Anforderungen, die in einem sozialistischen Rechtssystem an den Arbeitenden im Rahmen eines Arbeitsrechtsverhältnisses gestellt werden, sind dem Gesetzbuch der Arbeit (GBA) zu entnehmen, insbesondere dem Kapitel über die „sozialistische Arbeitsdisziplin“. In diesem Kapitel kommt die Funktion des Arbeitsrechts als Arbeitserziehungsrecht in besonderem Maße zum Ausdruck[56]. Seine Bestimmungen regeln die disziplinarischen Rechte und Pflichten der Betriebsangehörigen und legen entsprechende Disziplinarmaßnahmen fest. Die Normen über die sozialistische Arbeitsdisziplin verdeutlichen, in welcher Weise dem einzelnen auch und gerade im Arbeitsprozeß die Verantwortung für die allgemeine gesellschaftliche und wirtschaftliche Entwicklung auferlegt wird[57], die mit den Interessen des Werktätigen in Übereinstimmung stehen soll[58].

Dabei sei daran erinnert, daß die Interessenidentität nicht etwas endgültig Erreichtes ist, sondern auf der Basis des vorausgesetzten Grundkonsenses sozialistisches Eigentum stets neu geschaffen werden muß.

§ 106 GBA hat den Inhalt der Arbeitsdisziplin zum Gegenstand und umreißt zugleich den Inhalt des Arbeitsrechtsverhältnisses. Er lautet:

„Die sozialistische Arbeitsdisziplin äußert sich im bewußten Handeln der Werktätigen zur Durchsetzung der gemeinschaftlichen Interessen aller Werktätigen der sozialistischen Gesellschaft. Sie beruht auf der grundsätzlichen Übereinstimmung der Interessen der Gesellschaft und des einzelnen und umschließt die kameradschaftliche Zusammenarbeit, die gegenseitige Hilfe und Achtung sowie die gewissenhafte Erfüllung aller Arbeitsaufgaben zur Verwirklichung der Betriebspläne. Sie ist eine entscheidende Grundlage der sozialistischen Organisation der Arbeit.

Die Werktätigen sind insbesondere verpflichtet,

a) ihre Arbeitsaufgaben ordnungs- und fristgemäß zu erfüllen,
b) das sozialistische Eigentum zu mehren und es vor Beschädigung oder Verlust zu schützen,
c) die Arbeitszeit und die Produktionsmittel voll zu nutzen, Geld und Material sparsam zu verwenden und Qualitätsarbeit zu leisten,
d) die Bestimmungen über den Gesundheits- und Arbeitsschutz sowie Brandschutz einzuhalten,

---

[55] *Bredernitz - Kunz*, StuR 1969, S. 192 f.; *Schneider*, S. 98 f.

[56] *Bulla*, S. 142; *Reinwarth*, NJ 1966, S. 645; *Kunz - Boßmann*, S. 348.

[57] *Kunz - Boßmann*, aaO., S. 347 f.

[58] Unser neues GBA, S. 147.

e) die ihnen zur Erfüllung ihrer Arbeitsaufgaben vom Betriebsleiter erteilten Weisungen zu befolgen."

Nach der konkretisierenden Auslegung zu § 106 Abs. 2 b GBA ist der Werktätige arbeitsrechtlich verpflichtet, nicht nur alle seine Kenntnisse und Fähigkeiten in dem ihm zur Verfügung stehenden, auch über das Übliche hinausgehende Maß einzusetzen, sondern darüber hinaus selbst Initiative zu entwickeln[59]. Zudem ist er verpflichtet, durch Verbesserungsvorschläge darum zu ringen, die Arbeitsproduktivität rasch zu steigern, den wissenschaftlich-technischen Fortschritt durchzusetzen und die Arbeitsorganisation der Betriebe zu verbessern[60]. Die Pflicht des Werktätigen zum Schutz des sozialistischen Eigentums beschränkt sich nicht nur auf die dem Werktätigen innerhalb des Arbeitsverhältnisses unmittelbar anvertrauten Sachen oder die Abwendung drohender schwerer Schäden, sondern sie erstreckt sich auf das gesamte sozialistische Eigentum, über das der Betrieb die Rechtsträgerschaft ausübt und mit dem der Werktätige in Erfüllung seiner Arbeitsaufgaben oder auch nur während einer Anwesenheit im Betrieb in Berührung kommt[61].

1. Gehorsamspflicht

Die Pflicht des Werktätigen, die Weisungen des Betriebsleiters zu befolgen, unterscheidet sich aus der Sicht der arbeitsrechtlichen Rechtsprechung und Lehre der DDR erheblich von der Gehorsamspflicht des Arbeitnehmers im Sinne des bürgerlichen Arbeitsrechts. Für diese Auffassung wird davon ausgegangen, daß jede gemeinschaftliche Arbeit Disziplin erfordert und nur möglich ist, wenn sich alle Beteiligten einer Arbeitsordnung und den Weisungen des Leiters der jeweiligen gemeinschaftlichen Arbeit fügen[62]. Der Charakter der verlangten Disziplin soll aber davon abhängen, in wessen Eigentum die Produktionsmittel stehen. Bei der Unterordnung unter die sozialistische Arbeitsdisziplin soll es sich demnach nicht um Unterordnung unter eine fremde Gewalt handeln. Danach gründet sich die Unterordnungspflicht als Inhalt der sozialistischen Arbeitsdisziplin nicht auf Zwang; sie soll eine freiwillig bejahte und eingehaltene Disziplin darstellen, die von den meisten Werktätigen als ihre erste moralische Pflicht gegenüber der Gesellschaft betrachtet werde[63].

---

[59] *Kunz - Boßmann,* S. 350.
[60] Unser neues GBA, S. 148.
[61] Unser neues GBA, S. 147.
[62] *Alexandrow,* S. 38.
[63] *Alexandrow,* S. 40.

2. *Mitwirkungsrechte*

Der so konzipierten Unterordnungspflicht des Werktätigen entspricht sein Recht und die Pflicht auf aktive Mitwirkung im Betrieb. Bei dieser vom sozialistischen Arbeitsrechtssystem eingeräumten Mitwirkung handelt es sich nicht um Teilhabe an der Betriebsleitung oder um die Führung des Betriebes durch ein Kollektiv, dem Vertreter der Werktätigen angehören. Die Betriebe in der DDR werden vielmehr grundsätzlich nach dem Prinzip der Einzelleitung bei kollektiver Beratung geführt. Die Werktätigen üben ihre Mitwirkungsrechte vornehmlich über die Gewerkschaften und deren Organe aus; sie beteiligen sich an den verschiedenen Formen der „Masseninitiativen“ wie dem sozialistischen Wettbewerb, der Neuererbewegung und den sozialistischen Arbeits- und Forschungsgemeinschaften; ihr Einfluß soll durch Mitgliedschaft in der Partei und in anderen Massenorganisationen zur Geltung kommen[64].

Das komplizierte System der Mitwirkungsrechte kann hier nicht dargestellt werden. Die bloße Aufzählung der einzelnen Rechte und Pflichten bliebe für die Beurteilung einer realen Eigentümerstellung der Werktätigen im Betrieb solange ohne Bedeutung, als nicht analysiert und angegeben werden kann, wie Einfluß und Funktionsfähigkeit der einzelnen Mitwirkungsinstrumentarien zu gewichten sind[65].

3. *Disziplinarmaßnahmen und materielle Verantwortlichkeit*

Die konkreten Anforderungen des einzelnen Betriebes an die sozialistische Arbeitsdisziplin der Betriebsangehörigen werden, wie in § 107 GBA vorgesehen, in Arbeitsordnungen niedergelegt, die der Betriebsleiter unter Mitwirkung der Werktätigen ausarbeitet und im Einvernehmen mit der Betriebsgewerkschaftsleitung in Kraft setzt.

Die Betriebe können die Einhaltung der sozialistischen Arbeitsdisziplin durch positive wie negative Maßnahmen fördern und durchsetzen. So können Werktätige, die hervorragende Arbeitsleistungen erbracht, ihre Aufgaben gut erfüllt oder lange Zeit in einem Betrieb gut gearbeitet haben, durch Einzel- oder Kollektivauszeichnungen geehrt werden (§ 108 GBA). Diese Ehrung hat in öffentlicher und würdiger Form zu erfolgen; mit ihr ist eine bevorzugte Behandlung bei Vergünstigungen verbunden, sie umfaßt damit auch materielle Vorteile. Zur

---

[64] Vgl. zu den Einzelheiten die Darstellung im arbeitsrechtlichen Kapitel der Materialien zum Bericht zur Lage der Nation 1972, insbesondere Rdnr. 417 ff.

[65] Vgl. hierzu *Ludz* (Hrsg.), Soziologie der DDR und das Sonderheft 1970 des Deutschland Archivs, jeweils mit Hinweisen auf weitere soziologische Untersuchungen.

Durchsetzung der sozialistischen Arbeitsdisziplin stehen dem Betriebsleiter gegenüber Werktätigen, die ihre Arbeitspflichten schuldhaft verletzen, als Disziplinarmittel der Verweis, der strenge Verweis oder die fristlose Entlassung zur Verfügung (§ 109 GBA). Ist durch die schuldhafte Verletzung der Arbeitspflichten dem Betrieb ein Schaden entstanden, so hat der schuldige Werktätige Schadensersatz in Geld zu leisten (§§ 112, 114 GBA). Beruht der Schaden nur auf Fahrlässigkeit, so darf die Schadensersatzleistung nicht höher sein als der Betrag eines monatlichen Tariflohns (§ 113 GBA).

V. Anwendbarkeit der Bestimmungen des BGB

Mit dem Erlaß des GBA wurde für den Bereich des Arbeitsrechts die Anwendbarkeit der Bestimmungen des Bürgerlichen Gesetzbuches ausdrücklich ausgeschlossen[66]. Dies führte insofern zu keiner Änderung der Rechtslage, als bereits zuvor die Anwendbarkeit der BGB-Bestimmungen durch die Gerichte abgelehnt worden war.

Das OG hatte bereits früher entschieden[67], daß die Bestimmungen des Bürgerlichen Gesetzbuches über die Unwirksamkeit von Verträgen auf Arbeitsverträge grundsätzlich nicht angewendet werden dürfen; der Arbeitsvertrag könne nur auf Grund spezieller arbeitsrechtlicher Bestimmungen gelöst weden. Die Anwendbarkeit der Vorschriften über die Anfechtung wegen Irrtums (§§ 119 ff. BGB), den Rücktritt vom Vertrage wegen Unmöglichkeit oder Verzuges (§§ 320 bis 326 BGB) und die Unwirksamkeit eines Vertrages wegen Ausfallens einer aufschiebenden oder Eintritts einer auflösenden Bedingung wurde damit ausgeschlossen.

Die Begründung für die Unanwendbarkeit leitet das OG aus dem Wesen des Arbeitsrechtsverhältnisses her. Allein dieses Ergebnis, das durch Anschauung des Wesens des Arbeitsrechtsverhältnisses gewonnen werde, entspreche dem Erfordernis der Klarheit über die Rechtsbeziehungen auf dem Gebiete des Arbeitsrechts und der Rolle des Arbeitsrechts bei der Regelung der Arbeitsbeziehungen. Nur hierdurch seien die Rechte der Werktätigen zur Verwirklichung des Grundrechtes auf Arbeit und das gegenseitige Vertrauen der Beteiligten auf die Wirksamkeit eines abgeschlossenen Arbeitsvertrages ausreichend gewährleistet[68].

---

[66] § 1 Abs. 2 Buchst. d des Einführungsgesetzes zum Gesetzbuch der Arbeit vom 12. 4. 1961 (GBl. I, 49).

[67] AR 1958, S. 315 f.

[68] AG AR 1958, S. 316.

VI. Auslegung zu Fragen des Kündigungsrechts

1. Funktion des Kündigungsrechts

Das Kündigungsrecht hat in der DDR zunächst die Funktion, die Interessen der Werktätigen an der Beibehaltung ihres Arbeitsplatzes zu sichern. Zudem sieht das Kündigungsrecht einen besonderen Schutz bestimmter Personengruppen vor, die der Fürsorge der Gesellschaft in erhöhtem Maße bedürfen (z. B. Schwangere und Schwerbeschädigte)[69].

Im sozialistischen Rechtssystem hat das Kündigungsrecht darüber hinaus die volkswirtschaftlich bestimmte Funktion der Arbeitskräftelenkung. Spontane Arbeitskräftebewegungen stören die planmäßige Verteilung der Arbeitskräfte, erzeugen Warte- und Stillstandszeiten, Unterbesetzungen und Kosten für die Einarbeitungszeit neueingestellter Werktätiger[70]. Kündigungen sind deshalb wegen der negatigen Auswirkungen auf die Planerfüllung grundsätzlich unerwünscht.

Das Kündigungsrecht in der DDR hat daher neben der Sicherung des Arbeitsplatzes für den einzelnen Werktätigen auch die Funktion, zum Schutze der Entwicklung der Volkswirtschaft die Zahl der Kündigungen auf ein wirtschaftlich tragbares Maß zu vermindern[71].

Im Interesse der Arbeitskräftelenkung wird in der DDR anstelle der Kündigung der Aufhebungsvertrag empfohlen, der die gebräuchlichste Form der Beendigung der Arbeitsrechtsverhältnisse darstellen soll[72]. Bei diesem Vertrag handelt es sich um eine Vereinbarung der Partner eines Arbeitsverhältnisses, mit dem die Beendigung des Arbeitsverhältnisses herbeigeführt wird, § 31 Abs. 1 GBA. Seine Funktion besteht darin, die Möglichkeit der Vertragsauflösung den sich ständig entwickelnden und verändernden Verhältnissen anzupassen[73]. Mit dem Aufhebungsvertrag wird den beiderseitigen Interessen dadurch Rechnung getragen, daß sowohl die Rechte des Werktätigen gewahrt bleiben, als auch die Beendigung den konkret vorhandenen Erfordernissen entsprechend gestaltet werden kann. Beide Partner des Aufhebungsvertrages können innerhalb einer bestimmten Frist den Aufhebungsvertrag auf seine Wirksamkeit und Gültigkeit durch das Arbeitsgericht nachprüfen lassen. Die Betriebsgewerkschaftsleitung ist zu hören. Der Aufhebungsvertrag wird von der sozialistischen Rechtslehre als Aus-

---

[69] *Kranke - Spangenberg - Böhm,* S. 10.

[70] *Michas,* S. 189.

[71] *Stelter,* S. 46 f.

[72] Plenartagung des OG, NJ 1966, S. 654; *Schulz,* NJ 1970, S. 5. Für das Jahr 1957 noch anders, *Kranke - Otte,* IV, S. 12.

[73] Beschluß des Plenums des OG, NJ 1966, S. 652.

druck der durch gemeinsames Handeln erreichten Übereinstimmung der gesellschaftlichen und persönlichen Interessen angesehen[74].

2. *Die fristgemäße Kündigung*

Bis zur Kodifizierung des GBA 1961 unterlagen die Arbeitsrechtsverhältnisse dem im Jahre 1950 erlassenen Gesetz der Arbeit zur Förderung und Pflege der Arbeitskräfte, zur Steigerung der Arbeitsproduktivität und zur weiteren Verbesserung der materiellen und kulturellen Lage der Arbeiter und Angestellten (GdA)[75]. Das dort in § 38 nur grundsätzlich geregelte Kündigungsrecht wurde durch die im Jahre 1951 erlassene Verordnung über Kündigungsrecht (KVO)[76] ergänzt.

a) Kündigungsgründe der KVO

Da sich bereits bei der Anwendung dieser Kündigungsvorschriften in Literatur und Rechtsprechung der DDR Auslegungstendenzen herausgebildet haben, die zum Teil im GBA gesetzlich sanktioniert, zum Teil wegen weitgehend gleichlautender Bestimmungen im GBA weiterentwickelt wurden, wird im folgenden auch die Auslegungspraxis zu den vom GBA ersetzten Vorschriften behandelt, soweit ihr heute noch Bedeutung zukommt.

Im Gegensatz zum Arbeitsrecht der BRD, das die fristgemäße Kündigung grundsätzlich jederzeit ohne besondere Gründe zuläßt und lediglich durch bestimmte Formen des Kündigungsschutzes einschränkt[77], darf in der DDR nur dann gekündigt werden, wenn bestimmte Gründe für die Beendigung des Arbeitsverhältnisses vorliegen.

Zwar regelte § 10 KVO in einer Generalklausel lediglich, daß die fristgemäße Kündigung eines Arbeitsrechtsverhältnisses nur dann unwirksam ist, wenn sie gegen die Verfassung, gegen gesetzliche oder kollektivvertragliche bzw. tarifvertragliche Bestimmungen verstößt oder wenn sie die sozialen oder demokratischen Grundsätze des Arbeitslebens verletzt. Diese Generalklausel wurde aber in Literatur und Rechtsprechung übereinstimmend dahin ausgelegt, daß nicht jede Kündigung mit Ausnahme der unter § 10 KVO fallenden wirksam ist, sondern daß die Kündigungsgründe eine ganz bestimmte Qualität aufweisen müssen, wenn sie eine Kündigung rechtfertigen sollen[78].

---

[74] *Michas*, S. 194 f.

[75] Vom 19. 4. 1950 (GBl. S. 349).

[76] Vom 7. 6. 1951 (GBl. S. 550).

[77] Ob dieser theoretische Gegensatz auch in der Praxis zu unterschiedlichen Ergebnissen führt, mag hier dahingestellt bleiben.

[78] *Schlegel*, S. 99 f.; *Kranke*, S. 24; *Stelter*, S. 107 f.; BG Frankfurt, Urt. v. 25. 9. 1958, AR 1959, S. 187.

Literatur und Rechtsprechung haben hierzu einen Katalog enumerativ aufgezählter zulässiger Kündigungsgründe entwickelt, ausgehend von der Auffassung, jeder andere Kündigungsgrund müsse gegen das Verbot des § 10 KVO verstoßen. Dieser im Arbeitsrecht allgemein anerkannte Katalog der Kündigungsgründe stellt folglich zwingende Auslegungsregeln auf, da er nach dieser Ansicht Ausdruck der Rechtsanschauungen der Werktätigen ist[79].

Diese Auslegung des § 10 KVO, mit der die Kündigungsmöglichkeit über den Gesetzeswortlaut hinaus erschwert wurde, ist auf die Bestrebungen zur Verminderung der Kündigungen seitens der Betriebe zurückzuführen[80]. Um ein durch Arbeitsplatzwechsel zu erwartendes Sinken der allgemeinen Produktivität zu vermeiden, haben die Interessen des einzelnen Betriebes an dem Ausscheiden bestimmter Werktätiger zurückzutreten.

Eine fristgemäße Kündigung ist nach dieser Auslegung nur dann gerechtfertigt, wenn das Arbeitsverhältnis unter Wahrung der Übereinstimmung zwischen den gesellschaftlichen Interessen, die in den Belangen des Betriebes und den Erfordernissen seiner ordnungsgemäßen Arbeit zum Ausdruck kommen, und den individuellen Interessen des Werktätigen beendet wird. Eine Kündigung verletzt dann nicht die sozialen und demokratischen Grundsätze des Arbeitslebens, wenn sie gesellschaftlich notwendig ist[81]. Gesellschaftlich notwendige Gründe für eine Kündigung können im Betrieb oder in der Person des Werktätigen liegen. Betriebliche Gründe, die eine Kündigung rechtfertigen, sind

— Auflösung des Betriebes, wenn dieser nicht lediglich juristisch aufgelöst wird[82],
— Umorganisation des Betriebes, jedoch nur dann, wenn es sich um eine tatsächliche Änderung der Arbeitsorganisation handelt, durch die bestimmte Tätigkeiten und die mit ihnen verbundenen Arbeitsplätze wegfallen[83],
— Stellenplanänderung, d. h., wenn durch Anordnung des Ministeriums für Finanzen — Stellenplanverwaltung — mit bindender Wirkung Stellen weggefallen sind[84].

Bei Kündigungen aus diesen Gründen ist die Betriebsleitung befugt, den weniger geeigneten Werktätigen zu kündigen und die fähigeren an

---

[79] Siehe dazu die in Fußnote 78 angegebenen, sowie *Feiler*, NJ 1957, S. 367; anders noch BAG Erfurt, Urt. v. 11. 7. 1957, AR 1958, S. 30.

[80] *P. Hoffmann*, S. 263, *Pleyer*, RdA 1967, S. 306 f.

[81] LAG Berlin, Urt. v. 21. 11. 1952, NJ 1953, S. 121; *Kranke*, S. 25.

[82] *Stelter*, S. 109.

[83] *Stelter*, S. 110.

[84] *Kranke*, S. 25; *Stelter*, S. 111.

den verbleibenden Arbeitsplätzen einzusetzen. Die Entscheidung des Betriebes ist durch Konfliktkommissionen und Arbeitsgerichte nachprüfbar[85]. Die von der Betriebsleitung getroffene Auswahl verstößt dann gegen die sozialen Grundsätze des § 10 KVO, wenn aus betrieblichen Gründen einem Werktätigen gekündigt wurde, der mehrere Unterhaltsberechtigte zu versorgen hat, während ein anderer Werktätiger, bei dem diese Verpflichtung nicht besteht, im Betrieb verbleibt, obwohl er nicht besser qualifiziert ist als der Gekündigte[86].

Gründe in der Person des Werktätigen, die den Betrieb zur fristgemäßen Kündigung berechtigen, setzen regelmäßig kein schuldhaftes Verhalten des Werktätigen voraus. Sie können daher nur in Verbindung mit den betrieblichen Verhältnissen die Notwendigkeit begründen, das Arbeitsverhältnis zu beenden[87]. Hierbei wird betont, daß das Interesse keineswegs einseitig auf eine Steigerung der Produktion, auf eine reibungslose Erfüllung der Pläne um jeden Preis gerichtet sein darf, sondern daß aus dem Prinzip der Sorge um den Menschen auch die individuellen Interessen des einzelnen Werktätigen gewahrt werden müssen[88].

Mit Rücksicht auf das Prinzip der Sorge um den Menschen herrschte zunächst Unklarheit darüber, ob eine lang andauernde Krankheit geeignet sei, die Kündigung des Werktätigen zu rechtfertigen. Die Kündigung aus einem solchen Grunde mußte als in besonderem Maße gegen die sozialen und demokratischen Grundsätze verstoßend erscheinen. Deshalb bestand Einigkeit darüber, daß die Kündigung wegen Krankheit grundsätzlich unzulässig ist[89]. Demgegenüber forderten die Interessen des Betriebes dann eine andere Lösung, wenn bei bestimmten Arbeitsplätzen der längere Ausfall einer Arbeitskraft durch Mehrarbeit der übrigen Beschäftigten nicht ausgeglichen werden konnte. Eine solche Lösung fand das LAG Berlin[90], indem es eine Kündigung wegen Krankheit für unzulässig hielt, eine Kündigung aber wegen Blockierung einer Planstelle durch einen nicht arbeitsfähigen Werktätigen und wegen der dadurch verursachten Störung der Arbeitseinteilung und des Arbeitsablaufes zuließ[91].

Die Kritik an dieser Entscheidung richtete sich dagegen, daß das Gericht Krankheit und die damit zwangsläufig verbundenen Folgen in

---

[85] BG Suhl, Urt. v. 30. 4. 1959, AR 1960, S. 157; *Stelter*, S. 114.

[86] *Alexandrow*, S. 137; *Stelter*, S. 113 f.; *Kranke*, S. 25; *Schlegel*, S. 101.

[87] *Stelter*, S. 114.

[88] *Stelter*, S. 115.

[89] *Kranke*, S. 26; *Schlegel*, S. 102; *Stelter*, S. 118.

[90] Urt. v. 14. 1. 1952, NJ 1953, S. 223.

[91] Ähnlich *Kranke - Spangenberg*, II, S. 54.

unzulässiger Weise getrennt habe[92]. Vielmehr müsse darauf abgestellt werden, wann mit dem Wegfall der Arbeitsunfähigkeit gerechnet werden könne, um so zu einem gerechten Ausgleich der Interessen zu kommen[93].

Schließlich setzte sich die Auffassung durch, die den Interessen des Betriebes zwar Rechnung trug, die Interessen des erkrankten Werktätigen aber so weit wie möglich zu schützen suchte. Danach ist eine Kündigung wegen Krankheit nur dann gerechtfertigt, wenn die Nichtbesetzung der Planstelle zu einer untragbaren Härte für den Betrieb führen würde und deshalb ausnahmsweise die betrieblichen Interessen derart überwiegen, daß eine Lösung des Arbeitsverhältnisses im gesellschaftlichen Interesse liegt[94].

Die fristgemäße Kündigung durch den Werktätigen ist ohne Begründung zulässig, sie findet aber ebenso wie die Kündigung seitens des Betriebes ihre Grenze in § 10 KVO. So soll auch sie nicht gegen gesetzliche oder kollektivvertragliche Bestimmungen oder gegen die sozialen und demokratischen Grundlagen des Arbeitslebens verstoßen[95]. Dementsprechend dürfe ein Werktätiger seine Interessen nicht über die entgegenstehenden Interessen der Gesellschaft stellen. Jedoch fand die Ansicht, die gesellschaftlichen Interessen seien durch den Werktätigen nur dann gewahrt, wenn mit der Kündigung der Übergang in die vom Staat intensiv geförderten Arbeitsverhältnisse (z. B. Schwerindustrie oder Volkspolizei) ermöglicht werden sollte, keine Zustimmung[96]. Allerdings sollten Kündigungen, die etwa von mehreren Facharbeitern gleichzeitig ausgesprochen werden, um eine Leistungszulage zu erzwingen, für rechtsunwirksam erklärt werden können[97].

b) Kündigungsgründe des GBA

Der bereits zu § 10 KVO getroffenen Auslegungsregelung entsprechend hat das GBA die Kündigungsmöglichkeit des Betriebse nicht mehr negativ im Sinne eines Verbots bestimmter Kündigungsgründe gefaßt, sondern positiv die Gründe aufgezählt, die den Betrieb zur Kündigung berechtigen. Der Betrieb darf danach nur kündigen, wenn das Ausscheiden des Werktätigen vom Gesetz als erforderlich anerkannt ist, d. h. wenn die Voraussetzungen des § 31 Abs. 2 GBA erfüllt sind.

---

[92] *Stelter*, S. 119.

[93] *Hintze*, NJ 1953, S. 223.

[94] KG-Ost, Urt. v. 4. 2. 1954, NJ 1954, S. 218; *Stelter*, S. 120; *Kranke*, S. 26.

[95] *Schlegel*, S. 102; *Stelter*, S. 124.

[96] *Kranke*, S. 26; *Stelter*, S. 125.

[97] *Stelter*, S. 125.

Geht die Kündigung vom Werktätigen aus, so sieht das Gesetz für deren Zulässigkeit keine Einschränkungen vor.

Die fristgemäße Kündigung eines Werktätigen ist nach § 31 Abs. 2 GBA dann zulässig,

- — wenn sie infolge Änderung der Produktion, des Struktur- bzw. Arbeitskräfteplanes notwendig ist; diese Art der Kündigung kommt verhältnismäßig selten vor[98];
- — wenn der Werktätige für die vereinbarte Arbeit nicht geeignet ist;
- — wenn die Mängel des Arbeitsvertrages durch die Beteiligten nicht geändert werden können; so, wenn die Beschäftigung gegen ein gesetzliches Verbot verstößt, vgl. § 23 Abs. 2 GBA.

Die Notwendigkeit einer Kündigung wird aber selbst bei Vorliegen dieser Gründe nur dann anerkannt, wenn die Beendigung des Arbeitsverhältnisses gesellschaftlich notwendig ist. In § 31 Abs. 4 GBA ist daher die zusätzliche Forderung aufgestellt, daß die gesellschaftlichen und persönlichen Interessen Berücksichtigung finden müssen und daß die Übernahme einer anderen Arbeit im Betrieb mit dem zu kündigenden Werktätigen nicht vereinbart werden kann. Zudem ist der Betrieb bei Ausspruch der Kündigung verpflichtet, den Werktätigen rechtzeitig zu unterstützen, damit er in einem anderen Betrieb zumutbare Arbeit erhält.

Diese die Kündigung erschwerenden Bestimmungen werden von Literatur und Rechtsprechung der DDR in Fortführung der bereits seit 1950 andauernden Entwicklung außerordentlich streng ausgelegt[99].

So hat das BAG Karl-Marx-Stadt unter Zustimmung der Literatur[100] § 31 Abs. 4 GBA dahin ausgelegt, daß der Betrieb vor Aussprache der Kündigung alle Möglichkeiten auszuschöpfen habe, die es gestatten, den Arbeitsvertrag aufrechtzuerhalten, wenn auch unter veränderten Bedingungen[101]. Wenn eine solche Möglichkeit gegeben sei, bestünde keine Notwendigkeit zur Auflösung des Arbeitsrechtsverhältnisses. Mit dieser Begründung wurde der Klage eines Verkaufsstellenleiters gegen die Kündigung stattgegeben, der sich verschiedener Pflichtwidrigkeiten auf dem Gebiet der Kassen- und Buchführung schuldig gemacht hatte. Da der Betrieb sich nicht bemüht hatte, dem Kläger in dem Betrieb eine Stelle anzubieten, die er hätte ausfüllen können, ohne weiteren Schaden anzurichten, wurde die wegen mangelnder Eignung des Klägers an sich zulässige Kündigung für unwirksam erklärt.

---

[98] *Michas*, S. 202.

[99] Unser neues GBA, S. 64 ff., *Michas*, S. 190 f.

[100] *Kaiser*, AuS 1962, S. 380.

[101] BAG Karl-Marx-Stadt, Urt. v. 19. 2. 1962, AuS 1962, S. 378.

Das Gericht stützte diese strenge Auslegung des § 31 GBA vor allem auf das Prinzip der Sorge um den Menschen. Es bestünde, so wird ausgeführt, kein Grund, selbst bei Vorliegen eines Kündigungsgrundes den Werktätigen vom Betrieb mit seinem ihm vertrauten Milieu und von den Beziehungen zu trennen, die sich zwischen ihm und seinen Arbeitskollegen entwickelt haben.

Zu der gesetzlichen Pflicht des Betriebes, den Gekündigten bei der Suche nach einer neuen Arbeitsstelle zu unterstützen, wird die Auffassung vertreten, der Betrieb müsse dem Werktätigen zwar nicht die Suche gänzlich abnehmen, sei aber verpflichtet, dem Werktätigen rechtzeitig freie Arbeitsstellen nachzuweisen und ihm Freizeit zu gewähren, damit er in anderen Betrieben vorsprechen kann[102].

Die strenge Auslegung der Bestimmungen über das Recht zur fristgemäßen Kündigung findet insbesondere in der Rechtsprechung über den Kündigungsgrund der mangelnden Eignung des Werktätigen für die vereinbarte Arbeit ihren Ausdruck. Hier werden die Interessen der gesamten Wirtschaft über die Interessen des einzelnen Betriebes gestellt[103].

Zu einer solchen Kündigung hat das OG entschieden, daß die Nichteignung des Werktätigen für die vereinbarte Arbeit als Voraussetzung für eine Kündigung durch den Betrieb nicht allein daran zu messen sei, welche Fähigkeiten, Fertigkeiten und Kenntnisse[104] der Werktätige beim Abschluß des Arbeitsvertrages bereits besessen hat. Es müsse vielmehr auch geprüft werden, was der Betrieb getan hat, um die berufliche Entwicklung des Werktätigen zu fördern, damit er für die vereinbarte Arbeit geeignet wird[105]. Demzufolge könne dem Werktätigen selbst dann nicht gekündigt werden, wenn feststeht, daß er die vereinbarte Arbeit wegen — möglicherweise vorübergehender — Nichteignung nicht leisten kann[106]. Eine Kündigung wegen Nichteignung ist nach dieser Rechtsprechung vielmehr erst dann zulässig, wenn der Werktätige trotz aller pflichtgemäß vom Betrieb ergriffenen Maßnahmen zur Anleitung und Qualifizierung objektiv außerstande ist, die Arbeitsaufgaben des vereinbarten Arbeitsbereichs zu erfüllen[107]. Das schließt jedoch nicht aus, daß das Vorhandensein und Bleiben gewisser Grundvoraussetzungen, die der Werktätige für die vereinbarte Arbeit mitbringen muß, verlangt werden kann[108]. Fehlt es an solchen Grund-

---

[102] *Michas*, S. 192.

[103] *Pleyer*, RdA 1967, S. 306; *P. Hofmann*, S. 262 f.

[104] So insbesondere OGAE 4, 228.

[105] OGAE 4, 215, 228.

[106] *Rudelt - Kaiser - Spangenberg*, NJ 1966, S. 536.

[107] OGAE 4, 215, 228.

[108] BAG Karl-Marx-Stadt, Urt. v. 2. 2. 1962, AR 1962, S. 189 f; *Michas*, S. 205.

voraussetzungen, so ist Nichteignung und damit die Kündigungsmöglichkeit selbst dann gegeben, wenn der Betrieb nur in geringem Umfang Maßnahmen zur Anleitung und Qualifizierung des Werktätigen getroffen hat[109].

3. *Die fristlose Entlassung*

Fristlose Entlassung und fristgemäße Kündigung sind in der DDR zwei grundsätzlich verschiedene Rechtsinstitute; sie haben lediglich gemeinsam, daß sie ein Arbeitsverhältnis beenden[110].

a) Charakter der fristlosen Entlassung und Rechtsfolgen

Während die fristgemäße Kündigung dazu dient, die Arbeitsverhältnisse nicht benötigter oder ungeeigneter Arbeitskräfte zu lösen, handelt es sich bei der fristlosen Entlassung um eine schwere disziplinarische Maßnahme. Sie ist das letzte und härteste Mittel der Erziehung der Werktätigen zur Einhaltung der sozialistischen Staats- und Arbeitsdisziplin[111].

Diese strenge Unterscheidung zwischen den beiden Beendigungsgründen hat nach längeren Auseinandersetzungen in Literatur und Rechtsprechung[112] zu der heute herrschenden Ansicht geführt, daß die fristgemäße Kündigung nicht als Sanktion für Disziplinarverstöße angewendet werden darf[113]. Disziplinarverstöße dürfen nur mit den Erziehungsmitteln belegt werden, die das Gesetz bereitstellt, nämlich Verweis, strenger Verweis und schließlich die fristlose Entlassung. Die fristgemäße Kündigung hat demgegenüber die rein wirtschaftlich-organisatorische Funktion der Regulierung des Arbeitskräftebedarfs und darf deshalb nicht als Erziehungsmittel angewendet werden[114].

Dieser Unterscheidung entspricht es, daß von Rechtsprechung und Lehre die Umdeutung einer fristlosen Entlassung in eine fristgemäße Kündigung für unzulässig gehalten wird[115]. Nachdem einzelne Arbeitsgerichte in Fällen, in denen sich die vom Betrieb ausgesprochene fristlose Entlassung als materiell nicht begründet erwiesen hatte, die Um-

---

[109] OG, Urt. v. 27. 11. 1964, ARAR 1965, 69.

[110] Richtlinie Nr. 5 des Plenums des OG, OGE 3, 3, 11.

[111] Beschluß des Plenums des OG vom 28. 9. 1966, OGAE 5, 34, 38.

[112] *Penndorf*, NJ 1956, S. 548; OG, Urt. v. 29. 10. 1956, AR 1956, S. 136; OGAE 2, 35; KG-Ost, Urt. v. 7. 2. 1957, NJ 1957, S. 191; BAG Erfurt, Urt. v. 11. 7. 1957, AR 1958, S. 29; *Schulz*, AR 1958, S. 30.

[113] OGAE 5, 34, 38; anders noch Richtlinie Nr. 5, OGE 3, 3, 9 f.

[114] StAG Groß-Berlin, Urt. v. 1. 5. 1956, NJ 1956, S. 547.

[115] OGAE 1, 138; *Stelter*, S. 138; *Kranke - Spangenberg*, Heft 1, S. 52.

wandlung in eine fristgemäße Kündigung sogar ohne Antrag des Betriebes vorgenommen hatten, lehnte das OG in der Richtlinie Nr. 5 diese Praxis strikt ab unter Hinweis auf die qualitativen Unterschiede zwischen fristgemäßer Kündigung und fristloser Entlassung. Es verböte sich, so führt das Gericht aus, bei dem Willen zu einer fristlosen Entlassung den ganz anders gerichteten Willen zur fristgemäßen Kündigung als notwendig enthalten anzunehmen[116].

Der Charakter der fristlosen Entlassung als Erziehungsmittel des Werktätigen bedingt zwangsläufig, daß die fristlose Kündigung nicht durch den Werktätigen, sondern nur durch den Betrieb ausgesprochen werden kann. Dem Werktätigen ist nur die Möglichkeit der fristgemäßen Kündigung gegeben, jedoch wird es für möglich gehalten, daß die Verhältnisse im Betrieb sich derart gestaltet haben, daß der Werktätige während des Ablaufs der Kündigungsfrist die Weiterarbeit als unzumutbar ablehnen darf[117].

b) Entlassungsgründe

Während das GBA in § 32 die Voraussetzungen einer fristlosen Entlassung durch eine Generalklausel regelt, mußten während der Geltung der KVO bestimmte enumerativ aufgezählte Gründe vorliegen, aus denen die Entlassung gerechtfertigt war.

Gemäß § 32 GBA kann der Werktätige bei schwerwiegender Verletzung der staatsbürgerlichen Pflichten oder der sozialistischen Arbeitsdisziplin entlassen werden. Die fristlose Entlassung ist in der Regel nur nach erfolglos gebliebenen Erziehungs- bzw. Disziplinmaßnahmen zulässig. Hierzu hat die Rechtsprechung den Grundsatz aufgestellt, daß der voreilige oder leichtfertige Ausspruch der fristlosen Entlassung im Widerspruch zu den Grundsätzen des sozialistischen Rechts steht[118]. Eine solche Maßnahme liege weder im gesellschaftlichen noch betrieblichen Interesse und diene auch nicht der Erziehung des betreffenden Werktätigen[119].

Weitere Rechtsprechung zur Auslegung des § 32 GBA liegt bisher nicht vor. Daraus kann geschlossen werden, daß die Gerichte von den zu den Entlassungsgründen der KVO entwickelten Grundsätzen nicht abgewichen sind und diesen insoweit fortwirkende Bedeutung zukommt. Im folgenden werden deshalb die zu den nicht mehr geltenden

[116] OGE 3, 3. Nach der Arbeitsgerichtsordnung v. 29. 6. 1961 (GBl. II, 271) sind die Arbeitsgerichte an Anträge der Parteien nicht mehr gebunden, § 37, Abs. 2 AGO.

[117] StAG Berlin-Weißensee, Urt. v. 13. 3. 1957, in *Schulz*, II, S. 108; *Michas*, S. 215 f.

[118] OGAE 4, 179, 183.

[119] *Michas*, S. 155; Unser neues GBA, S. 68 f.

Entlassungsgründen der KVO entwickelten Grundsätze dargestellt, soweit sie für die Anwendung des § 32 GBA ihre Bedeutung behalten haben, bzw. aufgegeben wurden.

Die fristlose Entlassung war in § 9 KVO geregelt. Danach konnte das Arbeitsverhältnis eines Werktätigen ohne Einhaltung einer Kündigungsfrist beendet werden, wenn der Beschäftigte durch sein Verhalten gegen die Grundsätze der antifaschistisch-demokratischen Ordnung verstoßen hat, ein Grund, der dem heutigen Entlassungsgrund der Verletzung der staatsbürgerlichen Pflichten entsprechen dürfte.

Zu diesem Entlassungsgrund hat die Rechtsprechung den Grundsatz entwickelt, daß er einen so schweren Vorwurf gegen den Werktätigen beinhalte, daß er nur zur Anwendung kommen kann, wenn es sich darum handelt, Feinde des Staates aus dem Betrieb zu entfernen[120]. Nicht jedes undemokratische Verhalten könne als Entlassungsgrund angesehen werden, insbesondere dann nicht, wenn zwar falsche, aber nicht feindliche politische Auffassungen vertreten werden[121]. Kritik an den übergeordneten Organen, auch dann, wenn sie in unpassender Form vorgebracht wird, fällt danach nicht unter § 9 Buchst. a KVO[122].

Ein weiterer Grund für die fristlose Entlassung war gemäß § 9 Buchst. d KVO dann gegeben, wenn der Beschäftigte eine strafbare Handlung begangen hatte, derentwegen seine Weiterbeschäftigung im Betrieb nicht mehr zu vertreten war.

Die Auffassungen zu diesem Entlassungsgrund haben sich im Laufe der Zeit grundlegend geändert. In früheren Entscheidungen hat die Rechtsprechung die fristlose Entlassung aufgrund dieser Bestimmung schon dann zugelassen, wenn ein ernstlicher, dringender Verdacht einer strafbaren Handlung gegen den Werktätigen bestand[123], der auch auf einem Indizienbeweis beruhen konnte[124]. Eine rechtskräftige Verurteilung wurde nicht vorausgesetzt.

In einem vom OG entschiedenen Fall war ein Werktätiger wegen eines Wirtschaftsvergehens in erster Instanz zu 9 Monaten Gefängnis verurteilt worden[125]. Bevor auf seine Revision hin ein rechtskräftiges Urteil erging, wurde der Werktätige im Laufe einer Gnadenaktion begnadigt. Dem OG lag die Frage vor, ob das Arbeitsverhältnis durch fristlose Kündigung beendet worden war, obwohl die Betriebsgewerkschaftsleitung der Entlassung nicht zugestimmt hatte.

---

[120] KG-Ost, Urt. v. 2. 2. 1956, NJ 1956, S. 255.

[121] *Schlegel*, S. 103.

[122] *Stelter*, S. 143.

[123] OG, Urt. v. 13.2. 1953, NJ 1953, S. 371; *Eisermann*, NJ 1953, S. 372.

[124] BAG Gera, Urt. v. 28. 5. 1956, in *Schulz*, II, S. 93.

[125] OGE 2, 156.

Das Gericht beschränkt sich bei der Frage, ob der Werktätige habe entlassen werden dürfen, auf die Feststellung, daß der Werktätige sich eines Wirtschaftsvergehens schuldig gemacht habe. Da der Werktätige als Justizangestellter beschäftigt war, kann angenommen werden, daß das Vergehen mit seiner Arbeit nicht in Zusammenhang gestanden hat. Dennoch schließt das Gericht aus der nicht rechtskräftigen Verurteilung, daß die Verweigerung der Zustimmung zur Entlassung durch die BGL im direkten Widerspruch zu den staatlichen Zielen und damit zu den Gesamtinteressen der Werktätigen gestanden habe[126]. Das Gericht hielt demnach eine Weiterbeschäftigung des Werktätigen im Betrieb für nicht vertretbar.

Nach dem Erlaß des GBA hatte das OG in einem Urteil aus dem Jahre 1963 einen Fall zu entscheiden, in dem das Arbeitsverhältnis eines Werktätigen, der wegen Widerstandes gegen die Staatsgewalt in Tateinheit mit Staatsverleumdung zu 5 Monaten Gefängnis verurteilt wurde, „wegen Antritts der Strafe" beendet worden war[127].

Der Unterschied zu dem vorgenannten Fall besteht darin, daß hier eine rechtskräftige Verurteilung vorliegt, und der Betrieb durch die Abwesenheit des Verurteilten während der Verbüßung — anders als bei einer erlassenen Strafe — eine spürbare Belastung erfährt.

In diesem Fall hat das OG die Ansicht vertreten, daß sich der Betrieb, der das Arbeitsverhältnis wegen Antritts einer Strafhaft beende, in schroffen Widerspruch zu den Grundsätzen des sozialistischen Rechts und der Gerechtigkeit begebe. Der Gestrauchelte hätte vielmehr bei der Arbeit in seinem bisherigen Arbeitskollektiv erzogen werden müssen; wegen der Intensität und Wirksamkeit des mit der Strafe bezweckten Erziehungsprozesses sei es für den zu einer Freiheitsstrafe von kurzer Dauer Verurteilten von großer Bedeutung zu wissen, daß er nach der Strafverbüßung wieder in sein früheres Arbeitskollektiv zurückkehren und seine bisherige Arbeit wieder aufnehmen kann[128]. Zum Begriff der „Freiheitsstrafe von kurzer Dauer" wird in der Literatur die Auffassung vertreten, daß es sich dabei um Freiheitsstrafen bis zu 12 Monaten handeln kann[129].

Diese neue Auslegungspraxis im Sinne einer erschwerten Lösung von Arbeitsrechtsverhältnissen ist nicht auf volkswirtschaftliche Rücksichten

---

[126] OGE 2, 156, 159.

[127] OGAE 4, 208.

[128] OGAE 4, 208 212.

[129] *Michas*, S. 208; inzwischen sieht § 34 StGB als gerichtliche Maßnahme gegenüber einem Straffälligen die Verpflichtung zur Bewährung am Arbeitsplatz vor. Der Betrieb hat dafür zu sorgen, daß die erzieherische Wirkung der Bewährung am Arbeitsplatz gewährleistet ist, *Brunner - Oehmke*, NJ 1970, S. 46 f.

zurückzuführen. Sie beruht vielmehr auf der Bedeutung, die das sozialistische Arbeitsrecht und die Arbeitsrechtsprechung dem Arbeitsrechtsverhältnis auch als Instrument der Arbeitserziehung zusprechen[130].

Einen weiteren Grund zur fristlosen Entlassung war nach § 9 Buchst. f KVO dann gegeben, wenn der Werktätige trotz mehrmaliger Verwarnung die Arbeitsdisziplin gröblich verletzt hatte; dieser Regelung entspricht heute § 32 GBA.

Eine gröbliche Verletzung der Arbeitsdispizlin wurde beispielsweise dann angenommen, wenn der Werktätige ständig zu spät zur Arbeit erschien[131], wiederholt unentschuldigt fehlte[132] oder während des Dienstes betrunken war[133].

Weitere Voraussetzungen für die Zulässigkeit der Entlassung ist aber eine mehrmalige anderweitige Ahndung derartiger Verstöße. Da der Hauptzweck der fristlosen Entlassung in der Erziehung des Werktätigen besteht, soll ihr Ausspruch nur dann gerechtfertigt sein, wenn nachgewiesen wird, daß weniger harte Mittel wie Kritik, Verweis oder strenge Verwarnung durch den Disziplinarbefugten nacheinander angewendet wurden und erfolglos geblieben sind[134]. Diese mehrmaligen Verwarnungen müssen in einem inneren und zeitlichen Zusammenhang stehen und in einer solchen Form erfolgen, daß sowohl dem Werktätigen die möglichen Folgen seines Verhaltens klar werden als auch die Nachprüfbarkeit durch die verantwortlichen Stellen möglich ist[135].

4. Zulässigkeit der Änderungskündigung

In der KVO war die Frage der Änderungskündigung nicht ausdrücklich geregelt, d. h. derjenigen Kündigung, deren Wirksamkeit davon abhängen soll, daß der Werktätige den mit der Kündigung verbundenen Antrag auf Änderung einzelner Bestimmungen des bisherigen Arbeitsvertrages ablehnt.

Unter der Geltung der KVO hat sich in Literatur und Rechtsprechung die Auffassung durchgesetzt, daß der Ausspruch einer Änderungskündigung unwirksam sei[136]. Die Begründung hierfür wird einmal daraus hergeleitet, daß die Kündigung als ein in Vermögensverhältnisse eingreifendes Gestaltungsrecht bedingungsfeindlich sei. Zwar sei die

---

130 *Pleyer,* RdA 1967, S. 307.

131 *Schlegel,* S. 107.

132 BAG Halle, Urt. v. 24. 2. 1956, bei *Schulz,* I, S. 46.

133 LAG Brandenburg, Urt. v. 12. 12. 1952, NJ 1953, S. 121.

134 LAG Brandenburg, aaO.

135 KG-Ost, Urt. v. 23. 2. 1956, NJ 1956, S. 255 f.

136 OG, Urt. v. 22. 9. 1956, AR 1956, S. 136; *Stelter,* S. 55 f.; anders *Kranke,* S. 52.

Bedingung, an die die Wirksamkeit der Änderungskündigung geknüpft sei, eine Potestativbedingung, aber auch eine solche sei unzulässig[137]. Eine andere Auffassung sei nicht vertretbar, da die Kündigung auf den Werktätigen einen unzulässigen Druck ausübe[138].

Zum anderen hat das OG die Änderungskündigung mit der Begründung für unzulässig gehalten, daß bei dem Ausspruch einer solchen Kündigung nicht die Absicht der Beendigung des Arbeitsverhältnisses bestehe, was für die Kündigung aber vorauszusetzen sei. Eine Änderung von Arbeitsbedingungen sei ebenso wie der Abschluß des Arbeitsvertrages nur auf vertraglicher Ebene zulässig[139].

Dieser Auslegungspraxis entspricht die Regelung im GBA. § 30 bestimmt, daß die im Arbeitsvertrag vereinbarten Bedingungen nur durch schriftlichen Vertrag geändert werden können[140]. Der Änderungsvertrag kann ebenso wie die Kündigung oder der Aufhebungsvertrag auf Antrag eines Vertragspartners gerichtlich überprüft werden[141].

5. *Formvorschriften für die Kündigung und die gewerkschaftliche Mitbestimmung*

Nach § 33 GBA bedürfen der Aufhebungsvertrag, die Kündigung und die fristlose Entlassung der Schriftform unter gleichzeitiger Angabe der Gründe. Diese Vorschrift, die mit § 5 KVO in Verbindung mit § 38 Buchst. b GdA übereinstimmt, hat die Rechtsprechung als Begründung dafür herangezogen, daß das Nachschieben von Kündigungsgründen unstatthaft sei[142]. Nachgeschobene Gründe entsprechen nicht dem Erfordernis der Gleichzeitigkeit von Ausspruch der Kündigung und Angabe der Gründe; zudem besteht die Gefahr, daß der Werktätige erst im Prozeß die tatsächlichen Gründe für die Beendigung des Arbeitsrechtsverhältnisses erfährt und seine Rechtsverteidigung dadurch erschwert ist. Hinzu kommt, daß die hierzu berufenen Organe die Berechtigung einer Kündigung nur dann nachprüfen können, wenn die wahren Gründe für die Beendigung des Arbeitsrechtsverhältnisses angegeben werden[143].

Jede vom Betrieb ausgesprochene Kündigung oder fristlose Entlassung bedarf der vorherigen Zustimmung der Abteilungsgewerk-

---

137 *Stelter*, S. 55.

138 *Stelter*, S. 56.

139 OG, Urt. v. 22. 9. 1956, AR 1956, S. 136.

140 OGAE 3, 290.

141 Beschluß des Plenums des OG v. 28. 9. 1966, NJ 1966, S. 651.

142 BAG Dresden, Urt. v. 26. 9. 1956, in *Schulz*, II, S. 51; KG-Ost, Urt. v. 31. 5. 1954, NJ 1954, S. 738 und Urt. v. 2. 2. 1956, S. 255.

143 *Stelter*, S. 60 f.

schaftsleitung oder, soweit eine solche nicht vorhanden ist, die der Betriebsgewerkschaftsleitung, § 43 Abs. 2 GBA, § 11 KVO. Bei der fristlosen Entlassung kann die Zustimmung ausnahmsweise innerhalb einer Woche nach erfolgter Entlassung nachgeholt werden.

Hierzu hat die Rechtsprechung die bindenden Grundsätze entwickelt, daß eine Kündigung oder Entlassung, die nicht schriftlich unter Angabe von Gründen — und diese nicht nur in allgemeiner Form[144] — erfolgt, nichtig ist[145]. Wird die gewerkschaftliche Zustimmung dem Gekündigten nicht spätestens zugleich[146] mit dem Kündigungsschreiben schriftlich mitgeteilt, ist die Kündigung ebenfalls nichtig. Bei Nichtigkeit der Kündigung oder Entlassung wegen Nichtbegründung oder fehlender Zustimmung bedarf es nicht der Feststellung dieser Nichtigkeit durch Anrufung der Konfliktkommission oder Klageerhebung innerhalb der durch § 36 GBA (§ 12 KVO) bestimmten Frist[147].

Als Begründung für die Nichtigkeit wegen Nichteinhaltung der Schriftform führt die Rechtsprechung an, die Rechtssicherheit erfordere, daß der Inhalt einer so wichtigen Erklärung einwandfrei feststehen müsse. Nur so könnten die verfassungsmäßigen Rechte der Werktätigen gewahrt bleiben[148].

Die Rechtsfolge der Nichtigkeit bei Nichtvorliegen oder nicht rechtzeitigem Vorliegen der gewerkschaftlichen Zustimmung leitet die Rechtsprechung aus der die Verfassung verletzenden Beeinträchtigung der gewerkschaftlichen Rechte ab[149].

Zwar ist die Unwirksamkeit der Kündigungen absolut und von vornherein gegeben, und es bedarf nicht erst einer Unwirksamkeitserklärung durch ein innerhalb einer Frist anzurufendes Organ; dennoch ist der so Gekündigte gehalten, ohne vorsätzliche oder grob nachlässige erhebliche Verzögerung seine Rechte geltend zu machen, um sich nicht der Einrede der Verwirkung auszusetzen[150].

Zur Frage des Mitwirkungsrechtes hat die Rechtsprechung aber auch den Grundsatz entwickelt, die Ausübung des Mitbestimmungsrechts durch die BGL müsse stets im Einklang mit den Prinzipien des sozialistischen Staates stehen, die die Interessen der Gesamtheit der Werktätigen zum Ausdruck brächten[151].

---

[144] OG, Urt. v. 23. 2. 1956, NJ 1956, S. 541.

[145] Richtlinie Nr. 7 des OG v. 20. 11. 1956, OGAE 1, 22; LAG Berlin, Urt. v. 12. 12. 1952, NJ 1953, S. 120.

[146] OG, Urt. v. 7. 1. 1957, AR 1957, S. 221 = OGAE 2, 74.

[147] OG, Urt. v. 26. 11. 1956, AR 1956, S. 138.

[148] OGAE 1, 25.

[149] OGAE 1, 29.

[150] OGAE 1, 32; OG, Urt. v. 26. 11. 1956, AR 1956, S. 138.

[151] OG, Urt. v. 7. 5. 1953, NJ 1953, S. 530.

Im Jahre 1953 hatte das OG darüber zu entscheiden, ob fristlose Entlassungen, bei denen entweder die Zustimmung der BGL nicht eingeholt[152] oder von dieser verweigert worden war[153], unwirksam sind. In beiden Fällen waren Werktätige entlassen worden, weil Strafverfahren gegen sie in Gang gesetzt worden waren, eine rechtskräftige Verurteilung aber aufgrund einer Gnadenaktion nicht erfolgte.

Das OG stellt zunächst fest, daß bei formeller Anwendung der Bestimmungen die fristlosen Entlassungen infolge Fehlens der gewerkschaftlichen Zustimmung rechtsunwirksam seien[154]. Jedoch bedeute die Verweigerung der Zustimmung zur fristlosen Entlassung durch die zuständigen Gewerkschaftsorgane bei einem vom Gericht wegen Wirtschaftsverbrechens verurteilten Werktätigen eine Verhinderung der Durchsetzung der demokratischen Gesetzlichkeit. Damit begäben sich die Gewerkschaftsorgane ihres nur im Interesse der Werktätigen auszuübenden Mitbestimmungsrechts, das nicht im Gegensatz zur demokratischen Gesetzlichkeit stehen dürfe. Die Ausübung des Mitbestimmungsrechts der BGL müsse stets im Einklang mit den Grundprinzipien des Staates stehen. Dazu gehörten vor allem die Anerkennung der Autorität der Staatsmacht, die Wahrung der demokratischen Gesetzlichkeit und die demokratische Wachsamkeit. Daher bedürfe es keiner Zustimmung mehr, wenn ein staatliches Untersuchungs- oder Kontrollorgan die fristlose Entlassung eines Beschäftigten verlange.

Diese Auffassung begründet das Gericht mit dem Inhalt des Mitbestimmungsrechtes in der DDR. Die Macht im Staate liege in den Händen der Arbeiterklasse im Bündnis mit allen Werktätigen; nach ihrem Willen bestimme sich die Politik der Regierung. Daher bestünden zwischen dem sozialistischen Staat und den Gewerkschaften keine sich widersprechenden Interessen, so daß Staat und Gewerkschaften nur im Einklang miteinander ihre Aufgaben erfüllen würden. Folglich liege nicht mehr wie im Kapitalismus der Kampf um die Verwirklichung des Mitbestimmungsrechtes im Interesse der Werktätigen, sondern auf der Grundlage des verwirklichten Mitbestimmungsrechtes der Kampf um die Erfüllung der Wirtschaftspläne. Zwar sei es eine wichtige Seite des Mitbestimmungsrechtes, die Interessen des einzelnen Werktätigen im Betrieb auf Erhaltung seines Arbeitsplatzes zu sichern, aber auch hierbei sei zu berücksichtigen, daß die Ausübung dieser Seite des Mitbestimmungsrechtes stets im Einklang mit den Grundprinzipien des Staates, die die Interessen der Gesamtheit der Werktätigen zum Ausdruck bringen, stehen müsse[155].

---

[152] OG, Urt. v. 17. 4. 1953, NJ 1953, S. 531.

[153] OGE 2, 156; vgl. auch S. 156 ff.

[154] OGE 2, 156, 159.

[155] OG NJ 1953, S. 530, 531.

Diesen Entscheidungen, die im konkreten Fall heute anders getroffen würden[156], liegt wiederum die Behauptung der Identität der Interessen des einzelnen und des Staates zugrunde. Die Identität erfaßt somit auch die Vertretungen der Werktätigen und garantiert hierdurch ebenfalls die Aufgabenerfüllung des Arbeitsrechts.

VII. Auslegung sozialistischer Gesetze

Die Auslegungspraxis der Gerichte der DDR zu arbeitsrechtlichen Fragen zeigt, daß die rechtsfortbildende Normsetzung durch die Gerichte einen Ansatz nur dann findet, wenn der Gesetzgeber gesellschaftlich bedeutsame Interessenlagen gar nicht geregelt hat oder eine alte Regelung gegenüber der gesellschaftlichen Entwicklung zurückgeblieben ist.

An einem solchen Ansatz für die Rechtsfortbildung durch die Gerichte fehlt es heute in der DDR auf dem Gebiet des Arbeitsrechts. Hier hat der Gesetzgeber bereits 1961[157] das Arbeitsrecht im Gesetzbuch der Arbeit kodifiziert und dieses laufend ergänzt und dadurch der gewandelten gesellschaftlichen Wirklichkeit oder den von ihr gewandelten Vorstellungen angepaßt[158]. Die dem Arbeitsrecht zugewiesenen Funktionen kommen damit schon in den geltenden Normen zum Ausdruck, so daß es einer funktionsgerechten Umdeutung durch „Auslegung" nicht bedarf.

Die Auslegungsergebnisse zu Bestimmungen des GBA entsprechen dem Rahmen, den der Gesetzgeber mit dem Wortlaut der Bestimmungen gesetzt hat. Die Gerichte wenden bei der Auslegung von Bestimmungen des GBA Methoden an, die von der sozialistischen Rechtstheorie für zulässig gehalten werden.

---

[156] Vgl. S. 145 f. Zweifellos besteht hier ein Zusammenhang mit der aktuellen politischen Linie

[157] GBA v. 12. 4. 1961 (GBl. I, S. 27).

[158] Gesetz zur Änderung und Ergänzung des GBA v. 17. 4. 1963 (GBl. I, S. 63); Zweites Gesetz zur Änderung und Ergänzung des GBA v. 23. 11. 1966 (GBl. I, S. 125).

Drittes Kapitel

Ergebnis

1.

Die vorliegende Untersuchung hat ergeben, daß die Rechtsprechung der Gerichte der DDR der in der sozialistischen Rechtstheorie vertretenen These, die Gerichte seien nur rechtsanwendend tätig, nur bedingt entspricht.

Auch in der sozialistischen Rechtsordnung ist der Richter nicht der Aufgabe enthoben, Lücken im Gesetz festzustellen und auszufüllen und den Inhalt unbestimmter, wertbezogener und damit ausfüllungsbedürftiger Begriffe zu bestimmen. Da ihm hierfür fertige gesetzliche Maßstäbe nicht zur Verfügung stehen, ist er insoweit rechtsetzend tätig[1].

Bei dieser Art der normsetzenden Tätigkeit handelt es sich um die Erfüllung einer richterlichen Aufgabe, die jedem Richter in jedem Rechtssystem gestellt ist. Da eine rechtsprechende Tätigkeit ohne diese normsetzenden Elemente nicht denkbar ist, kann diese notwendige richterliche Normergänzung stets dann dem Begriff „Rechtsanwendung“ zugeordnet werden, wenn und soweit sie einen erkennbaren allgemeinen Wertungsplan des Gesetzes nicht verläßt. Mit dieser „rechtsanwendenden“ Normsetzung entfalten die Gerichte gegenüber dem Gesetzgeber keine konkurrierende Tätigkeit. Die normsetzenden Elemente bedingen den rechtspolitischen Charakter jeder Rechtsanwendung, ohne die Unterordnung des Richters unter das Gesetz zu beseitigen.

Als Beispiele für eine, die Grenzen der so verstandenen Rechtsanwendung nicht überschreitende rechtsetzende Tätigkeit der Gerichte sind aus der Rechtsprechung der DDR die Praxis zu § 138 BGB und die Auslegung zur Frage des Volkseigentums zu nennen[2].

Die Grenzen einer „rechtsanwendenden“ Normergänzung werden durch die Gerichte im Sinne einer unzulässigen, mit der Unterordnung des Richters unter das Gesetz nicht zu vereinbarenden Normsetzung dann überschritten, wenn die Gerichte entweder gegen das Gesetz ent-

---

[1] *Fincke*, NJ 1969, S. 106.

[2] Vgl. § 8 und § 9, insbesondere § 9 V.

scheiden oder ihren Entscheidungen einen außerhalb des Gesetzes liegenden Wertungsplan zugrundelegen.

Selbst wenn vom Standpunkt der sozialistischen Auslegungstheorie die notwendige richterliche Normsetzung der Rechtsanwendung zuzuordnen und damit als zulässig anzusehen wäre, ist festzustellen, daß die Gerichte der DDR über diese notwendige Normergänzung hinausgegangen sind. Beispiele für die Überschreitung der Grenzen zulässiger richterlicher Rechtsetzung bietet die Auslegungspraxis der Gerichte der DDR zu zivilprozessualen Fragen[3].

2.

Eine auch vom Standpunkt der sozialistischen Auslegungstheorie unzulässige richterliche Normsetzung ist in der Auslegungstheorie der DDR aber nur bei Gesetzen erkennbar, die als bürgerliche Gesetze übernommen und sanktioniert worden sind. Soweit die Gerichte neue, vom sozialistischen Gesetzgeber erlassene Gesetze auszulegen haben, halten sich die Gerichte an die von der sozialistischen Rechtstheorie aufgestellten Grenzen der Auslegung und bleiben damit im Rahmen der Rechtsanwendung. So ist, wie die Untersuchung der Auslegungspraxis zu arbeitsrechtlichen Fragen ergeben hat[4], bei der Auslegung der Bestimmungen des GBA eine unzulässige normbildende Tätigkeit der Gerichte nicht mehr feststellbar.

3.

Die rechtsbildende Tätigkeit der Gerichte der DDR wird von dem Grundsatz des demokratischen Zentralismus als einem Element der sozialistischen Gesetzlichkeit beeinflußt. Danach werden die unteren Gerichte der DDR zur strikten Einhaltung der Gesetze angehalten, während das OG für sich in Anspruch nimmt, durch richterliche Korrektur geltender Gesetze rechtsetzend tätig werden zu dürfen.

Die Anweisungen des OG an die unteren Gerichte zur strikten Einhaltung der Gesetze und zur Beschränkung auf eine lediglich rechtsanwendende Tätigkeit wirken dahin, daß die Nichtanwendung geltender Gesetze oder die Auslegung entgegen dem Wortlaut im Sinne des demokratischen Zentralismus den obersten Instanzen vorbehalten bleiben

---

[3] Vgl. § 10. In diesem Zusammenhang ist auch die negative Gesetzgebungskompetenz der Gerichte hinsichtlich der Normen nationalsozialistischen Inhalts zu erwähnen (vgl. § 1 VII); diese Auslegungspraxis überschreitet zwar die Grenzen der Rechtsanwendung, ist jedoch nicht als unzulässig anzusehen, weil den Gerichten insoweit die negative Normsetzungsbefugnis durch die Verfassung eingeräumt ist.

[4] Vgl. § 11, insbesondere § 11 VII.

soll. Während also für die unteren Gerichte bei der Verwirklichung der sozialistischen Gesetzlichkeit das Element der strikten Einhaltung der Gesetze im Vordergrund steht, bleibt es dem OG vorbehalten, das Prinzip der Parteilichkeit durchzusetzen und damit die Funktionsfähigkeit sanktionierter bürgerlicher Gesetze für die neue Ordnung herzustellen oder aufrechtzuerhalten.

Diese unterschiedliche Betonung der Elemente der sozialistischen Gesetzlichkeit, strikte Einhaltung der Gesetze durch die unteren Instanzen und parteiliche Anwendung des Rechts durch das OG, gewährleistet ein Höchstmaß an Flexibilität und zentralistischer Disziplin. Würde für die unteren Gerichte das Prinzip der Parteilichkeit gegenüber dem der strikten Einhaltung der Gesetze betont, würde dadurch dem Subjektivismus Tür und Tor geöffnet. Die richterliche Normsetzung und Rechtsfortbildung darf nicht von den mit der Linie der politischen Führung mehr oder minder übereinstimmenden Auffassungen der Richter der unteren Gerichte abhängig sein. Nur in der obersten Instanz, dem OG, ist eine so enge Verbindung zwischen Richter und politischer Führung gegeben[5], daß politisch „richtige" Ergebnisse gewährleistet sind. Die Möglichkeit einer richterlichen Gesetzesdurchbrechung und Rechtsfortbildung kann daher nur dem Obersten Gericht eingeräumt sein. Dadurch ist die Lenkbarkeit und Einheitlichkeit der Rechtsprechung garantiert, und die Rechtsprechung kann ihre Aufgabe als staatliche Führungstätigkeit erfüllen.

Dieser Feststellung steht nicht entgegen, daß Urteile unterer Gerichte vorliegen, in denen Gesetzesbestimmungen nicht angewandt werden und in denen die Gerichte normbildend tätig geworden sind. Wenn diese rechtsetzenden Entscheidungen der unteren Gerichte durch das OG nicht aufgehoben oder kassiert worden sind und sogar in den juristischen Fachzeitschriften, die Anleitungsfunktion haben, ohne ablehnende Besprechungen veröffentlicht wurden, kann daraus nur geschlossen werden, daß das OG diese richterliche Normsetzung als seiner eigenen Entscheidung entsprechend gebilligt und in seinen Willen aufgenommen hat.

4.

Die in der Rechtspraxis der DDR zu beobachtende Ausdehnung der richterlichen Normsetzung stellt im Verhältnis zu anderen Rechtsordnungen — etwa der Bundesrepublik — keine Besonderheit dar. Der Umfang einer solchen Normsetzung nimmt dann zu, wenn sich die geltende Gesamtrechtsordnung eines Staates aus Regelungen unter-

---

[5] Vgl. § 1 V 1.

schiedlicher sozialer und verfassungspolitischer Herkunft zusammensetzt[6], sie ist um so intensiver, je größer die Kluft ist zwischen der politischen Ordnung, die die Gesetze hervorgebracht hat, und der Ordnung, unter deren Herrschaft alte Gesetze ihre Geltung behalten haben.

Zwar ist die richterliche Normsetzung verständlich und in ihren Ergebnissen wohl auch zum Teil zu begrüßen, wenn durch sie das Recht einer neuen gesellschaftlichen Ordnung angepaßt werden soll. Sie ist aber weder aus der Sicht der im bürgerlichen System vertretenen, noch nach der in der DDR herrschenden Rechtstheorie zulässig. Denn durch die Inanspruchnahme von Normsetzungsbefugnissen durch die Gerichte ist Recht das, was die oberste Instanz sagt[7].

Der Übergang der Normsetzung vom Gesetzgeber auf die oberste Instanz der Rechtsprechung ist zwar für das bürgerliche wie für das sozialistische Rechtssystem feststellbar, kann aber aus Gründen, die sich aus dem jeweiligen Rechtssystem ergeben, nicht gleich bewertet werden.

Wie oben dargestellt[8], geht die verfassungsrechtliche Ordnung der DDR nicht vom Gewaltenteilungsprinzip aus. Die Beschränkung der Gerichte auf lediglich rechtsanwendende Tätigkeit beruht nicht auf einer verfassungsrechtlich verankerten Garantiefunktion für die Rechtsunterworfenen, sondern auf einer — theoretisch abweichend gestaltbaren — Arbeitsteilung zwischen den Organen der staatlichen Führung. Die Richter sind wählbar, politisch angeleitet und verantwortlich[9]; damit sind sie als staatliche Führungsorgane nicht nur zu einer rechtspolitischen Tätigkeit berufen, die jeder Rechtsprechung innewohnt, sondern sie sind darüberhinaus für eine — rechtstheoretisch unzulässige — Normsetzung ebenso politisch legitimiert, wie die politische Führung selbst.

5.

Durch die Untersuchung der Auslegungspraxis der DDR wurde nachgewiesen, daß die im bürgerlichen Schrifttum aufgestellte Behauptung, die von der sozialistischen Rechtstheorie geforderte Einhaltung der sozialistischen Gesetzlichkeit sei für die Rechtswirklichkeit der DDR ohne Bedeutung[10] oder habe nur zeitlich begrenzte Bedeutung gehabt[11], nach

---

[6] *Rüthers*, Institutionelles Rechtsdenken, S. 13.

[7] Vgl. *Rüthers*, aaO, S. 42 f. ohne negative Wertung.

[8] Vgl. § 4.

[9] Vgl. § 1 V 1.

[10] *Rosenthal*, Justiz, S. 18.

[11] Nämlich nur für das Jahr 1957, *Kirchheimer*, AÖR 85, S. 47.

dem vorliegenden Material für das Gebiet des Zivil- und Arbeitsrechts nicht haltbar ist.

Die sozialistische Gesetzlichkeit, die sich, wie dargestellt[12], aus den Elementen der Parteilichkeit und der strikten Einhaltung der Gesetze zusammensetzt, ist zwar bei der richterlichen Umgestaltung sanktionierter bürgerlicher Gesetze hinsichtlich des Elements der strikten Einhaltung der Gesetze nicht beachtet worden. Dennoch ist die Forderung nach Beachtung der sozialistischen Gesetzlichkeit nie fallengelassen worden und wird noch im neuesten Schrifttum erhoben[13]. Für die Rechtspraxis beweist die vorliegende Untersuchung, daß die Forderung nach der sozialistischen Gesetzlichkeit bei der Anwendung und Auslegung neuer, vom sozialistischen Gesetzgeber erlassener Gesetze beachtet wird. So ist die strikte Einhaltung der Gesetze und die Unterordnung des Richters unter das Gesetz gewährleistet, wenn die Gerichte Gesetze anzuwenden haben, die vom sozialistischen Gesetzgeber selbst auf die neue Ordnung zugeschnitten sind. Mit dem Vorantreiben der Kodifizierung durch den sozialistischen Gesetzgeber wird folglich die sozialistische Gesetzlichkeit zunehmende Bedeutung gewinnen und die rechtstheoretisch unzulässige richterliche Normsetzung zurückgehen.

---

[12] Vgl. § 1 VI.

[13] Vgl. die Nachweise in § 3 II.

Literaturverzeichnis

I. Bücher

Adler, Max: Die Staatsauffassung des Marxismus, Darmstadt 1964.

Alexandrow, N. G.: Lehrbuch des sowjetischen Arbeitsrechts, Berlin-Ost 1952.

Ansorg: siehe Autorenkollektiv, Zivilrecht.

Autorenkollektiv, Arbeitsrecht der DDR, 2. Aufl., Berlin-Ost 1970.

— Unser neues Gesetzbuch der Arbeit, Schriftenreihe Arbeitsrecht, Berlin-Ost 1961.

— Grundlagen der marxistischen Philosophie, Berlin-Ost 1960.

— Marxistische Philosophie, Lehrbuch, Berlin-Ost 1967.

— Verfassung der DDR, Dokumente, Kommentar, Berlin-Ost 1969.

— Das Zivilprozeßrecht der DDR, Berlin-Ost, 1. Band 1957, 2. Band 1958.

— Zivilrecht der DDR, Allgemeiner Teil, Heft 1, Berlin-Ost 1967.

Blomeyer, Arwed: Die Entwicklung des Zivilrechts in der SBZ, Bonn 1955.

Böckenförde, Ernst-Wolfgang: Die Rechtsauffassung im kommunistischen Staat, München 1967.

Brunner, Georg: Die Grundrechte im Sowjetsystem, Köln 1963.

Dornberger - Kleine - Klinger - Posch: Das Zivilrecht der DDR, Allg. Teil 1951, Sachenrecht 1956, Berlin-Ost.

Engisch, Karl: Einführung in das juristische Denken, 4. Aufl., Stuttgart-Berlin-Köln-Mainz 1968.

Esser, Josef: Vorverständnis und Methodenwahl, Rationalitätsgarantie der richterlichen Entscheidungspraxis, Frankfurt a. M. 1970.

Fetscher, Iring: Von Marx zur Sowjetideologie, 14. Aufl., Frankfurt a. M., 1969.

Freund, Heinrich: Das Zivilrecht Sowjetrußlands, Mannheim-Berlin-Leipzig 1924.

Gehring, Hans-Peter: Das Ehescheidungsrecht in Mitteldeutschland, Eine Darstellung unter besonderer Berücksichtigung der Rechtsprechung, Diss. Köln 1963.

Genkin - Bratus - Lunz - Nowizki: Sowjetisches Zivilrecht, Berlin-Ost 1953.

Gewerkschaftliche Ordnungen zur Durchsetzung des sozialistischen Rechts, Schriftenreihe über Arbeitsrecht, Heft 15, 3. Aufl., Berlin-Ost 1971.

Gierke, Otto von: Der Entwurf eines bürgerlichen Gesetzbuchs und das deutsche Recht, Leipzig 1889.

Görner, Kurt: Gericht und Rechtsprechung in der DDR, Berin-Ost 1956.

Grünewald, Joachim: Das Eigentum und das Eigentumsrecht in der sowjetischen Besatzungszone Deutschlands, Bonn 1961.

Guth, Wolfgang: Eheschließung und Eheauflösung nach dem Recht der DDR, Diss. Tübingen 1966.

Gsovski, Vladimir: Soviet Civil Law, Private Rights and Heir Background under the Soviet Regime, Michigan Legal Studies 1948.

Haney, Gerhard, Sozialistisches Recht und Persönlichkeit, Berlin-Ost 1967.

Haney, Gerhard - *Wagner*, Ingo: Grundlagen der Theorie des sozialistischen Staates und Rechts, Band 1 und 2, Leipzig 1967.

Heuer, Uwe-Jens: Demokratie und Recht im neuen ökonomischen System der Planung und Leitung der Volkswirtschaft, Berlin-Ost 1965.

Hofmann, Paul, Subjektives Recht und Wirtschaftsordnung, Untersuchungen zum Zivilrecht in der BRD und der SBZ, Stuttgart 1968.

Hueck, Alfred: Kündigungsschutzgesetz, 7. Aufl., München 1970.

Hueck, Alfred - *Nipperdey*, Hans-Carl: Lehrbuch des Arbeitsrechts, I. Band, 7. Aufl., Berlin-Frankfurt 1963.

Karewa, M. P.: Recht und Moral in der sozialistischen Gesellschaft, Berlin-Ost 1954.

Kelsen, Hans: The Communist Theory of Law, London 1955.

— Sozialismus und Staat, 3. Aufl., Wien 1965.

Kerimow, D. A.: Fragen der Gesetzgebungstechnik, Berlin-Ost 1958.

— Freiheit, Recht und Gesetzlichkeit in der sozialistischen Gesellschaftsordnung, Berlin-Ost 1964.

Kietz, Herbert - *Mühlmann*, Manfred: Die Erziehungsaufgaben im Zivilprozeß und die Rolle der gerichtlichen Entscheidungen, Berlin-Ost 1962.

— Konfliktursachen und Aufgaben der Zivil- und Familienrechtspflege, Berlin-Ost 1969.

Kirchheimer, Otto: Politische Justiz, Neuwied-Berlin 1965.

Klaus, Georg - *Buhr*, Manfred: Philosophisches Wörterbuch, Leipzig 1965, 6. Aufl., Leipzig 1969, rororo, Hamburg 1972.

Klenner, Hermann: Formen und Bedeutung der Gesetzlichkeit als Methode in der Führung des Klassenkampfes, Berlin-Ost 1953.

— Der Marxismus-Leninismus über das Wesen des Rechts, Berlin-Ost 1954.

Klibanski, H.: Die Gesetzgebung der Bolschewiki, Leipzig-Berlin 1920.

Kranke, Rudi - *Otte*, St.: Zu einigen arbeitsrechtlichen Fragen, Schriftenreihe über Arbeitsrecht, Heft 4, Berlin-Ost 1957.

Kranke, Rudi - *Spangenberg*, Fritz: Zu einigen arbeitsrechtlichen Fragen, Schriftenreihe über Arbeitsrecht, Hefte 1—3, Berlin-Ost 1955, 1956.

Kranke, Rudi - *Spangenberg*, Fritz - *Böhm*, Walter: Das Kündigungsrecht, Schriftenreihe Arbeit und Sozialfürsorge, Heft 16, Berlin-Ost 1955.

Kronstein, Heinrich: Rechtsauslegung im wertgebundenen Recht, Karlsruhe 1957.

Kunz - *Boßmann:* siehe Autorenkollektiv, Arbeitsrecht.

Kunz, Theodor - *Paul*, Heinz: Das arbeitsgerichtliche Verfahren, Berlin-Ost 1957.

Kunz, Frithjof - *Tippmann*, Werner: Die Entwicklung des Arbeitsrechts in Deutschland, Schriftenreihe Arbeit und Sozialfürsorge, Heft 19, Berlin-Ost 1956.

Larenz, Karl: Methodenlehre der Rechtswissenschaft, 2. Aufl., Heidelberg-New York 1969.

Lehmann, Günter: Wissenschaftliche Leitung der Strafrechtsprechung, Berlin-Ost 1968.

Lexikon der Wirtschaft, Arbeit, 2. Aufl., Berlin-Ost 1970.

Lucas, Rainer: Quellen und Formen des Sowjetrechts, Herrenalb 1965.

Ludz, Peter Christian (Hrsg.): Studien und Materialien zur Soziologie der DDR, Sonderheft 8 der Kölner Zeitschrift für Soziologie und Sozialpsychologie, Köln-Opladen 1964.

Maihofer, Werner: Demokratie im Sozialismus, Recht und Staat im Denken des jungen Marx, Frankfurt 1968.

Mampel, Siegfried: Arbeitsverfassung und Arbeitsrecht in Mitteldeutschland, Köln 1966.

— Das Recht in Mitteldeutschland, Staats- und Rechtslehre, Verfassungsrecht, Köln-Berlin-München-Bonn 1966.

Marcuse, Herbert: Die Gesellschaftslehre des sowjetischen Marxismus, 2. Aufl., Neuwied-Berlin 1969.

Markovits, Inga: Sozialistisches und bürgerliches Zivilrechtsdenken in der DDR, Berlin 1966.

Marx, Karl: Frühe Schriften, 1. Band, herausg. von H. J. Lieber und P. Furth, Darmstadt 1962.

— Grundrisse der Kritik der Politischen Ökonomie, Berlin-Ost 1953.

Marx-Engels-Gesamtausgabe (MEGA), Berlin 1932.

Marx-Engels-Werke, Berlin-Ost 1964.

Materialien zum Bericht zur Lage der Nation 1972, herausgegeben vom Bundesminister für innerdeutsche Beziehungen, Bonn 1972.

Meder, Walter: Grundzüge der sowjetischen Staats- und Rechtstheorie, Karlsruhe 1963.

Michas, Joachim: siehe Autorenkollektiv, Arbeitsrecht.

Nathan, Hans: siehe Autorenkollektiv, Zivilprozeßrecht.

Nikisch, Arthur: Arbeitsrecht, I. Band, 3. Aufl., Tübingen 1961.

Ohne Verfasser, Bericht des Zentralkomitees an den VIII. Parteitag der SED, Berlin-Ost 1971.

Paschukanis, Eugen: Allgemeine Rechtslehre und Marxismus (1929), 2. Aufl., Frankfurt 1969.

Paul, Heinz: Die Mitwirkung der Gewerkschaften im arbeitsgerichtlichen Verfahren, Berlin-Ost 1962.

Pfaff, Dieter: Die Entwicklung der sowjetischen Rechtslehre, Köln 1968.

Pleyer, Klemens: Zentralplanwirtschaft und Zivilrecht, Stuttgart 1965.

Pleyer, Klemens - *Lieser,* Joachim: Zentralplanung und Recht, Stuttgart 1969.

Polak, Karl: Zur Dialektik in der Staatslehre, 3. Aufl., Berlin-Ost 1963.

— Zur Entwicklung der Arbeiter- und Bauern-Macht, Reden und Aufsätze, Berlin-Ost 1968.

— Justizerneuerung, Wege zu einer demokratischen Justiz, Berlin-Ost 1948.

Preuss, Wolf: Der Begriff der sozialistischen Gesetzlichkeit in der DDR und die Methoden ihrer Verwirklichung als Herrschaftsinstrument der SED, Diss. Tübingen 1963.

Protokoll der staats- und rechtswissenschaftlichen Konferenz in Babelsberg am 2. und 3. April 1958, Berlin-Ost 1958.

Ramm, Thilo: Die Anfechtung des Arbeitsvertrages, Zur Kritik und Neubegründung der Lehre vom Arbeitsverhältnis, Karlsruhe 1955.

— (Hrsgb.): Arbeitsrecht und Politik, Neuwied-Berlin 1966.

Richardi, Reinhard: Kollektivgewalt und Individualwille bei der Gestaltung des Arbeitsverhältnisses, München 1968.

Roggemann, Herwig: Das Modell der Arbeiterselbstverwaltung in Jugoslawien, Frankfurt a. M., 1970.

Rosenberg, Leo - *Schwab,* Karl-H.: Lehrbuch des deutschen Zivilprozeßrechts, 10. Aufl., München-Berlin 1969.

Rosenthal, Walter: Die Justiz in der Sowjetzone, Aufgaben, Methode und Aufbau, Bonn 1962.

Rüthers, Bernd: Die unbegrenzte Auslegung, Tübingen 1968.

— Institutionelles Rechtsdenken im Wandel der Verfassungsepochen, Bad Homburg v. d. H.-Berlin-Zürich 1970.

Schlegel, Roger: Leitfaden des Arbeitsrechts, 3. Aufl., Berlin-Ost 1957.

Schneider, Eberhard: Das Wirtschaftsrecht im kommunistischen Rechtsdenken, Köln 1964.

Schönrath, Traute: Die Methoden für die Auslegung der Rechtsnormen der Deutschen Demokratischen Republik, maschinenschriftliche Diss., Leipzig 1957.

Schulz, Walter: Entscheidungen in Arbeitsstreitigkeiten, Berlin-Ost, Band 1 1956, Band 2 1958.

Schumann - *Drews:* Zivilrecht der DDR, Lehrmaterial für das Fernstudium der Humboldt-Universität zu Berlin, Heft 1—5, Berlin-Ost 1970.

Schwarz, Salomon M.: Arbeiterklasse und Arbeitspolitik in der Sowjet-Union, Hamburg 1956.

Schwerdtner, Peter: Fürsorgetheorie und Entgelttheorie im Recht der Arbeitsbedingungen, Heidelberg 1970.

Sievers, Herbert: Die rechtliche Stellung der Gewerkschaften in der Sowjetunion, Diss. Göttingen 1962.

Simitis, Konstantin: Gute Sitten und orde public, Marburg 1960.

Simitis, Spiros: Die Faktischen Vertragsverhältnisse als Ausdruck der gewandelten sozialen Funktion der Rechtsinstitute des Privatrechts, Frankfurt a. M. 1957.

Söllner, Alfred: Arbeitsrecht, Stuttgart 1969.

Stalin, Josef: Marxismus und die Fragen der Sprachwissenschaft, München 1968.

Stelter, Klaus: Das Recht der Kündigung, Schriftenreihe Arbeitsrecht, Heft 5, Berlin-Ost 1958.

Stučka, Petr I.: Die revolutionäre Rolle von Recht und Staat, Frankfurt a. M., 1969.

Szabó, Imre: Die theoretischen Fragen der Auslegung der Rechtsnormen, Berlin-Ost 1963.

Tomberg, Friedrich: Basis und Überbau, Sozialphilosophische Studien, Neuwied-Berlin 1969.

Unser neues GBA siehe Autorenkollektiv.

Unterseher, Lutz: Arbeitsvertrag und innerbetriebliche Herrschaft, Frankfurt a. M. 1969.

Volze, Armin: Das „sozialistische Arbeitsrechtsverhältnis" in der Sowjetzone Deutschlands, Diss. Göttingen 1963.

Westen, Klaus: Die rechtstheoretischen und rechtspolitischen Ansichten Josef Stalins, Lindau-Konstanz 1959.

Wieacker, F.: Das Sozialmodell der klassischen Privatrechtsgesetzbücher und die Entwicklung der modernen Gesellschaft, Karlsruhe 1953.

Wieczorek, Bernhard: Zivilprozeßordnung und Gerichtsverfassungsgesetz, 2. Aufl., Berlin 1966.

Wiedemann, Hans: Das sozialistische Eigentum in Mitteldeutschland, Köln 1964.

Wiedemann, Herbert: Das Arbeitsverhältnis als Austausch- und Gemeinschaftsverhältnis, Karlsruhe 1966.

II. Zeitschriftenaufsätze und Beiträge

Aleksandrow, N. G.: Die Entwicklung des sozialistischen Rechts zu den Normen des kommunistischen Gemeinschaftslebens, StuR 1961, 2174.

Archangelski, L. M.: Die kommunistischen Moralnormen und ihr Werden, GWB 1968, 13.

Arlt, Reiner: Zu einigen Grundlagen der marxistisch-leninistischen Rechtstheorie, StuR 1969, 1419.

— Für ein höheres theoretisches Niveau der Staats- und Rechtswissenschaft, StuR 1972, 181.

— Zur marxistisch-leninistischen Theorie von der Schaffung und Verwirklichung des sozialistischen Rechts (Thesen) in: Le raisonnement juridique, Logique et analyse, 53—54, Actes du congrès mondial de philosophie de droit et de philosophie sociale, Brüssel 1971.

Arlt, Reiner - *Dornberger*, Gerhard - *Kleine*, Hans - *Posch*, Martin: Das Wesen der Grundpfandrechte und ihre gesellschaftliche Funktion, NJ 1951, 351.

Arlt, Reiner - *Lungwitz*, Wolfgang - *Weichelt*, Wolfgang: Zur Gestaltung der Rechtsordnung der entwickelten sozialistischen Gesellschaft in der Deutschen Demokratischen Republik, StuR 1971, 378.

Artzt, Werner: Die Rechtsprechung der Gerichte auf dem Gebiete des Volkseigentums, NJ 51, 210.

— Anmerkung zum Urteil des LG Cottbus v. 2. 5. 1951, NJ 1952, 133.

— Zu einigen Fragen der sozialistischen Gesetzlichkeit in der DDR, NJ 1956, 581.

— Die Rechtsprechung des Obersten Gerichts in Zivilsachen, NJ 1956, 710.

Autorenkollektiv, Zur Grundkonzeption des sozialistischen Arbeitsrechts in der DDR, AR 1959, 317.

Benjamin, Hilde: Grundsätzliches zur Methode und zum Inhalt der Rechtsprechung, NJ 1951, 150.

— Anmerkung zum Urteil des KG v. 24. 4. 1951, NJ 1952, 36.

— Die Hauptaufgaben der Justiz bei der Durchführung des neuen Kurses, Stenogr. einer Rede v. 29. 8. 1953, Beilage zur NJ 1953 Nr. 19.

— Diskussionsrede von Minister Dr. Hilde Benjamin auf dem IV. Parteitag der Sozialistischen Einheitspartei Deutschlands, NJ 1954, 223.

— Die dialektische Einheit von Gesetzlichkeit und Parteilichkeit durchsetzen, NJ 1958, 365.

— Die sozialistische Einheitspartei Deutschlands — eine Partei der Gesetzlichkeit, NJ 1958, 509.

— Das 7. Plenum des Zentralkomitees der SED und die Arbeit der Justizorgane, NJ 1960, 1.

— Recht und Rechtsbewußtsein, StuR 1955, 236.

Berger, Götz: Jede Entscheidung Ausdruck unserer gesamten Rechtsordnung, NJ 1950, 207.

Bilinsky, Andreas: Die Entwicklung des Rechtsbegriffes in der Sowjetunion, JfO 1962, I, 69.

Bley, Gotthold: Zur Gestaltung der Eigentumsverhältnisse im Zivilgesetzbuch, StuR 1965, 1863.

— Zur Rolle des Rechts des staatlichen sozialistischen Eigentums, StuR 1965, 19.

Bley, Gotthold - *Kopatz*, Wolfgang - *Vietinghoff*, Friedrich: Grundlagen und Inhalt des sozialistischen Rechtsbewußtseins und seine aktivierende Rolle bei der Verhaltensstimulierung, StuR 1971, 16.

Bredernitz, Harry - *Kunz*, Frithjof: Arbeitsverhältnisse und Arbeitsrecht im entwickelten gesellschaftlichen System des Sozialismus, StuR 1969, 191.

Breitbarth, Herbert: Anmerkung zum Urteil des KG-Ost v. 2. 3. 1953, NJ 1953, 502.

Brunner, Ernst - *Oehmke*, Karl-Heinz: Über die Verpflichtung des Verurteilten zur Bewährung am Arbeitsplatz, NJ 1970, 46.

Brunner, Georg: Naturrecht und Sowjetideologie, ROW 1966, 229.

Buchholz, Erich: Legalität und Gleichheit, NJ 1961, 745.

Bulla, Gustav-Adolf: Die Entwicklung des Arbeitsrechts in der DDR, in: Die Lage des Rechts in Mitteldeutschland, 1965, S. 133.

Ceterchi, Joan: Le rôle de la dialectique materialiste dans la pratique du droit, in: Le raisonnement juridique, Logique et analyse, 53—54, Actes du congrès mondial de philosophie du droit et de philosophie sociale, Brüssel 1971.

Cohn, Kurt: Anmerkung zum Urteil des Stadtgerichts von Groß-Berlin v. 17. 4. 1959, NJ 1960, 663.

— Die Auswirkungen des Berufungsurteils auf die Leitung der Zivilrechtsprechung, NJ 1969, 168.

Dähn, Ulrich - *Gruel,* Karl-Friedrich - *Schaarschmidt,* Ulrich: Zur Gestaltung der Rechte und Pflichten und der individuellen rechtlichen Verantwortlichkeit im Kampf gegen Rechtsverletzungen, StuR 1972, 204.

Dornberger, Gerhard: Die verschiedenen Eigentumsarten und Eigentumsformen und das Eigentumsrecht in der DDR, NJ 1952, 16.

Drews, Werner - *Krauß,* Erich: Anmerkung zum Urteil des BG Potsdam v. 2. 2. 1954, NJ 1954, 575.

Eisermann, Irmgard: Anmerkung zum Urteil des OG v. 13. 2. 1953, NJ 1953, 371.

Erler, Heinz: Anmerkung zum Urteil des OG v. 15. 11. 1960, NJ 1961, 105.

Feiler, Gustav: Über die Funktion der fristgemäßen Kündigung, NJ 1957, 367.

Fincke, Horst: Die Leitung der Zivilrechtsprechung der Kreisgerichte durch das Bezirksgericht, NJ 1968, 485.

— Die Bedeutung des Rechtsmittelurteils für die Leitung der Zivilrechtsprechung, NJ 1969, 105.

Gähler, Rudolph: Praktische Folgerungen aus der realen Natur der Grundpfandrechte, NJ 1952, 385.

— Zur Frage des gutgläubigen Erwerbs von Volkseigentum bei Gebrauchsgegenständen, NJ 1957, 202.

Galette, Alfons: Der „Demokratische Zentralismus“ als Strukturprinzip der Verwaltung im kommunistisch beherrschten Teil Deutschlands, JfO 1960, I, 41.

Geisenhainer, Elfriede - *Skupch,* Klaus: Gutgläubiger Erwerb an unterschlagenen Gegenständen der HO-Leihgeschäfte, NJ 1957, 77.

Göhring, Joachim - *Reinsdorf,* Max: Ist eine Anwendung des § 817 Satz 2 BGB zu Lasten von Volkseigentum möglich?, NJ 1958, 424.

Grimm, Hans: Zur Frage der „Ruinenhypotheken“, NJ 1950, 302.

Haney, Gerhard: Zum Inhalt des sozialistischen Rechtsbegriffs, StuR 1963, 121.

Heinicke: Über die Aufgaben der Arbeitsgerichte im Jahre 1959, AR 1959, 101.

Heinrich, Wilhelm: Fortschrittliche Rechtsprechung?, NJ 1951, 264; NJ 1951, 501.

Hercher, Gerhard: Anmerkung zum Urteil des KrG Erfurt v. 19. 2. 1957, NJ 1957, 255.

Heuer, Uwe-Jens - *Schürmann,* Hans-Jürgen: Über das Verhältnis von juristischen zu historischen Gesetzen, NJ 1953, 304.

Hintze, Karl-Heinz: Anmerkung zum Urteil des LAG Berlin v. 14. 1. 1952, NJ 1953, 223.

Hirsch, Ernst E.: Was bedeutet „sozialistische Gesetzlichkeit"?, JZ 1962, 149.

Hofmann, Hans: Sozialistisches Eigentum und Staatsmacht, StuR 1969, 1224.

Hofmann, Hans - *Moschütz*, Hans-Dietrich - *Zachäus*, Reinhold: Die ökonomischen Grundlagen der sozialistischen Staatsmacht, NJ 1969, 417.

Homann, Heinrich: Der Kommentar zur neuen Verfassung der DDR — ein Lehrbuch des sozialistischen Staatsrechts, NJ 1969, 449.

Isele, Hellmut Georg: Das Arbeitsverhältnis in der Zivilrechtsordnung, Juristen-Jahrbuch, 8. Band, 1967/68, S. 63.

Jacobi, Ernst: Die Richtlinien des OG der DDR, in Festschrift für Willibald Apelt, München 1958, S. 203.

Jahn, Gustav - *Petzold*, Siegfried: Die weitere Entwicklung der sozialistischen Rechtspflege erfordert eine höhere Qualität der Rechtsprechung, NJ 1961, 116.

Kahn - Freund, Otto: Das soziale Ideal des Reichsarbeitsgerichts, Eine kritische Untersuchung zur Rechtsprechung des Reichsarbeitsgerichts, in: Ramm, „Arbeitsrecht und Politik", S. 149.

Kaiser, Fritz: Anmerkung zum Urteil des BAG Karl-Marx-Stadt v. 19. 2. 1962, AuS 1962, 386.

Kellner, Horst: II. Internationale Konferenz zu Fragen des Zivilverfahrens und Zivilverfahrensrechts, NJ 1972, 18.

Kirchheimer, Otto: Die Rechtspflege und der Begriff der Gesetzlichkeit in der DDR, AÖR, Bd. 85, 1.

Kleine, Hans: Einige Bemerkungen zur Sicherungsübereignung, NJ 1953, 9.

— Praktische Folgerungen aus der Erkenntnis der realen Natur der Grundpfandrechte, NJ 1953, 321.

— Zur Bedeutung der Verjährung, NJ 1954, 164.

— Nochmals zur Frage des gutgläubigen Erwerbs von Volkseigentum bei Gebrauchsgegenständen, NJ 1957, 327.

Klenner, Hermann: Über das Verhältnis von juristischen zu historischen Gesetzen, NJ 1953, 4.

— Juristische Argumentation in Brüssel, NJ 1972, 15.

— Zur ideologischen Natur des Rechts, in: Staat und Recht im Lichte des Großen Oktober, Festschrift zum 40. Jahrestag der Großen Sozialistischen Oktoberrevolution, Berlin-Ost 1957, S. 82.

— Über die Rechtfertigungsnotwendigkeit generalisierter juristischer Entscheidungen (Thesen), in: Le raisonnement juridique, Logique et analyse, 53—54, Actes du congrès mondial de philosophie du droit et de philosophie sociale, Brüssel 1971.

Knapp, Victor: Verträge im tschechoslowakischen Recht, Ein Beitrag zur Rechtsvergleichung zwischen Ländern mit verschiedener Gesellschaftsordnung, RabelsZ 27, 1962—63, 495.

Krüger, Gerhard: Gedanken zur Schaffung eines neuen, sozialistischen Zivilverfahrensrechts, NJ 1960, 23.

Krüger, Gerhard - *Langner*, Ludwig: Über die Durchsetzung des sozialistischen Arbeitsstils in der Zivilrechtsprechung, NJ 1960, 566.

Kuhlbrodt, Dietrich: Zur Methode der Anwendung des Rechts der SBZ in der BRD, ROW 1964, 107.

Langer, Horst - *Pflicke*, Gerhard - *Streich*, Rudolf: Volkseigentum und Stellung der Betriebe, StuR 1967, 401.

Langner, Ludwig: Haben die Richtlinien des Obersten Gerichts rückwirkende Kraft?, NJ 1957, 624.

Latka, Helmut: Zur Abänderung von Unterhaltsurteilen, NJ 1965, 327.

Lehmann, Günther - *Weber*, Hans: Theoretische Grundfragen der sozialistischen Rechtspflege, NJ 1969, 606.

Leichtfuß, Hans: Bericht über die Kollegiumssitzung zu rechtstheoretischen Fragen, StuR 1969, 106.

Lernell, Leszek: Über die Aufgaben des Rechts und der Juristen, NJ 1950, 483.

Levitsky, Serge L.: Richtlinien des Obersten Gerichts der DDR als Rechtsquelle, Osteuroparecht, 3. Jahrgang, 1957, 92.

Leymann, Julius - *Petzold*, Siegfried: Zum Wesen der sozialistischen Gesetzlichkeit in der Deutschen Demokratischen Republik, StuR 1959, 691.

Liecke, Ulrich: Nochmals: Zur Frage des gutgläubigen Erwerbs von Volkseigentum bei Gebrauchsgegenständen, NJ 1957, 547.

Loeber, Dietrich A.: Rechtsvergleichung zwischen Ländern mit verschiedener Wirtschaftsordnung, RabelsZ 26, 1961, 201.

Loeser, Franz: Zum Charakter der sozialistischen Rechtsnormen, StuR 1969, 242.

Loose, Wolfgang - *Schöneburg*, Karl-Heinz: Entfremdeter Marxismus, StuR 1969, 783.

Luft, Hans - *Schmidt*, Heinz: Die neue Verfassung und das sozialistische Eigentum, StuR 1968, 716.

Lukaschewa, E. A.: Das sozialistische Recht und die kommunistische Erziehung der Werktätigen, in: Probleme des sowjetischen sozialistischen Staates und Rechts in der gegenwärtigen Periode, Aktuelle Beiträge der Staats- und Rechtswissenschaft, Heft 63, Potsdam-Babelsberg 1970.

Mampel, Siegfried: Dialektik und Recht, Zur Situation der Rechtstheorie in der SBZ, JfO 1960, I, 91.

Marten, Jürgen: Zum Charakter normenlogischer Untersuchungen des sozialistischen Rechts, StuR 1969, 776.

Melsheimer, Ernst: Kriegslieferungsverträge sind nichtig! Ein Beitrag zur demokratischen Auslegung von Gesetzen, NJ 1948, 11.

Mollnau, Karl A.: Erkenntnisse der marxistischen Ethik in rechtstheoretischer Sicht, StuR 1967, 1718.

— Aspekte der Beziehungen von objektivem Gesetz und Recht und ihre Bedeutung für die Rechtsetzung des sozialistischen Staates, StuR 1971, 276.

— Von der ideologischen Natur juristischer Argumentation, in: Le raisonnement juridique, Logique et analyse, 53—54, Actes du congrès mondial de philosophie du droit et de philosophie sociale, Brüssel 1971.

Mühlmann, Manfred: Bericht über eine Arbeitstagung der Abteilung Zivilrecht des Deutschen Instituts für Rechtswissenschaft, StuR 1956, 540.

Müller, Kay: Zur Struktur des Volkseigentums, Vertragssystem 1968, 160.

Müller-Römer, Dietrich: Zur Rechtsnatur der Richtlinien des Obersten Gerichts der DDR, ROW 1968, 151.

— Ziele und Methoden der Rechtsvergleichung zwischen beiden Teilen Deutschlands, ROW 1969, 1.

Müller, Frohmut - *Schulze,* Klaus: Gedanken zur Wirksamkeit der sozialistischen Rechtspflege, NJ 1972, 1.

Nathan, Hans: Zur Frage der „Ruinenhypotheken", NJ 1950, 301.

— Anmerkung zum Urteil des OG v. 8. 11. 1950, NJ 1951, 27.

— Der Unterhaltungsanspruch der schuldlos geschiedenen Frau, NJ 1951, 119.

— Bericht über die theoretische Zivilrechtskonferenz in Berlin am 15. 3. 1952, NJ 1952, 155.

— Sind Forderungen der Mitglieder von landwirtschaftlichen und Konsumgenossenschaften an die Genossenschaft pfändbar?, NJ 1953, 107.

— Anmerkung zum Beschluß des BG Frankfurt/O. v. 28. 4. 1953, NJ 1953, 534.

— Ersatzanspruch des Mieters und Aufrechnung, NJ 1953, 737.

— Zur Rechtsprechung des Obersten Gerichts, NJ 1956, 647.

— Sozialistisches Eigentum und guter Glaube, NJ 1957, 749.

— Die Stellung des Gerichts und der Parteien im neuen Zivilprozeß, NJ 1959, 592.

— Teilzahlungskauf und Rechtspositivismus, NJ 1960, 335.

Nathan, Hans - *Püschel,* Heinz: Zum Wesen und Umfang der Rechtskraft der gerichtlichen Entscheidung in Zivilsachen, StuR 1962, 2220.

— Weitere Probleme der Rechtskraft der gerichtlichen Entscheidung in Zivilsachen, StuR 1963, 674.

Neumann, Franz: Das Arbeitsrecht in der modernen Gesellschaft, RdA 1951, 1.

— Die politische und soziale Bedeutung der arbeitsgerichtlichen Rechtsprechung, in: Ramm, Arbeitsrecht und Politik, S. 113.

Niethammer, Fritz - *Latka,* Helmut: Rechtsmittel, Wiederaufnahme des Verfahrens und Kassation, NJ 1970, 179.

Oberländer, Helmut - *Posch,* Martin: Probleme der rechtlichen Regelung des Volkseigentums, StuR 1969, 1812.

Ohne Verfasser: Die schädlichen Folgen des Personenkults in der sowjetischen Rechtswissenschaft müssen endlich beseitigt werden! Leitartikel, übersetzt aus dem Russischen, StuR 1962, 1623.

— Über die Aufgaben der Arbeitsgerichte im Jahre 1959, AR 1959, 101.

— Wichtige Maßnahmen zur weiteren Festigung der demokratischen Gesetzlichkeit, NJ 1953, 665.

Osterland, Richard: Gedanken zur Regelung des Volkseigentumsrechts im ZGB, Vertragssystem 1967, 113.

Ostmann, Helmut: Zur Methodik der Gesetzesanwendung, NJ 1954, 725.

— Zur Überwindung des bürgerlichen Begriffs des Anspruchs im sozialistischen Zivilrecht, StuR 1960, 1789.

Ostmann, Helmut: Über die Justizverwaltung, NJ 1954, 37.

Penndorf, Lothar: Anmerkung zum Urteil des StAG Groß-Berlin v. 11. 5. 1956, NJ 1956, 548.

Peschka, Vilmos: The Relation of Written and Unwritten Sources of Law in Contemporary Hungarian Legal System, in: Hungarian Law — Comparative Law, Budapest 1970, S. 13.

Peter, Rudi: Das Vorrecht des volkseigenen Gläubigers im Konkurs des Schuldners ist von Amts wegen zu berücksichtigen, NJ 1959, 275.

Petzold, Siegfried: Die Beschlüsse der Sozialistischen Einheitspartei Deutschlands — das feste Fundament des sozialistischen Rechts in der Deutschen Demokratischen Republik, StuR 1961, 658.

Piontkowski, A. A.: Aktuelle Fragen der allgemeinen sozialistischen Rechtstheorie, in: Probleme des sowjetischen sozialistischen Staates und Rechts in der gegenwärtigen Periode, Aktuelle Beiträge der Staats- und Rechtswissenschaft, Heft 63, Potsdam - Babelsberg 1970.

Pleyer, Klemens, Einflüsse der Wirtschaftsordnung auf die Rechtsfindung, in: Berliner Festschrift für Ernst E. Hirsch 1968, S. 127.

— Grundfragen des mitteldeutschen Arbeitsrechts im Spiegel der Rechtsprechung, RdA 1967, 305.

— Zum Verhältnis von Zentralplanwirtschaft und Zivilrecht, Juristen-Jahrbuch, 8. Band 1967/68, S. 79.

Polak, Karl: Zur Lage der Staats- und Rechtswissenschaft in der DDR, StuR 1959, 1326.

— Über die weitere Entwicklung der sozialistischen Rechtspflege in der DDR, StuR 1961, 607.

Poppe, Eberhard - *Schüsseler*, Rolf: Sozialistische Grundrechte und Grundpflichten der Bürger, StuR 1963, 209.

Posch, Martin: § 823 Abs. 1 BGB schützt auch Forderungsrechte, NJ 1954, 12.

— Der Vertrag im Zivilrecht, StuR 1960, 1777.

Potthoff, Heinz: Die Einwirkung der Reichsverfassung auf das Arbeitsrecht, in: Ramm, Arbeitsrecht und Politik, S. 1.

Prothmann, Wilhelm: Sind Verträge auf Lieferung von Kriegsmaterial während des Krieges wegen Verstoßes gegen die guten Sitten nichtig?, NJ 1948, 10.

Püschel, Heinz: Aufgaben und Aufbau einer neuen Zivilprozeßordnung, NJ 1959, 127.

— Zur Überwindung des bürgerlichen Rechtshorizonts im sozialistischen Zivilprozeß, StuR 1959, 375.

— Das Prinzip des demokratischen Zentralismus in der mündlichen Verhandlung des künftigen Zivilverfahrens, StuR 1959, 1013.

— Die Entscheidung in Zivilsachen muß Ausdruck des sozialistischen Arbeitsstils des Gerichts sein, NJ 1960, 56.

— Internationale Konferenz zu Fragen des Zivilprozeßrechts, NJ 1969, 44.

Püschel, Heinz - *Nathan*, Hans: Zum Wesen und Umfang der Rechtskraft der gerichtlichen Entscheidungen in Zivilsachen, StuR 1962, 2220.

Ramm, Thilo: Marxismus und Recht, in: Lage des Rechts in Mitteldeutschland, Karlsruhe 1965.

Ranke, Hans: Neues ökonomisches System und aktuelle Probleme des sozialistischen Zivilrechts, NJ 1967, 204.

Reinwarth, Hans: Die richtige Anwendung der Bestimmungen über Änderungsvertrag, Aufhebungsvertrag und Beurteilung — Ein Beitrag der Gerichte zur Gestaltung sozialistischer Arbeitsbeziehungen, NJ 1966, 644.

Riemann, Tord: Der sozialistische Staat — Hauptinstrument der von der Arbeiterklasse geführten Werktätigen bei der Entwicklung der sozialistischen Gesellschaft, NJ 1971, 411.

Rohde, Günter: Gedanken zur künftigen Gestaltung des Rechtsmittelverfahrens im Zivilprozeß, NJ 1959, 373.

Rosenthal, Walter: Das Recht als Hebel zum Aufbau des Sozialismus in der sowjetisch besetzten Zone, in: Recht und Rechtsprechung im geteilten Deutschland, 1961, S. 81.

Rothschild, Hans - *Hintze*, Karl: Zur Bedeutung des § 139 ZPO, NJ 1953, 641.

Rudelt, Walter - *Kaiser*, Fritz - *Spangenberg*, Fritz: Zur Rechtsprechung des Obersten Gerichts auf dem Gebiet der Begründung, Änderung und Beendigung von Arbeitsrechtsverhältnissen, NJ 1966, 533.

Samson, Benvenuto: Die Wandlungen des Eigentumsbegriffs in der SBZ, JR 1961, 41.

Schaff, Adam: Das Individuum und seine Werke, Sozialistische Hefte 1968, 503.

Schindler, Richard - *Pompoes*, Herbert: Recht und Rechtsordnung in der Deutschen Demokratischen Republik, NJ 1971, 345.

Schöneburg, Karl-Heinz: Formen und Bedeutung der Gesetzlichkeit als einer Methode in der Führung des Klassenkampfes, NJ 1953, 290.

Schreier, Gerhard - *Krüger*, Gerhard: Neue Formen der Zivilrechtsprechung, NJ 1960, 227.

Schüsseler, Rolf: Volkseigentum und Volkseigentumsrecht im Prozeß der Entfaltung des ökonomischen Systems des Sozialismus, StuR 1968, 211.

Schulz, Peter-Bernd: Zur Dialektik von Basis und Überbau — ihre Bedeutung für die weltanschauliche Orientierung der Staats- und Rechtspraxis, NJ 1970, 2.

— Faktoren der Persönlichkeitsentwicklung im sozialistischen Rechtsleben, in: Die philosophische Lehre von Karl Marx und ihre aktuelle Bedeutung, Philosophischer Kongreß der DDR 1968, Berlin-Ost 1968, S. 484.

Schulz, Walter: Anmerkung zum Urteil des BAG Erfurt v. 11. 7. 1957, AR 1958, 30.

Schumann, Kurt: Die Anleitung der Gerichte der DDR durch die zentralen Justizorgane, StuR 1960, 1634.

— Stellung und Aufgaben des OG nach dem neuen Gerichtsverfassungsgesetz, NJ 1952, 444.

Schuster, Lisa: Sachverhaltsaufklärung im Zivilprozeß, NJ 1971, 106.

Sorgenicht, Klaus: Aktuelle Probleme des sozialistischen Staates in der DDR, NJ 1969, 289.

Sorgenicht, Klaus - *Riemann*, Tord: Die Wirksamkeit des sozialistischen Rechts erhöhen, Einheit 1971, 739 = NJ 1971, 370.

Stein, Ekkehard: Freiheit am Arbeitsplatz, in: Festschrift für Otto Brenner, Frankfurt a. M. 1967.

Steiniger, Alfons: Zur Systematik des Rechts der antifaschistisch-demokratischen Ordnung, NJ 1951, 158.

Stiller, Gerhard: Legalität und Gleichheit, NJ 1962, 442.

— Die Rolle des Rechts bei der Formung sozialistischer Persönlichkeiten, NJ 1971, 253.

— Weltkonferenz der Internationalen Vereinigung für Rechts- und Sozialphilosophie, StuR 1972, 121.

Strogowitsch, M. S.: Methodologische Fragen der Rechtswissenschaft, GWB 1966, 385.

Strohbach, Heinz: Einige Bemerkungen zum Teilzahlungsgeschäft, NJ 1957, 73.

— Sorgfältiges Studium der Parteibeschlüsse verhindert Dogmatismus und Formalismus, NJ 1958, 689.

Such, Heinz: Zu einigen Fragen des Vertragssystems in der volkseigenen Wirtschaft, StuR 1952, 49.

— Ist die Verjährung von Amts wegen zu beachten?, NJ 1954, 434.

Swaton, Günter: Anmerkung zum Urteil des KG-Ost v. 10. 1. 1957, NJ 1957, 599.

Toeplitz, Heinrich: Zur Bindung des Gerichts an den im Eheverfahren gestellten Unterhaltsanspruch eines Ehegatten, NJ 1961, 850.

— Die einheitliche Leitung der Rechtsprechung aller Gerichte durch das Oberste Gericht, NJ 1963, 263.

— Die grundlegenden Aufgaben der Gerichte bei der Verwirklichung der sozialistischen Verfassung, NJ 1969, 33.

— Grundsätzliche Aufgaben der Gerichte beim weiteren Ausbau der wissenschaftlichen Leitung der Rechtsprechung, NJ 1969, 584.

— Grundfragen der Leitungstätigkeit der Kreisgerichte, NJ 1971, 1.

Tschchikwadse, W.: Die Aufgaben der Rechtswissenschaft, GWB 1968, 350.

Ulbricht, Walter: Programmatische Erklärung des Vorsitzenden des Staatsrates der DDR vor der Volkskammer am 4. 10. 1960, in: Das System der sozialistischen Gesellschafts- und Staatsordnung in der DDR, Dokumente, 527.

— Die Rolle des sozialistischen Staates bei der Gestaltung des entwickelten gesellschaftlichen Systems des Sozialismus, in: Das System der sozialistischen Gesellschafts- und Staatsordnung in der DDR, Dokumente, 185.

Unterseher, Lutz: Bürgerliches Arbeitsrecht oder die Zerstörung der formalen Rationalität, Kritische Justiz 1968, 95.

Weichelt, Wolfgang: Zu einigen Fragen der Funktionen des sozialistischen Staates, StuR 1957, 13.

Ziegler, Walter: Zur Kritik am Obersten Gericht, NJ 1956, 715.

— Zwischenbilanz der Gerichte zur Auswertung des VIII. Parteitages der SED, NJ 1971, 601.

Zimmermann, Hartmut: Der FDGB als Massenorganisation und seine Aufgaben bei der Erfüllung der betrieblichen Wirtschaftspläne, in: Ludz, Studien und Materialien zur Soziologie der DDR, S. 137.

— Wandlungen der Leitungsstruktur der VEB in soziologischer Sicht, Deutschland-Archiv, Sonderheft 1970, 105.

Zivs, S. L.: Über die Methode der vergleichenden Forschung in der Wissenschaft von Staat und Recht, StuR 1964, 1299.

Kolibri 360 GmbH
Ferdinand-Jühlke-Straße 7
99095 Erfurt, Deutschland
produktsicherheit@kolibri360.de

Druck:
CPI Druckdienstleistungen GmbH
im Auftrag der
Kolibri 360 GmbH
Ferdinand-Jühlke-Str. 7
99095 Erfurt